Homo legens

por

Eduardo Moga

Los Papeles de Brighton

2017

© 2017 Eduardo Moga (del texto)
© 2017 Trustees of British Museum; disponible mediante licencia Creative Commons (fotografía de la cubierta)
© 2017 Los Papeles de Brighton

Cubierta: *Mujer sentada leyendo un rollo junto a otras tres mujeres*, hidria de figuras rojas a la manera del Maestro de los Nióbidas, hacia 440 a. C. Londres, Museo Británico.

Publicado por
Los Papeles de Brighton,
Camino de Génova 39, bajos A
07014 Palma de Mallorca
Islas Baleares (España)
https://lospapelesdebrighton.com

ISBN: 978-84-947593-1-4
Depósito legal: PM 995-2017

Homo legens
Primera edición: Palma, 23 de diciembre de 2017
Colección Mayor, número 7
Diseño de la colección: laculture.es

Eduardo Moga en noviembre de 2013.

EDUARDO MOGA (Barcelona, 1962) es licenciado en Derecho y licenciado y doctor en Filología Hispánica. Es autor de los poemarios *Ángel mortal* (1994), *La luz oída* (1995, Premio Adonáis), *El barro en la mirada* (1998), *Unánime fuego* (1999), *El corazón, la nada* (1999), *La montaña hendida* (2002), *Las horas y los labios* (2003), *Soliloquio para dos* (2006), *Los haikús del tren* (2007), *Cuerpo sin mí* (2007), *Seis sextinas soeces* (2008), *Bajo la piel, los días* (2010), *El desierto verde* (2011), *Insumisión* (2013), *Dices* (2014) y *Muerte y amapolas en Alexandra Avenue* (2017). Shearsman ha publicado una antología poética suya en versión de Terence Dooley: *Selected Poems* (2017). Crítico, traductor y ensayista, ha publicado dos volúmenes de *Corónicas de Ingalaterra* (2015 y 2016) y varios volúmenes de viajes y de crítica literaria. Codirigió la colección de poesía de DVD Ediciones (2003-2012) y desde 2016 dirige la Editora Regional de Extremadura. Mantiene el blog *Corónicas de España*. Vive en Mérida.

Homo legens

Índice

I. EN ESPAÑOL, p. 13.

El otro, yo [sobre *Versiones y subversiones*, de Max Aub], p. 15.
Battersea Park y un amor obviamente imposible [sobre Felicidad Blanc y Luis Cernuda], p. 22.
Escribo la casa que me acoge [sobre *Almacén. Dietario de lugares*, de José Ángel Cilleruelo], p. 37.
Perfume de incencio [sobre *El libro de Cartago*, de Juan Eduardo Cirlot], p. 41.
Puntualizando [sobre *Sobre las íes. Antología personal*, de Gerardo Deniz], p. 46.
Memoria del ave encanecida [prólogo del libro homónimo, de Ángel Fernández Benéitez], p. 51.
El laberinto de las permutaciones [sobre *Ya nadie se llamará como yo + Poesía reunida (1998-2012)*, de Agustín Fernández Mallo], p. 56.
La ciudad desolada [sobre *Ciudad del hombre*, de José María Fonollosa], p. 61.
Nada: vida [sobre *Las formas de la nada*, de Moisés Galindo], p. 69.
La hondura de los vientos [sobre *A pesar de los vientos. Poesía completa*, de Manuel González Sosa], p. 74.
Sobria y encendida meditación sobre la muerte [sobre *Matriz de la ceniza*, de Máximo Hernández], p. 82.
Fragmentos no: hebras [sobre *La ruta natural*, de Ernesto Hernández Busto], p. 100.
Combate fiero en la tierra y el papel [sobre *Tierra de nadie. La literatura inglesa y la Gran Guerra*, de Gabriel Insausti], p. 107.

La poesía nos salva [sobre *Todos los Madrid, el otro Madrid*, de Edwin Madrid], p. 114.
Lo permanente es la inestabilidad [sobre *Sistemas inestables*, de Rubén Martín], p. 121.
Un narrador espléndido y desconocido [sobre *Cien centavos*, de César Martín Ortiz], p. 127.
Cartilaginosa cadena [sobre *El amor en la literatura. De Eva a Colette*, de Blas Matamoro], p. 135.
Lengua calcinada, poesía viva [sobre *Los colores del tiempo*, de Clarisse Nicoïdski], p. 140.
La humanidad de los metales [sobre *Fiebre y compasión de los metales*, de María Ángeles Pérez López], p. 144.
Daniel Riu Maraval: el ser y sus símbolos [sobre Daniel Riu Maraval], p. 150.
El lenguaje poético de Rosenmann-Taub [sobre *El duelo de la luz*, de David Rosenmann-Taub], p. 154.
¿La poesía ha de ser verdad? [sobre *Contra Visconti*, de J. Jorge Sánchez], p. 165.
Lo pequeño e intenso [sobre *La vida mitigada*, de Tomás Sánchez Santiago], p. 170.
La nada total que soy [sobre *Poesía completa*, de César Simón], p. 175.
Hacia el otro lado [sobre *Doblez*, de Silvia Terrón], p. 180.
Una historia personal de la literatura [sobre *La literatura española*, de Julio Torri], p. 184.
Una sombra que da mucha luz [sobre *Sombra roja. Diecisiete poetas mexicanas (1964-1985)*, de varios autores], p. 191.
Con una lima rompían antes los presos los límites de su encierro [sobre *Limados. La ruptura textual en la última poesía española*, de varios autores], p. 196.
El hospital que no sana [sobre *Obra completa*, de Héctor Viel Temperley], p. 203.
María Zambrano, poeta [sobre María Zambrano], p. 210.

II. EN INGLÉS

La complejidad del amor [sobre *Sonetos y canciones. Poesía erótica*, de John Donne], p. 227.
Poeta de todo [sobre *Ginza Samba*, de Robert Pinsky], p. 233.
Hacer reír a tus carceleros [sobre *El monstruo ama su laberinto*, de Charles Simic], p. 238.
Mujeres beat [sobre *Beat attitude. Antología de mujeres poetas de la generación beat*, de varios autores], p. 243.

III. EN OTRAS LENGUAS

Hijo ilegítimo y padre de la vanguardia [sobre *Zona y otros poemas de la ciudad y del corazón y Hay*, de Guillaume Apollinaire], p. 215.
Breton, en el centro, al margen [sobre *Pleamargen*, de André Breton], p. 256.
La liberación de Rumanía [sobre *El Levante*, de Mircea Cărtărescu], p. 262.
La soledad del suicida [sobre Paul Celan], p. 267.
La falta de rima [sobre *Poesía*, de Michel Houellebecq], p. 288.
Una poesía que hierve [sobre *Punto de ebullición. Antología de la poesía contemporánea en gallego*, de varios autores], p. 293.
Existencialismo radical [sobre *Todo es ahora y nada. Tot és ara i res*, de Joan Vinyoli], p. 298.

I. En español

EL OTRO, YO

[Max AUB, *Versiones y subversiones*, edición de Xelo Candel, Granada: Cuadernos del Vigía, 2015, 101 pp.]

Versiones y subversiones, de Max Aub (París, 1903-Ciudad de México, 1972), se inserta en la tradición del juego literario —el apócrifo, el heterónimo, el trampantojo— a la que pertenecen, con honores, Pessoa, Borges, Bioy Casares y Joan Perucho, y que hoy continúan, entre otros, Enrique Vila-Matas o Julio César Galán. El libro —que es, en realidad, dos libros— se presenta con el nombre de Max Aub estampado en la portada, pero los autores que figuran en su interior como responsables de los poemas incluidos no son Max Aub. Además, unos, los de *Versiones*, ni siquiera han existido —con dos excepciones: Jaime García Terrés y el propio Max Aub—, mientras que otros, los de *Subversiones*, son reales, aunque en la mayoría de los casos anónimos. Todo ello configura un *pastiche* formal, una extraña recolección de ficciones y recreaciones, sujeta, bajo la especie de antología, por la vigorosa personalidad de un creador insólito, un hombre que acumulaba nacionalidades —cuatro— e idiomas —seis—, aunque dejara dicho, después de haber llegado a España con once años y aprendido castellano a una velocidad vertiginosa, que no podría escribir en otra lengua.

Versiones y subversiones se publicó en México en 1971, aunque la primera parte del libro era una reedición parcial de *Antología traducida*, aparecida, también en México, en 1963. El espíritu travieso del compendio se manifiesta ya en la nota prologal de Aub a la edición de 1971, en la que dice que «siempre [fue] tan enemigo de repeticiones como amigo de novedades», cuando, en realidad, esta edición repite casi todo lo dicho en *Antología traducida*. En *Versiones* Max Aub antologa y traduce, supuestamente, poemas de autores de todas las tradiciones literarias, desde Hagesícora, poeta griega del siglo VII a. C., hasta Michael McGuleen, poeta californiano, que «comió poco, bebió y habló mucho», y «se suicidó en Míconos». Además de los poemas, resultan muy sugerentes estas breves notas biográficas de cada autor, donde ya se plasma la ironía y hasta la socarronería de Aub. La referida a él mismo, previa a los tres poemitas que identifica como suyos en el volumen, es concisa y mordaz: «Aunque sale su nombre con cierta periodicidad sospechosa en libros y revistas, no se sabe dónde está. Lo único que consta es que escribió muchas películas mexicanas carentes de interés. [...] Mientras tanto, recomiéndase la abstención, que es lo único que, con seguridad, da fruto». También las notas a pie de página contribuyen a la jocosa verosimilitud del repertorio. En la entradilla que se acaba de transcribir, Aub hace constar de «no se sabe dónde está», en nota a pie de página, que «no es un juicio definitivo. Véase página siguiente», lo que, tratándose de un autor que ha debido exiliarse tras una guerra, y que había sido encerrado en varios campos de concentración, en Francia y Argelia, acusado de comunista, no deja de ser un ejemplo de humor negro. En el poema de Fu-Po, Aub subraya la dificultad de traducir el idioma original y confiesa haberse apoyado en la versión inglesa de su amigo Alastair Reid —con el que, en efecto, Aub se carteó—. En otros adopta un supuesto aire crítico, que le lleva a señalar que un verso es confuso o que «el manuscrito deja dudas acerca del pronombre. Es posible que diga *mis* en vez de *sus*».

El ingenio está presente en todas las composiciones (y en sus presentaciones). A veces, es un latigazo de ironía; en otras ocasiones, un giro satírico, como en el poema de Hagesícora, en el que remeda, adoptando la voz femenina, la poesía arcaica griega y su burlesco desenfado: «¡Ay, hombres miserables/ cuyo sexo a la vista pende/ como demostración/ de que solo a medias es vuestro,/ como asa de un botijo/ que nada tiene/ que ver con su contenido!». El sexo, por cierto, sigue teniendo presencia en *Versiones*, aunque con un tono tragicómico y desmitificador: «La vez primera que Adán/ atravesó a Eva/ creyó morir habiéndola matado/ con su falo ensangrentado./ [...] la mujer abrió los ojos/ y le sonrió». Aub también practica el calambur y la paronomasia, como en el poema del brasileño Justo Jiménez Martínez de Ostos, donde juega con el léxico y la ortografía, y construye una pieza sustancialmente integrada por neologismos absurdos y observaciones escatológicas. Una explosión de políptotos y repeticiones sostiene otras composiciones, como el poema renacentista de Bertrand de Crenne, en el que no faltan tampoco las paradojas: «Tú fuiste, vida, en vida, toda vida,/ mi vida viva cuando me esperabas;/ cuando te esperaba, moría/ y esa muerte era vida./ Vacío, miro mi mano vacía». El soneto de Jaime García Terrés —poeta mexicano, director de la colección en la que se publicó la *Antología traducida*—, en fin, es paródico y poliglósico: el último endecasílabo está en inglés y cierra una rima en -ax, lo que recuerda vagamente el célebre soneto en -ix de Mallarmé; y el antepenúltimo, metapoético, como todo en este libro, remite asimismo a otro soneto famoso: «Un soneto me manda hacer Violante», de Lope de Vega: «Conste, pues, no sin gala de los ripios,/ mi tributo leal: si muy escueto,/ no menos minucioso, caro Max.// Y ahora, satisfechos los principios,/ ¿cómo diablos concluyo mi soneto?/ *I shall have to forget it, and relax*».

Pero *Versiones* no es solo un desvarío o un divertimento. Sus preocupaciones son fuertes, ahincadas en una visión negra de la existencia. Y no es extraño que sea así: los humoristas suelen ser grandes pesimistas. La angustia por el paso del tiempo recorre todos los poemas: las criaturas de Aub luchan a veces por recuperar lo perdido, o por dilucidar si ha llegado siquiera a existir, como Robert Richardson; otros intentan sustraerse a su fluir deletéreo situándolo en un solo punto, en una suerte de *aleph* metafísico en el que convergen pasado, presente y futuro, como en el «Madrigal de viejo», de Iván M. Ivanov, o en este monóstico del propio Aub: «Eres lo que fue y será». En *La tierra baldía*, Eliot ya había sostenido que el presente y el pasado quizá estuvieran contenidos en el futuro, y este en el pasado. Pero es la muerte lo que más acecha al espíritu que aquí se despliega. La muerte puntea el conjunto, desde el dístico de la tableta agnóstica del siglo VI a. C.: «¿Por qué temes a la muerte?/ El futuro le pertenece», hasta el grito descarnado del heterodoxo maniqueo Teodoro bar Addai: «Todo es dolor y muerte./ ¡Libérame de estas tinieblas!», pasando por el delirio hiperbólico del veronés Vicenzo Dalla Robbia: «Un día/ los muertos frenarán/ el rodar de la tierra». Otro asunto que preocupa a Aub es lo judío, una inquietud que tiene fácil explicación en alguien, de madre judía, que ha vivido de cerca el Holocausto. Aub incluye en *Ver-*

siones un poema de Simón Gómez, judío portugués abrasado por la Inquisición, y otro de Alfredo de Alcalá, judío converso. También el «Anatema de un converso holandés», de Gustav Rosenbluth, jefe del partido cristianodemócrata y colaborador de los nazis, en el que el poeta enumera diez proposiciones ferozmente antisemitas, donde se reconocen todos los tópicos contra los judíos inventados por la Iglesia y los totalitarismos contemporáneos. Cierto aire jocoso y las alusiones a personajes coetáneos no le restan dureza; por el contrario, la exageración paródica acentúa la crítica: «5. ¡Matasteis al padre, vosotros los ateos! ¡Todos los ateos son judíos!/ [...] 8. Ese Buñuel del demonio, hijo del Bosco; ese Picasso, judío del diablo.../ 9. ¡Esos judíos! ¡Esos judíos que asuelan el mundo! ¡Hijos de Erasmo y de Américo Castro!/ 10. ¡De ellos son! ¡De ellos son! ¡A ellos! No dejéis uno».

Subversiones, la segunda parte del volumen, recoge poemas ciertos de autores existentes, aunque, dados los antecedentes de Aub, se haya sospechado que tampoco lo eran. Pero Xelo Candel, la responsable de la edición, afirma que los libros que constituyen las fuentes de la traducción de Aub existen: «Yo misma he podido manejar los originales citados», remacha. Esos libros son tres: *La Preghiera dell'Uomo*, de 1975; *Trésor de la Poésie Universelle*, de 1958; y *Prolegómenos*, del historiador árabe Aben Jaldún, traducidos al francés y publicados en París por el barón de Slane en 1934. De ellos dice Aub haber seleccionado y vertido al castellano un conjunto de poemas pertenecientes a todas las lenguas y tradiciones literarias, la mayoría cantos religiosos anónimos (los cánticos fan del fuego y la muerte, la danza pigmea de los animales, cantos de iniciación caníbal, ceremoniales al dios Hisiniamui o gnósticos de Cristo, plegarias romanas por la inmortalidad o hindús a las plantas), pero también sendas piezas de Antonin Artaud, el extenso «La cara humana», y de Tristan Tzara, el vallejiano «Tu grito, España...». El canibalismo parece interesar especialmente a Aub, que incluye, además del mencionado canto de iniciación, una «Glorificación de un caníbal difunto». Son traducciones, sí, pero también pueden considerarse creaciones propias, porque Aub subraya el proceso de renacimiento que, paradójicamente, siguen poemas una y otra vez traducidos. Su traducción, la última hasta el momento, cobra así un perfil propio, desgajado, después de tantos asedios, del texto primigenio. «Versión de versiones, subversiones, pues —escribe Aub en sus «palabras preliminares»—, y no es chiste, porque, al fin y al cabo, el paso de tanta lengua a otra, a la fuerza ha de llevar al trastorno, la perturbación y la destrucción que, según el diccionario, viene a ser la subversión, aunque aquí solo emplee el vocablo en su sentido exacto de versión, a la fuerza inferior por haber pasado por tantas aproximaciones».

En «El arte de componer (con elegancia) en verso y en prosa no depende de las ideas, sino de las palabras», Aben Jaldún formula una certera reivindicación del *ars combinatoria* que es la literatura, en general, y la poesía, en particular. Se trata de una posición mallarmeana, muy moderna, o posmoderna, aunque ya la sostuviera Raimundo Lulio en el siglo XIII. El espíritu de Mallarmé flota en la danza pigmea de los animales, compuesta por monosílabos onomatopéyicos, entre los que se insertan fragmentos llenos de alegría y prisa como este: «El pájaro vuela,/ Vuela, vuela, vuela,/ Va, vuelve, pasa,/ Sube, se cierne, baja./ Hago el pájaro./ Todo vive, baila, canta».

La muerte sigue presente en esta segunda parte, con un protagonismo especial, como demuestran los himnos caníbales o este canto religioso de Tenka, un valle del bajo Nilo: «En el tiempo en que Dios creó cuanto hay, creó el sol./ Y el sol nace, muere y vuelve./ Creó la luna, y ella nace, muere y vuelve./ Creó estrellas, y las estrellas nacen, mueren, vuelven./ Creó el hombre./ Y el hombre nace, crece, mas no vuelve». Como puede verse, las repeticiones, haciendo bueno el alegato permutativo de Abén Jaldún, recorren *Subversiones*, llenándolo de primitivismo y musicalidad. Además de en los poemas ya citados, las encontramos, en forma de anáforas, geminaciones y paralelismos, en el canto fúnebre de África Ecuatorial, el canto gnóstico de Cristo y la fabulosa plegaria por la inmortalidad: «Señor, tú [...] Guardián del fuego, Creador de la luz, Dios de hálito de fuego, Dios de Corazón de fuego, Espíritu de luz, tú a quien el fuego da luz, tú a quien el fuego alegra, esplendor de luz...».

A la edición de *Versiones y subversiones* solo puede ponérsele un pero. Su responsable —que, por otra parte, realiza un diligente trabajo crítico— afirma haber «corregido las erratas y [...] actualizado la sintaxis, los signos de puntuación y de acentuación». Sin embargo, la lista de erratas es larga, y la puntuación y las tildes no son un dechado de pulcritud: «melifluo», «volviose» y «recluido» no llevan acento (pp. 22, 40 y 51); no es «muerte», sino «muerta» (p. 39); «imprimió» ha de ir en mayúscula (p. 42); el poeta inglés no es «Shelly», sino «Shelley» (p. 44); en los versos «¿Qué soy o qué somos/ sino tu reflejo?», «sino» ha de ir junto (p. 55); no es «cuando mejores», sino «cuanto mejores» (p. 62); tampoco «proyectaba», sino «proyectada» (p. 90); y sospecho que no debe decirse «esplendor da luz», sino «esplendor de luz» (p. 81), ni «sabias», sino «savias», porque está hablando de las plantas (p. 83).

[Publicado en *Cuadernos Hispanoamericanos*, n° 788, febrero 2016, pp. 122-125]

BATTERSEA PARK
Y UN AMOR OBVIAMENTE IMPOSIBLE

El personaje más fascinante de la fascinante *El desencanto* (1976) es Felicidad Blanc, la esposa del poeta Leopoldo Panero y madre de sus tres hijos, Juan Luis, Leopoldo María y José Moisés, *Michi*. Frente a la pose de maldito de Juan Luis –un maldito de opereta, en realidad, además de un poeta muy mediocre–, el exhibicionismo gárrulo de Leopoldo María –que todavía no se ha convertido en el escritor eternamente prometedor que fue, aunque ya haya publicado dos de sus mejores libros, *Así se fundó Carnaby Street* (1970) y *Teoría* (1973), ni en el loco pintoresco que le dio fama– y la nada cascabelera del menor, *Michi*, Felicidad Blanc se presenta ante el espectador como un ser humano plagado de complejidades y víctima de tantos atropellos como sus vociferantes hijos –seguramente, más–, pero firme en su condición de compañera y madre, en su papel de sostén de todos, elegante y mesurada. La rabia y hasta el odio de los hijos por su padre (y también por ella) es, en Felicidad, una resignación ecuánime, un sufrimiento educado, a pesar de las muchas renuncias a que su marido la había obligado: a sí misma, en primer lugar, pero también a la literatura, en la que se había estrenado, en los 50, con algunos relatos breves, publicados en medios prestigiosos de la época, como *Ínsula*, *Espadaña* o *Cuadernos Hispanoamericanos*, y que habían obtenido una favorable acogida crítica —y hasta el entusiasmo de escritores tan avezados como Dámaso Alonso, Luis Rosales, José Luis López Aranguren o José María Valverde—.[1] En la estela del éxito de *El desencanto*, Felicidad Blanc dictó sus memorias a la periodista Natividad Massanés, publicadas en 1977 con el título de *Espejo de sombras* (Barcelona: Argos Vergara) y reeditadas en 2015 (Madrid: Cabaret Voltaire).[2] La misma actitud que se aprecia en la película de Jaime Chávarri gobierna todo el relato de su vida, especialmente el trecho, entre 1941 y 1962, en el que estuvo casada con Leopoldo Panero, una de las principales voces líricas del franquismo y también uno de sus principales representantes culturales. Sin levantar nunca la voz, velando con elipsis o alusiones indirectas, aunque significativas, los capítulos más espinosos de su relación con el poeta, con la abnegación de quien ha abrazado un destino y no quiere —ni puede— renunciar a él, Felicidad Blanc desgrana los acontecimientos de su vida y la relación distante, atravesada por el silencio y la incomprensión, que mantuvo siempre con su marido. En 1936, cuando Leopoldo está combatiendo ya con los sublevados, Felicidad afirma haberse enamorado de él, aunque uno se pregunta por qué: su primer encuentro fue frío, y él no le gustó nada; sus posiciones políticas no son coincidentes —un hermano de Felicidad, Luis, ha muerto luchando por la República—; tampoco simpatiza con su fa-

---

[1] Estos cuentos, junto con alguna carta, están recogidos en BLANC (1979).

[2] Esta es la edición que he tenido en cuenta para el presente trabajo. Todas las citas se refieren a sus páginas, indicadas entre paréntesis.

milia; y ni siquiera le atrae físicamente: le desagradan, en especial, «sus manos enormes, manos de campesino, no de escritor» (p. 165). Más grave aún es que «Leopoldo no [tuviera] lenguaje para mí: en nuestros veinte años de matrimonio nunca hubo una comunicación fácil. Creo que muchas veces no le comprendí, y que él a mí no me comprendió nunca» (p. 155). Sin embargo, Leopoldo consiguió salvar todas las diferencias con la única aptitud en la que destacaba: la poesía. Un día, tras una riña de novios, le manda un poema en una carta, «Cántico», una sucesión de cuartetos amorosos, en alejandrinos, plagado de referencias religiosas, que la ata definitivamente a él. «Son días de amor intenso —recuerda Felicidad Blanc—, aunque yo creo que pongo mucho más que él. Él lo ha puesto en el "Cántico"» (p. 164).[3]

Felicidad Blanc y Leopoldo Panero se casaron en 1941. Pasaron sus primeros años de matrimonio en España, pero en 1945 surgió la posibilidad de que Leopoldo Panero, que trabajaba, a la sazón, en el Instituto de Estudios Políticos, dirigiese el Instituto de España que el régimen de Franco quería crear en Londres, para combatir al Instituto homónimo que los republicanos exiliados acababan de fundar en la capital británica. Panero era un buen candidato —era un intelectual fino, había estudiado en Cambridge y su adhesión al Régimen era inquebrantable—,

---

[3] Felicidad Blanc transcribe el poema entero en *Espejo de sombra*: «Es verdad tu hermosura. Es verdad. ¡Cómo entra/ la luz al corazón! ¡Cómo aspira tu aroma/ de tierra en primavera el alma que te encuentra!/ Es verdad. Tu piel tiene penumbra de paloma.// Tus ojos tienen toda la dulzura que existe./ Como un ave remota sobre el mar tu alma vuela./ Es más verdad lo diáfano desde que tú naciste./ Es verdad. Tu pie tiene costumbre de gacela...» (p. 161).

pero finalmente no fue él el designado, sino Antonio Pastor, que había ocupado la cátedra Cervantes del King's College de Londres y sido profesor del príncipe de Gales, y futuro rey de Inglaterra, Eduardo VIII. No obstante, Leopoldo fue nombrado subdirector del Instituto de España y, en febrero de 1946, se estableció en Londres, donde algo más tarde se le unieron Felicidad y su hijo Juan Luis. Los recuerdos de aquellos días de felicidad de Felicidad –la duplicación no es errata– son luminosos. La familia se instala en la propia sede del Instituto, en el número 102 de Eaton Square, muy cerca de la Embajada de España, donde hoy tiene su sede el Instituto Cervantes, aunque está previsto que este se traslade pronto a otro emplazamiento, más barato: con lo que no han podido el tiempo, las guerras y las crisis políticas y económicas anteriores, ha podido la de 2008. Felicidad admira los viejos olmos de Eaton Square, una plaza solemne y a la vez recoleta, en pleno corazón de Belgravia, el barrio aristocrático por excelencia de Londres, y pasea con placer por Hyde Park. Y no tarda en asistir al acercamiento de su marido a los exiliados españoles en Gran Bretaña, que empieza por Pablo de Azcárate, pariente lejano de Leopoldo y director del Instituto republicano. Felicidad los oye hablar a menudo de Luis Cernuda, que vive refugiado en el Reino Unido desde 1938, tras un breve paso por París.

Es sabido que a Cernuda no le gustó Gran Bretaña. La primera ciudad en que vivió, Glasgow, fue lo más parecido al infierno, un infierno helado, aunque al principio descubriera el «atractivo matinal [de] hallarse en los cuartos de baño con déshabillés o desnudos escoceses» (RIVERO TARAVILLO, 2011: 63). Pero la ciudad caledonia le resulta oscura, soporífera, desolada: un «amontonamiento de nichos administrativos», «una charca» (RIVERO TARAVILLO,

2011: 67). En Inglaterra y Escocia sufrió, sufrió mucho: el clima lo torturaba, no menos que el puritanismo anglicano, la frialdad de la gente y un capitalismo que sabía producir bienes, pero también destruir la imaginación y la alegría de vivir. Pasa después, en 1943, al Emmanuel College, de Cambridge, donde trabaja como lector de español, y donde disfruta de sus mejores años ingleses: si no de felicidad –una palabra siempre excesiva tratándose de Cernuda–, sí, al menos, de sosiego. En 1945, en fin, se traslada a Londres, donde se aloja en el estudio del pintor Gregorio Prieto en Hyde Park, colabora con el Instituto Español (el republicano, claro) y ejerce de crítico literario en el *Bulletin of Hispanic Studies*. La capital tampoco le gusta: es ruidosa y multitudinaria, y no consigue el reconocimiento de la sociedad literaria inglesa. Pero, cuando habla de Cernuda, Felicidad no alude a nada de esto: solo recuerda su timidez, sus frecuentes sonrojos y su atildamiento: el impecable traje inglés; el pelo muy negro, veteado ya de canas; el abrigo redingot, también negro; el sombrero de fieltro con un lazo de terciopelo; y los dientes blanquísimos. También recuerda con cariño la simpatía que mostró con el niño Juan Luis, con el que jugaba en las rodillas. Tras unos primeros encuentros en el Instituto, siempre en compañía de otros amigos, Felicidad vuelve a España esa navidad y la relación se enfría. Tras su regreso a Londres, cuando Leopoldo ya es director interino del Instituto –Antonio Pastor ha sido destituido–, continúa el distanciamiento: Cernuda no altera su vida retirada y no los visita, y eso lleva a Felicidad a prestar atención a otras figuras de su entorno, como Julio López Oliván, a quien identifica como el representante de don Juan de Borbón en Londres, «un hombre fino, de una gran cultura», con el que se establece una «corriente de simpatía» (p. 208). Felicidad puntualiza que «Leopoldo ve con preocupación esta amistad cuando me oye hablar de manera tan distinta a como hablo con él» (p. 209). Es normal. Cuando López Oliván deja Londres, se despide con emotiva sutileza de Felicidad. Y esta dice en *Espejo de sombras*: «Al volver a casa pienso en estas palabras, en el temblor de nuestras manos al despedirnos. Pero ¿es él, o es Londres, toda esta decoración, todo esto que me rodea, lo que ha hecho surgir de nuevo a la enamorada que siempre fui y que la vida de Madrid, mi propia vida, había destruido? Pienso que cuando me marche, cuando vuelva a Madrid, este recuerdo será lo único que tendré. No sabía entonces que me llevaría de Londres otro recuerdo más fuerte» (p. 210).

Felicidad es, en efecto, una «enamorada», aunque no de su marido, sino de un hombre ideal, de un hombre delicado y perfecto. Ese enamoramiento permanente, pero enterrado bajo los estratos sombríos del matrimonio, hechos de años, rutinas y opresiones, apunta, pues, con determinadas personas: con López Oliván lo ha hecho tímidamente, en el momento final de una relación que nunca ha dejado de ser convencional y pública. Con Luis Cernuda lo hará con mayor intensidad: Felicidad y él vuelven a verse en Londres, con el pretexto de una visita a la ciudad de Dámaso Alonso —otro lector en las universidades inglesas en su juventud— y su mujer, Eulalia Galvarriato, y alcanzan a hablar en privado. Tras acompañar a Eulalia a su alojamiento, los dos vuelven solos a Eaton Square. Felicidad le habla de su hermano muerto, Luis, y, al llegar a la puerta de casa, siente que entre los dos hay «una emoción profunda». Luego, continúa Felicidad, «nos miramos intensamente [y] juntamos nuestras manos como dos personas que ya desde mucho tiempo sabíamos que nos encontraríamos» (pp. 211-212). Lo más sorprendente viene a continuación, cuando Felicidad Blanc hace esta confesión: «Subo a casa. Soy otra persona: he vuelto a encontrar lo que ha sido siempre el móvil de mi vida, el amor» (p. 212). No hay duda, pues: está enamorada de Luis Cernuda. Sin embargo, es muy improbable que Felicidad no supiera que Cernuda era homosexual y que no podía corresponderle. El poeta tiene 45 años y sus inclinaciones eróticas, de las que hay abundantes indicios en su obra, sobre todo en *Los placeres prohibidos*, son ampliamente conocidas entre la comunidad literaria española. También Gregorio Prieto, su gran amigo en Londres, e igualmente cercano a Felicidad, lo es. Pero Felicidad deseaba algo que la redimiera del opaco matrimonio en el que vivía, y eso la hace inmune a la evidencia: desdeña la condición sexual de Cernuda –y omite toda alusión a ella en *Espejo de sombras*– y persiste en su arrobamiento. Quizá para realzar la calidad de ese vínculo, subraya las diferencias entre su amado y su marido, que «es el mismo de siempre, un extraño con el que no tengo nada en común, salvo los problemas diarios» (p. 212); que critica con violencia a Cernuda el poema «La familia», a su juicio, «una basura» (p. 213);[4] y que se marcha unos días al

---

[4] El relato que hace Rafael Martínez Nadal, en la casa de cuya suegra se produjo el incidente de la lectura de «La familia», difiere bastante del de Felicidad Blanc, que subraya la pusilanimidad de Cernuda: «Luis se defiende débilmente...» (p. 213). Según Martínez Nadal, Cernuda se levantó de la mesa ante los ataques de Panero («No lo admito. La familia es lo más sagrado y tú la denigras. Buscas la popularidad con malas mañas...») y se disponía a abandonar la casa, pero su anfitrión consiguió frenarlo cuando ya se marchaba. Cernuda le dijo entonces: «La culpa la tengo yo por haber cedido; esa es la España de Franco: sacristanes, hipócritas, cursis y pueblerinos» (MARTÍNEZ NADAL, 1983: 180). No deja de ser curioso que un hombre como

Eisteddfod, un festival folclórico en Llangollen, Gales, donde actúan los Coros y Danzas de la Sección Femenina, para contemplar las evoluciones, y acaso algo más, de una bailarina por la que siente un vivo interés.

Felicidad aprovecha esos días de ausencia de su marido, en junio de 1947, para ver a Cernuda, aunque siempre en compañía de su hijo Juan Luis. Pasean por Saint James' Park, uno de los más aristocráticos de Londres y, en aquellas fechas, aún no estropeado por las hordas de turistas que lo recorren hoy, en permanente desfile al palacio de Buckingham, y hablan de muchas cosas –España, el exilio, la poesía–, «pero nunca de [su] amor» (p. 215). Por fin, una tarde, Cernuda le propone ir solos al parque de Battersea, que era el preferido de Felicidad, «un parque menos cuidado que los otros, con mucha melancolía dentro» (p. 216). El relato de ese encuentro merece recogerse por entero:

> Han pasado los años, él ha muerto, Leopoldo también. Pero hay algo que quedará siempre mientras yo viva: la mañana de aquel día de sol, con toda la primavera de Londres para nosotros. Recuerdo el camino hacia allí, la alegría de verle, de encontrarnos sin testigos, ni siquiera la mirada inocente del niño. Las flores, los narcisos, su flor preferida, me parecían más maravillosos que nunca. Le había pedido que trajera un poema que había leído una vez en mi casa, «Impresión de destierro», y que me lo leyera para mí sola. Nos sentamos en un banco. Oí estremecida aquellos versos finales: «"¿España?", dijo. "Un nombre./ España ha muerto"». Enfrente de nosotros, en un pequeño lago, se veían los cisnes. Al fondo, una pared cubierta de hiedra. Nuestras manos

---

Panero, que maltrataba a su mujer y a sus hijos, adúltero y bebedor, reivindicase con tanto vigor lo mismo que pisoteaba.

se unieron. No tuvimos siquiera que decirnos que nos queríamos. «Ni la muerte podrá separarnos». Y él no hablaba, me miraba solo. Nos sentíamos tan lejos de todo, tan desprendidos de todo lo que nos rodeaba. Si alguna vez en la vida necesito recordar lo que puede ser la felicidad, es allí donde vuelvo los ojos (pp. 216-217).[5]

En los años del encuentro entre Felicidad y Cernuda, Battersea era, en efecto, un parque algo más apartado que los demás; todavía hoy lo está. Eso lo preservaba de las muchedumbres y explica ese aire de abandono y melancolía que aún conserva: los paseantes pueden refugiarse en sus rincones con escasa o ninguna compañía, solo rodeados por césped, flores, árboles y aves acuáticas. Abundan los narcisos —los *daffodils*— y los cisnes, ambos mencionados por Felicidad, aunque el lago del parque no es pequeño, sino una considerable extensión de agua: quizá en aquel encuentro se encontraban frente a uno de sus recodos, que podía parecer un estanque separado; o

---

[5] Juan Luis Panero ha dado su versión del idilio entre su madre y el poeta: «Lo que cuenta mi madre en sus memorias sobre su relación con él se ajusta bastante a la realidad. A Cernuda [...] las mujeres cultivadas le gustaban mucho, aunque no tuviera intenciones de irse a la cama con ellas. Suele olvidarse que a Cernuda no le gustaban los hombres en general, sino cierto tipo de adolescentes. Mi madre, que era una mujer guapa, atractiva y con la que él podía hablar, le recordaba a Greta Garbo. Solían hablar de literatura rusa, de Chéjov, de Tolstói... [...] A mi madre, a su vez, le gustaban los hombres elegantes y Cernuda sin duda lo era. Quizás ella exageraba algo, es muy posible que magnificara el recuerdo de lo que solo debió de ser una bonita amistad, pero si lo hizo fue por lo poco que se entendía con mi padre» (PANERO y VALLS, 1999: 23-24).

quizá era otro, ya desaparecido, más exiguo que el actual. También resulta difícil identificar esa «pared de hiedra» a la que se refiere Felicidad: en el interior de Battersea no abundan las construcciones, pero en diferentes tapias crecen las plantas trepadoras. Aunque lo más probable es que ya no exista, derribada en alguna de las varias modificaciones que ha sufrido el parque. Battersea Park se inauguró en 1858. Lo delimitan dos puentes, Chelsea, abierto ese mismo año, y Alberto, en 1873, y tiene 83 hectáreas de extensión, que antes eran terrenos ganados al Támesis, donde se cultivaban espárragos y se celebraban mercados y duelos. En 1829, por ejemplo, el duque de Wellington ventiló allí sus diferencias de honor con el décimo conde de Winchilsea, aunque ambos las consideraron resueltas disparando cortésmente al aire. (En realidad, la mayoría de los duelos eran actos rituales, en los que lo último que querían los contendientes era que alguien resultara herido; solo el pobre Pushkin condescendió a ser asesinado en uno de estos desafíos).

Tras su paso por Battersea, Felicidad sigue convencida de que lo que hay entre Cernuda y ella es amor: «Toda la tarde y la noche, hasta dormirme, pensé en él. Sí, el amor existía, y era mucho más hermoso que el que hasta entonces, ni siquiera en mis sueños de adolescente, de mi juventud, había conocido» (p. 217). Ambos siguen frecuentando el escenario de ese amor y vuelven algunas mañanas a Battersea, a contemplar el río. Puede que en el Támesis ya hubiese los barcos anclados que hoy siguen flotando en sus aguas marrones; o que los petirrojos y las garcetas se posaran en el pretil de piedra del parque y luego cayeran en picado al agua, para eludir en el último momento el contacto con la superficie atabacada y remontar un vuelo rectilíneo y llameante, como continúan haciendo hoy. Al otro lado del río, Felicidad y Cernuda veían el hospital de Chelsea, con sus praderas insomnes, y el largo *embankment*, recorrido por plátanos frondosos y desgarrado, aquí y allá, por las torres apuntadas de las iglesias anglicanas o por lienzos de fachadas victorianas. En un extremo, distinguían la central eléctrica de Battersea, que ya entonces elevaba sus cuatro chimeneas blancas por sobre el manto verde del parque, y el antiguo depósito de agua del ferrocarril, pintado de un azul desvaído pero chirriante; y, en el otro, el puente de Alberto, con su aspecto de pastel de cumpleaños, sostenido por una infinidad de cables colgantes, guardado, a la entrada y la salida, por casetas octogonales de peaje, e iluminado espectacularmente por las noches. Pocos lugares, en el Londres tumultuoso, son más inspiradores. En pocos puede uno caminar como por aquí, donde cree caminar por su interior.

Sin embargo, la separación es inevitable: los Panero, concluidas las responsabilidades de Leopoldo en el Instituto Español, vuelven a Madrid, y Cernuda no tardará en dejar Gran Bretaña y marcharse a los Estados Unidos. Felicidad confiesa en *Espejo de sombras* que nunca ha vuelto a Londres. Y añade: «Cuando alguien me dice que Battersea es hoy un parque de atracciones y que ya en nada se parece al que fue, pienso que es mejor así, que las cosas no viven más que dentro de uno mismo y que es inútil tratar de revivirlas» (p. 218). En efecto, Battersea acogió una *Fun Fair*, un parque de atracciones, en 1951, en el marco del *Festival of Britain* con el que se pretendía paliar la tristeza y el dolor de una ciudad fuertemente castigada por la reciente guerra mundial. La principal atracción del parque, una montaña rusa llamada *The Big Dipper*, funcionó hasta 1972, cuando un terrible accidente mató a cinco niños y dejó a trece más heridos. Hoy no quedan de aquellas instalaciones sino un breve recuerdo en forma de algunas fuentes y una explanada.

Aunque Felicidad Blanc nunca volverá a la capital británica, ni se reencontrará con Cernuda, sigue recordando aquel amor imposible por tantos motivos. Pero sus sentimientos son contradictorios. A veces lo hace con resignación: «Vuelvo la mirada a aquella mañana de Battersea. Pero qué lejos está. No sé nada de Luis Cernuda, solo alguna carta que llega de vez en cuando para Leopoldo. Ya no le escribo, qué le voy a decir. De aquella mujer que él conoció en Londres queda muy poco» (p. 224). En otras ocasiones, lo que predomina son los escrúpulos de conciencia: «Pienso con cierto remordimiento en Battersea Park» (p. 225). En otras, en fin, parece recuperar la esperanza: «Me siento sola y vuelvo los ojos a Londres, a aquellas mañanas de Battersea. ¿Por qué no he escrito más a Luis Cernuda? ¿Por qué he dejado que nuestro amor se perdiera? Ahora él podría contestar a mis cartas. No le hablaré de amor, sino solo de amistad...» (p. 229). Aunque el remordimiento sigue presente: «Lo hago y espero su contestación ilusionada. Vuelven a resurgir mis sueños; pero esta vez mezclados de cierto remordimiento: no me gusta el engaño y hubiera querido que nunca se produjera en mi matrimonio» (p. 229).

Sin embargo, la principal –y más penosa– consecuencia de su enamoramiento de Cernuda aún está por llegar. Poco después de volver de su «misión poética» por Hispanoamérica, entre diciembre de 1949 y febrero de 1950, en compañía de Antonio Zubiaurre, Luis Rosales y Agustín de Foxá, Leopoldo le pregunta inopinadamente a su mujer si alguna vez lo ha traicionado. Para facilitar la confesión, él reconoce sus devaneos con la bailarina de los Coros y Danzas –de la que estuvo, dice, «ligeramente enamorado» (p. 232)–, y enseguida quiere saber si ella tuvo una aventura con López Oliván. Felicidad, inconsciente del peligro, contesta que no fue con este, sino con Luis Cernuda: «Y le explico lo que fue aquel amor» (p. 233). La reacción de su marido es brutal. Y, de nuevo, sorprende. Porque, a pesar del ultraje al honor que debió de sentir, en aquellos años, un hombre tan conservador como Panero, era imposible que no supiera que aquel amor solo podía ser unilateral y que nunca podría haberse consumado. El ultraje era, pues, platónico y sentimental. Pero el relato que hace Felicidad de aquel momento es escalofriante: «No quiero recordar aquella noche, ni tampoco las noches siguientes: su venganza, su rabia, su orgullo herido. Su reacción, después de otras peores, es echarme de casa. Vivo bajo el terror de su fuerza física; firmo un papel en que me considero culpable y le dejo los niños. Recojo mis cosas mientras veo romper el libro de Luis Cernuda, los poemas autógrafos que él me dio en nuestra despedida» (p. 233).[6] Dos detalles resultan especialmente inquietantes: si echar de casa a su mujer no es la peor reacción, sino que hay otras peores, asusta pensar cuáles podrían ser estas; un temor que se agranda cuando Felicidad reconoce vivir aterrorizada «por su fuerza física». Panero, que no tenía empacho en pegar a sus hijos, quizá tampoco lo tuviese, cegado por la ira, en pegar a su mujer. Al cabo de unos días, no obstante, consiente en que Felicidad vuelva a casa, aunque con la condición de que ni ella ni sus hijos vayan más a casa de sus padres. Solo levantará esa prohibición cuando su suegro

---

[6] Virginia Trueba ha observado a este respecto: «Felicidad paga, por tanto, su amor, aunque ni siquiera ha sido capaz de vivir como adúltera, la única propuesta que la literatura decimonónica había inventado para distraer el dolor femenino. Paga meramente su idealismo» (TRUEBA MIRA, 2002: 187-188).

esté agonizando. El *affaire* Cernuda concluye en *Espejo de sombras* con la alusión a la carta, fechada el 27 de septiembre de 1949, que este le mandó a Leopoldo desde los Estados Unidos para agradecerle el envío de *Escrito a cada instante*. En ella Cernuda recuerda el incidente a cuenta de la lectura de «La familia» y escribe: «Después de leer tu libro comprendo la sorpresa penosa, y hasta indignada, que tuviste al leer aquellos versos de "La familia", aunque me figuro que nacería no solo de la lectura de dichos versos, sino de algunos otros míos, que no deben [de] ser pocos. Confío, sin embargo, que con simpatía y amistad mutuas podamos soportarnos y aceptarnos unos a otros» (p. 240). Felicidad señala entonces: «Leopoldo no me hace ningún comentario sobre Luis; ya no hemos vuelto a tratar ese tema» (p. 237). El asunto, entre los cónyuges, queda cerrado, pero no es la última vez que Felicidad menciona a Cernuda. Más adelante lo vuelve a recordar, a preguntas de su madre: «"¿Y Luis Cernuda, ¿qué fue de él?". Le contesto que no lo sé. Y pienso por un momento en lo lejos que se quedaron aquellos meses de Londres» (p. 259). Y también cuando le llega la noticia de la muerte del poeta, en noviembre de 1963. Incluso entonces Felicidad afirma la realidad de su amor: «Un día [Juan Luis] me llama desde su oficina: acaba de leer que Luis Cernuda ha muerto. Mi silencio, el tono de mi voz le sorprenden, aunque piensa que es natural, dada la amistad que teníamos con él. Nada sabe de nuestra historia sentimental. Por la tarde, cuando él viene, se la explico. Según me dijo más tarde, ese día empezó a comprenderme» (p. 280).

Hoy, cuando paseo por Battersea Park, contemplando el amarillo violento de los narcisos y oyendo el graznido de los cisnes y el sonido del viento entre los árboles, pienso que, probablemente, Felicidad Blanc y Luis Cernuda reconocerían muy pocos de los paisajes que veo: el parque, y la ciudad toda, han cambiado mucho desde 1947. Pero a pesar de ello, y a pesar de que ambos –y todos los demás personajes de su saga– hace años que murieron, no dejo de preguntarme en qué banco se sentaron aquella mañana de primavera, en qué rincón de este desordenado bosque se cogieron las manos, en qué lugar Luis Cernuda leyó los sobrecogedores versos de «Impresión de destierro» ante los ojos ingenuos, soñadores, enamorados, de Felicidad Blanc.

BIBLIOGRAFÍA

BLANC, Felicidad (1979), *Cuando amé a Felicidad*, Madrid: Ediciones Juan Gris.
--------------- (2015), *Espejo de sombras*, prólogo de Natividad Massanés, Madrid: Cabaret Voltaire.
MARTÍNEZ NADAL, Rafael (1983), *Españoles en la Gran Bretaña*. *Luis Cernuda: el hombre y sus temas*, Madrid: Hiperión.
PANERO, Juan Luis, y VALLS, Fernando (1999), *Sin rumbo cierto. Memorias conversadas con Fernando Valls*, Barcelona: Tusquets.
RIVERO TARAVILLO, Antonio (2011), *Luis Cernuda. Años de exilio (1938-1962)*, Barcelona: Tusquets.
TRUEBA MIRA, Virginia (2002), «La autobiografía femenina: la mujer como escritura (sobre Felicidad Blanc)», *Hesperia. Anuario de Filología Hispánica*, V, pp. 175-194.

[Publicado en *Cuadernos Hispanoamericanos*, n° 784, octubre 2015, pp. 83-91]

ESCRIBO LA CASA QUE ME ACOGE

[José Ángel CILLERUELO, *Almacén. Dietario de lugares*, prólogo de Juan José Martín Ramos, Madrid: Polibea, 2014, 104 pp.]

Este *Almacén*, de José Ángel Cilleruelo (Barcelona, 1960), se subtitula *Dietario de lugares*. Y ambas denominaciones son igualmente pertinentes: es, sin duda, un depósito de apuntes, de escenas y paisajes, de sucesos y visiones, pero no es menos un recuento de lugares —entendidos como acontecimientos determinados por el espacio y no por el tiempo— y, más allá de eso, o subyaciendo a todo ello, una meditación sobre la naturaleza del «lugar», sobre sus cualidades y transformaciones, y sobre la importancia, quizá frustrada ya, que ha tenido en su proyecto literario. En esta arboleda de fragmentos, Cilleruelo consigna alguna grave confesión. En «Librería», escribe: «En el deterioro de los signos encontré una poética. [...] Quería convertir la descripción del declive en un tema. [...] Treinta años después, lo único que puedo constatar es que mi tema, como imagen que prende en la biografía, me ha dado la espalda». *Almacén* es, pues, el reconocimiento de una decadencia, pero no de la que el autor esperaba dar cuenta —la de la ciudad como metáfora del mundo contemporáneo: la de Barcelona–, sino del combustible que alimentaba su creación. El dietario se configura, así, como el relato de un deterioro espiritual y, al mismo tiempo, como la lucha que aún se libra por que ese deterioro no desemboque en derrota, como el esfuerzo, infundido de belleza crepuscular, por mantener viva la justificación del escritor ante el mundo y ante sí mismo. Por eso, en otro fragmento, y tras reconocer que «las ciudades se han ido convirtiendo en parques temáticos» y que eso lo ha dejado sin tema literario, «áptero de visión», Cilleruelo confiesa trabajar al revés: «Encuentro palabras en las plazas y ellas me conducen a algún lugar. A veces inesperado. Casi siempre fuera de la ciudad».

Esta lid se afirma en una prosa pulcra y desembarazada, que atiende a materialidades minúsculas, al pormenor, a lo fugaz, descrito siempre con minuciosa plasticidad: un gorrión que bebe de un charco o el sonido de la hojarasca al pisarla. *Almacén* es un libro de visualidades lacónicas pero vehementes, encendido de color, de piel muy limpia. Su fragmentación refleja el tumulto de los estímulos, su instantaneidad apenas aprehensible, pero nunca lo hace sin meditación. Las entradas de este dietario son la decantación de un espíritu sensible, pero también el resultado de una inteligencia que no conoce pausas. Encontramos trazos líricos y alfilerazos de ironía, texturas más narrativas o más aforísticas, ensayos y poemas en prosa, pero nunca dejamos de observar una mente que razona, que urde, que estructura. La condición de poeta de Cilleruelo se advierte en metáforas tan delicadas, y tan expresivas, como la que describe los aleteos de una paloma como «bordados de punto calado en el tejido del silencio». Una imagen, por cierto, que reitera, con levísimas variaciones, en una entrada posterior, en la que los aletazos, ahora de los patos, son «bordados de punto festón en el mantel blanco del silencio» (y que invierte en otra usada para describir un cementerio: «una burbuja de silencio insoportable varada en la gelatina del ruido»). Sus intereses son muy variados, desde una reunión de propietarios de plazas de aparcamiento –tan sórdida como todas– hasta un miércoles en los Encantes –otra de sus muchas pasiones, junto con el número siete, Portugal y los tranvías–, pero destaca la atención que presta a la creación literaria, en sus múltiples vertientes, y al teatro. A este lo identifica en una melancólica entrada, «Estadio», con un partido de fútbol –del Español–, porque ambos comparten un mismo propósito, enfrentarse al destino: el del tío Vania consiste en entregar la vida a un «ente fútil e inconsistente», y el del Español, en ser derrotado por el Barça. Sobre literatura, siempre en su dimensión locativa, es decir, en cuanto se refiere a los lugares y a su tratamiento, Cilleruelo reúne ejercicios de crítica literaria con lúcidas reflexiones sobre la propia escritura y sustanciosos ensayos teóricos, como «Elogio del lugar», en el que analiza la evolución de los conceptos de tiempo y espacio como temas de la literatura. En él, Cilleruelo subraya –y, hasta cierto punto, lamenta– la preeminencia del primero sobre el segundo en la historia cultural para representar poéticamente al ser humano y al mundo, pero concluye que acaso el nexo común de la poesía del presente sea «el protagonismo del espacio en la comprensión poética del sujeto y de la realidad, [...] la conceptualización del espacio no como recurso literario, sino como *tema* central del ser contemporáneo, que tal vez haya empezado a dejar de sentirse tiempo para comprenderse como lugar». Esta es una de las características más descollantes de José Ángel Cilleruelo: una mirada que subvierte, que desvela. Sus análisis, sus relatos, no son meras glosas de la realidad: son penetraciones en la realidad; son desnudamientos. Cilleruelo descubre posibilidades y aventura teorías; y no es fácil idear explicaciones alternativas de las cosas. También establece, en un ejercicio constante de ingenio, nuevas relaciones entre ellas: funde objetos y funde planos, y el resultado son percepciones distintas, criaturas sugerentes y anómalas, cuya acuidad zarandea al lector. Averiguamos, así, por ejemplo, que poetas y prostitutas son hermanos, o que los seres de la naturaleza –nubes, pájaros, árboles, flores– son escritores embozados, o que la niebla recoge el reguero negro del remolcador que regresa a la dársena «en su tarro de aluminio». Pero, diga lo que diga, y sean cuales sean los parajes que recorra, Cilleruelo, consciente de su oficio, nunca deja de considerar la escritura como construcción. Por eso afirma que «ladrillo a ladrillo, escribo la casa que me acoge», o describe el soneto como una mansión solariega, o practica una circularidad arquitectónica: en el primer apunte de este *Almacén*, abre un cuaderno en cuyas páginas se ha depositado la nieve, y en el último «el viento escribe su prosa apasionada [...]. Leerlo será oler el pinar, el campo de trigo recién segado, el jardín después de la lluvia».

[Publicado en *El Cuaderno*, n° 74, noviembre 2015, p. 28]

PERFUME DE INCENDIO

[Juan Eduardo CIRLOT, *El libro de Cartago*, edición de Victoria Cirlot, Madrid-México: Vaso Roto Ediciones, 2016, 133 pp.]

En 1944, Juan Eduardo Cirlot (Barcelona, 1916-1973) tuvo un sueño. Hasta aquí, nada anormal: todos los tenemos. Pero Juan Eduardo Cirlot, buen surrealista, creía en el poder generador de los sueños: en su capacidad para alumbrar mundos o, mejor dicho, para revelar mundos que ya existen dentro de nosotros, pero de los que no somos conscientes. El poeta escribió el sueño y lo publicó, en junio de 1945, en la revista *Fantasía. Semanario de la Invención Literaria*, editada por la Delegación Nacional de Prensa. Lo tituló, sin demasiada imaginación, «Suceso onírico». Empezaba y acababa con este apóstrofe: «¿Eres verdaderamente cartaginesa?», y entre ambas interpelaciones solo había dos párrafos, que daban cuenta de la resucitación, en una iglesia, de una «extraña doncella, vestida con el ropaje que la iconografía clásica suele adjudicar a la Virgen María, pero de color "marrón claro"». Un año y medio más tarde, el 26 y 27 de diciembre de 1946, Cirlot desarrolla aquel sueño seminal: en el desaparecido Café de la Rambla, de Barcelona, escribe *Libro de*

Cartago (diario de una tristeza irrazonable). No era extraño que lo hiciera así (ni dónde: buena parte de la mejor literatura española del siglo XX está escrita entre el bullicio y la humareda de los veladores): las ideas y los temas volvían siempre a Juan Eduardo Cirlot, que los ampliaba y reelaboraba. El retorno es también retórico: sus versos se nutren de circularidades y permutaciones; sus obsesiones se proyectan en las recurrencias léxicas, en el incesante y alborotado reaparecer de las voces, como demuestran *Bronwyn*, *Variaciones fonovisuales* y el propio *Libro de Cartago*, entre muchas otras de sus obras. Cirlot, que no pensaba publicar el libro, le mandó el manuscrito a su amigo Carlos Edmundo de Ory, acompañado por una carta, escrita en otro café de Barcelona, el Suizo, en la que afirmaba ser solamente «un artista de los que *avant-guèrre* se llamaban de vanguardia (algo entre Alban Berg, Fritz Lang, Huidobro, Breton y Hans Christian Andersen)». No obstante, antes de desprenderse del original, Cirlot tuvo buen cuidado de *pasarlo a limpio*. Lo hizo entre el 7 y 10 de enero de 1947 (esta vez, presumiblemente, en su casa), y enriqueció la nueva versión con unos sugerentes dibujos de Julián Gallego. Pero esta segunda copia no es una mera transcripción de la primera: añade un prólogo y una despedida, el primero en endecasílabos y la segunda en alejandrinos, y altera la estructura inicial, que pasa de cuatro partes a siete. En cualquier caso, Cirlot cumplió sus planes y no lo publicó en vida: la primera versión se salvó de la quema que hizo de cuanto había escrito antes de 1958, porque obraba en poder de Ory, y la segunda permaneció incólume e inédita entre sus papeles hasta su muerte. Solo en 1998, recuperado aquel *diario de tristeza irrazonable* —subtítulo que desaparece en el segundo manuscrito—, la editorial Igitur dio a conocer *El libro de Cartago*, que únicamente recoge la segunda versión, aunque indicando las variantes que presenta con la primera, e incluye *Poemas de Cartago*, una nueva reflexión sobre la malhadada ciudad, publicada en *Papeles de Son Armadans* en 1969, y que acredita esa insistencia, característica de Cirlot, en los motivos y las formas de abordarlos.

La editorial Vaso Roto da ahora nuevo y superior vuelo a *El libro de Cartago* con una edición espectacular, a cargo de Victoria Cirlot, la hija del poeta, que incluye la reproducción facsimilar, a color, de los dos manuscritos, del «Suceso onírico» y de la carta de 1947 a Carlos Edmundo de Ory; una nota a la edición de su responsable, en la que resume el camino que ha seguido el libro desde su ya remota gestación hasta esta reaparición; y las pulcras transcripciones de ambas versiones.

El libro de Cartago es una ensoñación o fabulación onírica, arraigada en el cosmos visionario del romanticismo y, luego, del surrealismo, que funde el mito, la historia y la revelación personal. Las largas tiradas en prosa del libro, hervorosas de imágenes arrebatadas, de arcaísmos y esdrújulas, de suntuosidad sinestésica y pensamiento musical, como quería Carlyle, recuerdan las perturbadoras escenas de William Blake y Gérard de Nerval. En una nota de Juan Eduardo Cirlot sobre su propia obra, fechada en 1970, leemos que el tema de Cartago, la ciudad arrasada y sembrada de sal por Roma en el 146 a. C., «que retorna en mi poesía periódicamente [...], tiene para mí el doble simbolismo de la nada (la cartaginesa es la civilización que menos ha dejado como testimonio de su poder y larga duración) y de mi propia existencia». Y, en efecto, esa doncella a la que el protagonista lírico pregunta con obstinación «¿eres verdaderamente cartaginesa?» es el alma del poeta, y también la Nada, aleadas en un solo y atribulado símbolo: «la ciudad de la nada de tu alma», como testimonia el fragmento VI. Alrededor de esa nada giran las preocupaciones existenciales y metafísicas de Cirlot, que se materializan en algunas metáforas recurrentes: la destrucción —como la que sufrió la capital púnica, que «tuvo la desgracia de no alcanzar gran celebridad sino en el momento de su ruina», en palabras de Adolphe Dureau de la Malle en su *Historia de la ciudad de Cartago*, recogidas por Cirlot— y su más fecunda consecuencia, la muerte; la tristeza —«Mi voz debe sonar a tambor sombrío, a caverna desnuda, a sollozante pan de ceniza endurecida.// Oh, Baal, Cartago se parece a mi tristeza»—; y la soledad. Una luz negra y unas aguas luctuosas, símbolos del espíritu paradójico y el vigor sensorial de Juan Eduardo Cirlot, arraigados en la mejor tradición metafórica de Occidente, envuelven al poemario, que mantiene un tono entre lírico y oratorio: es una epopeya, pero también una confesión; es un himno, pero asimismo la forma que tiene un hombre de susurrar su desamparo y su desconcierto, como hace expresamente Cirlot al principio del fragmento I, al decir que se encuentra en «una habitación de alquiler en el extremo litoral de una ciudad que no conozco. La mujer distinta que siempre me acoge en sus brazos moribundos nada dice...».

De *El libro de Cartago* seducen el rapto expresivo, el bullente irracionalismo y, singularmente, la conjunción de lobreguez existencial y opulenta plasticidad. El desfallecimiento, casi nihilismo, del poeta encuentra una forma vivísima de expresión, hecha de asociaciones coloristas, adjetivos tonificantes, oposiciones cauterizadoras e imágenes de una sensualidad apabullante. La pesadumbre no tiene por qué aplacar o adormecer el lenguaje. Como en los místicos, el alma adquiere cuerpo, y es un cuerpo que enceguece. Escribe Cirlot en el fragmento I: «Entonces lucho sobre ríos rosados, sobre cataratas dulcísimas.

Himnos agónicos golpean mis párpados y mis oídos [...], y todo es oleaje, disidencia infinita y canto. [...] Las sombras beben un agua desgraciada en torno a las cisternas abiertas y lacias como bocas. Se oyen balidos en la atmósfera fría y los mugidos de las vacas se unen a los lamentos de las vírgenes».

[Publicado en *Letras Libres*, n° 191, agosto 2017, pp. 49-50]

PUNTUALIZANDO

[Gerardo DENIZ, *Sobre las íes*. *Antología personal*, presentación de Fernando Fernández, Madrid: Fondo de Cultura Económica, 2016, 154 pp.]

Gerardo Deniz (1934-2014), seudónimo de Juan Almela Castell, es otro de los niños españoles, como Tomás Segovia o Ramon Xirau, que llegaron a México, con su familia, huyendo de la Guerra Civil y de la dictadura franquista. Nacido en Madrid, hijo de un político socialista, vivió primero en Ginebra, donde su padre representaba a la República Española ante la Organización Internacional del Trabajo, y después, desde 1942, en México. Estudió Ciencias Químicas (como el gran poeta y antólogo de «Los Contemporáneos» Jorge Cuesta) y trabajó en laboratorios. También se formó, de manera autodidacta, en lenguas modernas y clásicas (ruso, alemán, turco —«Deniz» significa «mar» en este idioma— y sánscrito), y ejerció como traductor de libros de física, química, lingüística y mitología. Se inició en el mundo de la literatura con colaboraciones en revistas, como *Biblioteca de México*, *Milenio* y *Vuelta*, aunque no publicó su primer poemario, *Adrede*, hasta 1970. Luego siguieron otros quince, reunidos todos en *Erdera* (2005). En 2008, coincidiendo con la concesión del premio Aguascalientes de poesia, se publicó *Sobre las íes*. *Antología poética*, el volumen que ahora se reedita con un solo cambio con respecto a la *editio princeps*: la adición del poema final «Patria», inspirado por el único viaje que Deniz había hecho fuera de México, precisamente a España, donde había pasado algunas semanas en 1992. En *Sobre las íes* encontramos poemas de tres de sus libros –*Amor y Oxidente*, *Picospardos* y *Mundonuevos*–, aunque ordenados de forma diferente a como aparecen en los poemarios originales, y un conjunto de composiciones agrupadas bajo el titulo de «Además». Pese a los muchos títulos que la integran, la obra de Gerardo Deniz se ha desarrollado siempre en los márgenes de la sociedad literaria, en una suerte de destierro estético, coherente o simultáneo con su propio destierro personal: con escasos pero fervientes lectores y con igualmente escasa recepción crítica. Ello se explica por la aparente dificultad de sus formas y por su singularísima ruptura de las convenciones poéticas. Aunque sea difícil filiar a Deniz y clasificarlo en estirpe lírica alguna –y ese es uno de sus mayores atractivos–, sí encontramos en su obra una pulsión, un espíritu quebrantador, una rareza o anomalía que que lo sitúan en el linaje de Góngora, Nerval, Baudelaire, Mallarmé, Pound, Eliot, Perse, Lezama Lima o Wittgenstein y, entre los mexicanos, Ramón López Velarde, José Gorostiza, Alí Chumacero y Octavio Paz, aunque siempre en tensión con todos, como debe ser: empujando en una dirección distinta. Gerardo Deniz construye sus poemas con una urdimbre explosiva de referentes y registros léxicos entresacados de las diferentes disciplinas que ha cultivado profesional o intelectualmente, o de las artes que le apasionan, como la música. Sin embargo, este entramado –por cuya inteligibilidad, sabiamente, no se preocupa, aunque en ocasiones haya aportado relaciones bibliográficas que aclaran sus acertijos, un poco al modo en que Juan de Yepes glosaba en prosa sus poemas; David Huerta ha señalado que Deniz «reivindica de nuevo el derecho a la oscuridad, al ciframiento exacerbado», aunque el propio Deniz ha sostenido siempre que su poesía es, «como todas, racional»– no pretende eludir la realidad, creando un mundo mágico o inventado (a pesar de que la hechicería subyuga al poeta, que la incorpora a menudo a sus creaciones), sino todo lo contrario: aspira a ahondar en ella, a desplegarla en la página con las palabras que la nombran y las construcciones que la explican: «Muerde y penetra la realidad (por si acaso fuese algo)/ mil veces más que el sórdido botiquín de polvos abstractos, gargarismos intelectuosos, supositorios dialécticos...», ha escrito Deniz. Por eso la materia está siempre presente en su poesía, aunque esa presencia se diluya, a ojos del lector, en la enmarañada y a menudo críptica suma de códigos que la definen. Sus composiciones contienen hechos, objetos, entomologías o etimologías, fórmulas químicas o citas bibliográficas: un amplio conjunto de informaciones que obran el prodigio de transformarse en enigma, un obstinado acúmulo de concreciones que se presenta como un vendaval de esoterismo, una sucesión de datos empíricos que puede confundirse «con una retahíla de metáforas culteranas», en palabras de Tedi López Mills. Pero se trata, en realidad, «de integrar recursos, tecnicismos, cultismos, lenguas y lugares extraños, no con el afán de oscurecer, sino de dar solidez, densidad y precisión a la experiencia», como ha señalado Pablo Mora; una integración de mecanismos y materiales que responde a una visión del mundo próxima a la de los neopositivistas o los experimentalistas, es decir, a la de aquellos que persiguen los límites del lenguaje, y los integran en su práctica creadora, para alcanzar una transmisión insuperable de la experiencia. Deniz subvierte el lenguaje y los asuntos de la poesía para quebrar las otras realidades, poéticas (y estas sí, inventadas), que encauzan tediosa, tópicamente, la sensibilidad y el pensamiento del lector, o que los ahogan. Su abrumador tratamiento de la realidad, pues, obedece a una voluntad estética iconoclasta, que ansía derrocar los motivos y las formas de hacer literatura, y sustituirlos por otros que hagan renacer la experiencia lírica. En este sentido, su parentesco con Nicanor Parra –físico de profesión– es claro –uno de los poemas incluidos en *Sobre las íes* se titula «Antistrofa», aunque Deniz radicaliza al chileno: se desprende de sus acentos íntimos y sus concesiones simbolistas y se sume en un desarreglo absoluto, en un estallido hirsuto y dodecafónico. «Tengo conciencia de no escribir poemas auténticos, sino, a lo sumo, parodias vergonzosas del género arduo y sutil, exquisito y multiforme, conocido como poesía», ha escrito Deniz. Con esas parodias, el mexicano impugna la neocursilería y persigue lo antisolemne, lo antilírico, lo imprevisible. En ellas confluyen una narratividad enemiga de la abstracción, un lenguaje coloquial que da paso fácilmente al humor, una ironía que a menudo deviene autoescarnio («¿Quién manda a nadie leer a GD?», pregunta Deniz), un estilo lúdico y paradójico, con frecuentes juegos de palabras, un erotismo constante –Deniz ha publicado poemarios exclusivamente amorosos, como *Cuatronarices* (2005)–, una propensión al *collage*, al pastiche y al *ready made*, una poliglosia que convive con el diálogo teatral, y, en suma, un carácter simbióticamente neobarroco y posmoderno. *Sobre las íes. Antología personal* revela este cúmulo de mecanismos y características con especial nitidez, y hasta lo sistematiza en la breve e irónica poética que recoge el poema «Principios»: «Lo que escribo tiene el derecho/ –para los fines de la rima/ y todo eso que solo a mí interesa—/ de decir que era verde el vestido/ gris en realidad,/ o decir que era martes/ cuando que fue viernes —si me acuerdo—,/ o explicar que el barco enarbolaba calavera y tibias/ porque lo estaban fumigando./ Tiene este derecho/ y casi ningún otro». El volumen se completa con una sección fotográfica, que incluye imágenes desde la infancia de Gerardo Deniz hasta sus últimos años, y una informativa «Posdata» de Alejandro Martín Nájera.

[Publicado en *Letras Libres*, n° 180, septiembre 2016, pp. 55-56]

MEMORIA DEL AVE ENCANECIDA

La sociedad literaria tiene muchos estratos. No es una entidad monolítica, sino compuesta por capas tectónicas de autores y libros. Su pluralidad es espacial —hay poetas de Jaén y poetas de Pontevedra, poetas de barrios pobres y poetas de familias ricas, poetas andariegos y poetas sedentarios, poetas isleños y poetas continentales— y también temporal: algunos asoman durante algunos años, para desdibujarse luego en el fluir deletéreo de las cosas; otros protagonizan una sola aparición, gozan de un momento estelar, y luego abandonan la escena con la misma urgencia con la que irrumpieron en ella; otros más caminan guadianescamente, con apariciones y desapariciones encadenadas, que les reportan una cierta fama de imprevisibles y excéntricos; otros permanecen siempre en el estante, a la mano, publicando libros, firmando artículos, dictando conferencias, apañando traducciones, con tenacidad himenóptera; y hay, en fin, los parcos, los silenciosos, los estreñidos, los casi ágrafos, que, no obstante, se las ingenian para que los reconozcan como poetas. Yo he sentido siempre debilidad por los poetas provincianos. Entiéndaseme bien: Antonio Gamoneda es un poeta provinciano; Manuel Álvarez Ortega era un poeta provinciano; Francisco Pino era otro poeta provinciano. Y, sin ánimo de compararme con ninguno de ellos, a veces pienso que también los poetas de Barcelona, esa capital mundial de la edición y hormiguero de agentes literarios, somos poetas provincianos: poetas definitivamente recluidos en el redil de lo periférico, más aún, de lo preterible. Hablo de poetas criados y crecidos lejos del centro, en la penumbra, helada o canicular, de lo apenas conocido, en la ardua molicie de lo lateral y lo carente de eco, o, por lo menos, carente de un eco que rebase los límites administrativos. Entre ellos se encuentra, con sorprendente frecuencia, lo más renovador, lo más distante y distinto, de la poesía que se escribe en el país; o, en todo caso, lo hecho con menos urgencia, lo más amorosamente decantado, exento de acicates publicitarios, refractario a las solicitaciones del poder. Entre los amigos que yo, un provinciano, tengo en provincias, siempre he gozado especialmente de la compañía de los castellano-leoneses: Tomás Sánchez Santiago, María Ángeles Pérez López, Juan Luis Calbarro, Máximo Hernández, Luis Ingelmo, entre otros. Hace muchos años, algunos de ellos, constituidos en grupo, dieron a la luz, en Zamora, una *plaquette* con un puñado de sonetos míos. Era una iniciativa artesanal y modestísima, pero llena de amistad y, sobre todo, llena de un interés genuino por lo que alguien tan raro como un barcelonés que escribía en castellano pudiera aportar. Otro de los miembros de aquel círculo de personas apasionadamente entregadas al cultivo y a la prédica de la poesía era Ángel Fernández Benéitez, a quien, no obstante, nunca llegué a conocer en mis visitas a Zamora. Y se entiende, porque su lejanía era extrema: a la condición extrarradial de zamorano, unía la residencia en las Islas Canarias, donde ha trabajado casi veinte años como profesor. Más allá ya no se podía ir. Él, con más razón que nadie, enarbolaba la condición de poeta provinciano. Hace poco, Tomás Sánchez Santiago me regaló un ejemplar de un libro que yo no conocía, y me recomendó que lo leyera; y lo leí, porque yo a Tomás siempre le hago caso. Ese libro ha salvado mi desconocimiento, personal y en buena medida también literario, de Ángel Fernández Benéitez. Se trata de *Perdulario. Antología poética (1978-2013)*, en la que recoge muestras de su obra desde su primer libro, *Espirales*, aparecido en Zamora en 1980, pero escrito en Ceuta entre 1978 y 1979, hasta su último poemario publicado, *Blanda le sea*, en 2010, y sus más recientes inéditos, como los que integran *El verano al acecho*. La responsable de esta extraordinaria agrupación de la obra de Fernández Benéitez es la Diputación de Salamanca, cuyas publicaciones siguen constituyendo un referente de la edición institucional en España, y el responsable de la introducción –que es, más bien, un estudio introductorio, y espléndido– es el también poeta y amigo Máximo Hernández. Ángel Fernández Benéitez es un autor entero y poroso, de inspiración clásica, voz serenamente articulada y relumbres naturales: su pasión por la naturaleza, contemplativa, pero también erótica, se manifiesta desde su primer hasta su último verso. Las inseguridades existenciales, entre las que la definición de la identidad, de la sustancia del ser individual, descuella con vigor, se proyectan en la descripción de un mundo asombroso y, a veces, empavorecedor. Encuentro muy significativa una de las citas que preceden a *Blanda le sea*: son de la *Epístola moral*, de Andrés Fernández de Andrada, cuya gravedad de pensamiento y claridad de expresión convienen singularmente a Fernández Benéitez. No es este, sin embargo, solo un excelente conocedor de las tradiciones clásicas, sino también un amante de las contemporáneas: la musicalidad siempre sobria de sus palabras se enreda a menudo en un follaje vanguardista y hasta en arboledas neoculturalistas, como se aprecia, precisamente, en *Blanda le sea*. El libro que ahora aparece en Los Papeles de Brighton, y que presentamos, *Memoria del ave encanecida*, prolonga esta conjunción de tradiciones literarias e intereses expresivos. Los 55 grupos de cuatro cuartetas o redondillas en heptasílabos blancos que integran el poemario –hasta un total de 880 versos– funden un castellano granado, austero y, cuando conviene, arcaizante, lleno de resonancias clásicas, con otro brincador y hasta surreal, en el que trajinan metáforas puras y neologismos creacionistas, y que no rehúye lo oscuro. Los dos primeros versos del libro dicen: «Quien a lo oscuro canta,/ la noche lo desvela», y luego leemos: «En lo oscuro me encelo»; y por todas partes demuestra el poeta la saludable cohabitación de ambos polos elocutivos –y de ambos hemisferios imaginativos– con estrofas como esta: «Las arañas escriben/ tremendos cantos épicos;/ los artrópodos, odas/ que pinchan los luceros». Los temas no se alejan de los que Ángel Fernández Benéitez ha devanado en sus anteriores entregas: el recuerdo y la melancolía; la soledad, compañera inevitable; el deseo de libertad, fruto del encarcelamiento existencial y aun físico; las dudas sobre la identidad, esa anguilosa desconocida; el amor, que siempre ronda, ansiado, frustrado, perdido o, más raramente, consumado; la naturaleza, que comparece en forma de pájaro, viento, árbol, cielo y fuego, espacio en el que el ser se derrama y se justifica, y la dimensión humana más próxima a ella: el agro, hecho de sombras, adobes y lentitudes; y el canto, que adquiere en este poemario un protagonismo singular, y que se describe como lo que sobrevive a todo, como lo que redime de todo. *Memoria del ave encanecida* es una larga exaltación de la poesía, a la vez que una sobriamente articulada reflexión sobre la vida, en la que convive cuanto oprime al poeta –asumido, no obstante, con serenidad solar– y cuanto lo impulsa a ser: a renacer. Y todo ello hilvanado en un discurso ferozmente trabado. Una dimensión colorista y musical, que se refleja en aliteraciones y sinestesias –y en ocasionales asonancias–, y apoyada en largos encabalgamientos, recorre el conjunto. Y una efervescencia verbal, tan honda como sólida, revela a un poeta al que las penumbras provincianas no ha desdibujado sino fortalecido la voz.

[Prólogo a Ángel FERNÁNDEZ BENÉITEZ, *Memoria del ave encanecida*, Palma de Mallorca: Los Papeles de Brighton, 2016, pp. 5-13]

EL LABERINTO DE LAS PERMUTACIONES

[Agustín FERNÁNDEZ MALLO, *Ya nadie se llamará como yo + Poesía reunida (1998-2012)*, frontispicio de Antonio Gamoneda, prólogo de Pablo García Casado, Barcelona: Seix Barral, 2015, 615 pp.]

Agustín Fernández Mallo (A Coruña, 1967) encabeza la vanguardia española, aunque lo hace con matices singulares: los propios de esta era posmoderna, en la que, diluidos los grandes relatos y no pocas certidumbres, la inquietud —expresada en elipsis y fragmentos— se convierte en la única certeza. Fernández Mallo, físico de profesión, ha volcado en la poesía —la base de su obra literaria, aunque sea un narrador virtuoso y de éxito, como demuestra su trilogía *Nocilla: Dream, Experience* y *Lab*— su convicción de que, si las demás artes humanas han incorporado en el último siglo los hallazgos de la ciencia, la poesía también puede —y debe— hacerlo. El hecho de que el lenguaje empírico se haya manifestado en la literatura occidental desde muy antiguo no desmiente la pertinencia de su propósito: la vanguardia es una actitud —de acuidad en la captación de cuanto defina la sensibilidad contemporánea, primero, y de ruptura con las convenciones que la constriñan, después— que resulta siempre necesaria; la vanguardia, entendida como impulso palingenésico, vivifica el objeto artístico y la sensibilidad de su contemplador, y nos obliga a mirar de otro modo, es decir, a sentir, es decir, a pensar de otro modo. Fernández Mallo cree en la necesidad de que la ciencia imbuya la poesía, en última instancia, porque también la ciencia es metáfora: «toda ciencia es ficción», ha dicho. Para ello acude al lenguaje de la física y las matemáticas —que se incorporan como fórmulas, principios o teoremas a sus versos—, y, de hecho, a cualquier disciplina, realidad o situación que le proporcione materiales aptos estéticamente, capaces de suscitar la emoción poética: es el apropiacionismo, que ha teorizado en su ensayo *Postpoesía, hacia un nuevo paradigma* (2009), y que ha llevado a la práctica en *El Hacedor (de Borges), Remake (2011)*, un homenaje, precisamente, a quien ejecutó esa hibridación de lenguajes, preocupaciones y sistemas de pensamiento antes que nadie, y con admirable precisión. La obra poética de Fernández Mallo incluye *Yo siempre regreso a los pezones y al punto 7 del Tractatus* (2001, reeditado en 2012), *Creta lateral travelling* (2004), *Joan Fontaine Odisea* (2005), *Carne de píxel* (2008), *Antibiótico* (2012) y *Ya nadie se llamará como yo*, su último poemario, que se publica ahora en un solo volumen con sus demás títulos, configurando, así, una *Poesía reunida (1988-2012)*. En todos ellos se expresa un yo inquisitivo y trunco, sumido en una constelación de quebraduras, y fascinado por los espacios difusos, intermedios —arcenes, fronteras, linderos—, que constituyen la metáfora de su estar impreciso en el mundo, pero, a pesar de ello (o por eso mismo), dedicado a una afanosa busca de simetrías y correspondencias, aunque resulten desconcertantes: a una enloquecida, pero intelectualmente estimulante, casi salvífica, elaboración de redes, que abarcan todo cuanto integra nuestra sensibilidad: el lenguaje –con el diamantino positivismo que quiso insuflarle Wittgenstein–, pero también la publicidad, las artes visuales, la cultura popular y la cultura digital. Es, también, un yo sentimental, esto es, alguien que relata siempre, bajo su fluencia analítica y su vocabulario numérico, un itinerario emocional; una paradoja –la fusión de la abstracción y el amor– que caracteriza bien su propuesta: todo verdadero inventor es paradójico; todo verdadero inventor formula una antítesis con lo que existe, incluso con aquello que él mismo crea.

En *Ya nadie se llamará como yo* se renuevan estas características, aunque enmarcadas en un contexto que el propio Fernández Mallo considera particularmente narrativo y autobiográfico. En efecto, con la experiencia reciente de la muerte del padre, el poeta recuerda a su familia y su niñez –«el edredón de la infancia»– e indaga en la muerte –«una fiesta de la objetividad»–, pero no como hecho lineal, como desenlace euclidiano, sino como arborescente posibilidad de renacimiento, un renacimiento plural y contradictorio, como todo en su poesía. La evocación de los más cercanos y queridos se subsume en «el laberinto de las permutaciones» que son sus versos: el sentimiento se agazapa, aquí como en toda su producción, en la ciencia de la literatura. Todo en *Ya nadie se llamará como yo* engarza con otras cosas: todo es lo que es y, además, otra cosa. Si la inteligencia puede definirse como la capacidad para establecer relaciones –entre objetos, entre hechos y entre realidades–, la poesía de Fernández Mallo es una orgía de la inteligencia. Sus versos –sus ideas– están en movimiento continuo: las sinapsis nunca cesan. Quizá por eso el protagonista del poemario va a menudo en coche, como iba su padre, viajero, y narra lo que desfila ante sus ojos: la infinitud de lo existente, que se desdobla –o ramifica– en una nueva infinitud: la de eso *otro que todo lo que existe guarda dentro de sí*. Entre paradojas y asombros, entre antítesis e imprevisibilidades, Fernández Mallo dialoga incansablemente con la tradición literaria e intelectual de Occidente, a menudo para subvertirla, es decir, para reavivarla: «el mar carece de memoria», dice en un poema, y uno recuerda el «recuerda el mar a todos sus ahogados», de García Lorca. También abunda en el viejo motivo de la oscuridad como luz, revelador siempre del espíritu vanguardista, y habla, por ejemplo, de «cosas/ que solo pueden ser vistas en la oscuridad». Ni siquiera hace falta estar de acuerdo con él para convenir en su impulso transgresor: «El lenguaje de la ciencia es tremendamente preciso en cuanto a los sustantivos», dice, «pero espectacularmente metafórico en cuanto a los verbos. ¿Cómo es posible que un gas *sufra* una expansión? ¿Cómo [...] que una partícula *sienta* una fuerza? ¿O que un gen se *exprese*?». Sin embargo, precisión y metáfora no se contraponen, antes bien, se identifican: para ser preciso, hay que ser metafórico. Algunas recurrencias, como corresponde a un buen orfebre, puntúan el desarrollo acezante y fractal del poemario: la repetición de ciertos motivos —«son las 4.30 de la madrugada...», «no obstante agosto»— o de esa oración que le da título, «ya nadie se llamará como yo», establece un sutil pero resistente armazón mántrico que encauza la atención del lector. La estructura elegida orienta asimismo el crecimiento del relato. Tres bloques que se inician con esta especificación, «Al mismo tiempo, a 1.500 kilómetros de distancia, en otra isla yo también escribía...», solapan las cronologías y, a la vez, multiplican el yo: acrecen la identidad disociándola, como la palabra acrece el mundo. Y una sección final, «Veo un bosque y algo más vivo dentro (oración)», en la que ese título se repite también como una letanía o una endecha, se presenta como una despedida en la que conviven el dolor y la impasibilidad, el sufrimiento y la inteligencia, la hipótesis y la fantasía.

[Publicado en *Turia*, nº 117-118, marzo-mayo 2016, pp. 450-452]

LA CIUDAD DESOLADA

[José María FONOLLOSA, *Ciudad del hombre*, prólogo y edición de José Ángel Cilleruelo, Barcelona: Edhasa, 2016, 382 pp.]

José María Fonollosa (Barcelona, 1922-1991) es un caso infrecuente de poeta: alguien que, tras alumbrar un primer libro, *La sombra de tu luz*, en 1945, amoroso, juvenil y ecoico —con perceptibles influencias de los principales autores del 27–, y un opúsculo, de tintes religiosos, con el título de *Umbral del silencio*, en 1947, no vuelve a publicar versos en España hasta 1990, salvo cinco poemas en la revista *Poesía española* en 1961. (Sí lo hará en Cuba, a donde se traslada en 1951 y vivirá diez años, vendiendo productos de alimentación y estampas religiosas: en el periódico habanero *El País* dará a conocer, por entregas, su monumental *Romancero de Martí*, integrado por 3505 octosílabos). Pero solo un año antes de su muerte, en 1990, se publica *Ciudad del hombre: Nueva York*, una antología de su *opus magna*, que había empezado a escribir en 1948 con el título de *Los pies sobre la tierra*; y en 1996, ya póstuma, aparece otra importante selección de esa misma obra, *Ciudad del hombre: Barcelona*, en la entonces joven editorial DVD, de Barcelona. Veinte años después de esa última antología se da a conocer la versión completa y definitiva de *Ciudad del hombre*, de la que es responsable José Ángel Cilleruelo, uno de los mayores especialistas en la obra de Fonollosa, en la que, además de su propia y clarificadora introducción, incluye en apéndice los 28 poemas de *Los pies sobre la tierra*, el embrión de *Ciudad del hombre*; un artículo en el que el poeta reflexiona –aunque somera y, como siempre, irónicamente– sobre su propia escritura, publicado en el periódico *El Sol* en 1991; y un interesante aparato gráfico –que, por la tenacidad con la que Fonollosa evitaba las fotografías, resulta especialmente valioso.

El enorme lapso de silencio de Fonollosa –toda su vida, de hecho– revela a un autor aislado del mundo literario –y casi del mundo, a secas– y concentrado en la draconiana depuración de un proyecto tan ambicioso como singular; un proyecto con un propósito épico –si entendemos por épico lo coral, lo multitudinario del lenguaje (y del yo)–, en el que alientan algunas de las grandes obras de la humanidad: la *Odisea* de Homero –al leerla, a los catorce años, «encargué al inconsciente hacer algo igual, hacer una obra parecida o mejor», reveló en cierta ocasión–, los *Idilios* de Teócrito, *Hojas de hierba* de Walt Whitman y el *Ulises* de Joyce, al igual que algunas piezas destacadas de la literatura anglosajona contemporánea, como *Winesburg, Ohio*, de Sherwood Anderson, y *Tortilla Flat*, de John Steinbeck, pero sin impregnaciones expresivas, sin préstamos estilísticos, sin ecos ni reminiscencias de nada ni de nadie. Fonollosa no leía a sus contemporáneos, porque no quería recibir de ellos la menor influencia. Esa búsqueda despiadada de la propia voz, esa austeridad, o más bien ascetismo, con el que escarba en su interior para dar con la forma íntima, radical, desnuda, que mejor lo exprese, culmina en una poesía desoladamente narrativa, sin apenas imágenes, despojada de todo lirismo, filosófica por la áspera y perseverante exposición de sus razones, al servicio solamente de su pensamiento quebrantador y sus turbulencias existenciales, aunque encajada en el molde inexorable del endecasílabo blanco; una poesía que transita en todo momento, como dice el poeta en «Zeleste 2», por «el difícil camino a lo sencillo».

Ciudad del hombre –un título que Fonollosa ideó por oposición al de la célebre apología de Agustín de Hipona: *La ciudad de Dios*– se estructura por barrios y calles: cada una de sus cinco partes corresponde a un barrio de Barcelona, y cada poema ostenta el nombre de una de sus calles o locales (como el mítico bar «Zeleste», que da título a una serie de dieciséis composiciones). Pero, si bien esta disposición refleja el convencimiento del poeta de que la ciudad constituye el cosmos del hombre moderno –como para el antiguo era la naturaleza–, no supone que la geografía urbana, objeto de descripción o cavilación, sea la protagonista del poemario. Su verdadero protagonista son los conflictos y angustias vitales de un yo colosal y múltiple, de un yo que pasa por los poemas dejando jirones de reflexión cruda y ahogo existencial: «Esta clave –escribe José Ángel Cilleruelo en el prólogo– resulta esencial en la comprensión de la poesía de Fonollosa como fruto de una fragmentación del sujeto poético en multiplicidad de yoes que conviven en la mente del autor, fundando en su "cerebro" una visión renovada de la realidad, de la ciudad, que no se refleja desde la convencionalidad del espacio, sino desde las múltiples personalidades que la contemplan». En muchos poemas, pese a estar perfectamente identificado el lugar en el que *suceden*, no sabemos lo que pasa; solo sabemos los sentimientos, normalmente pesarosos, de quien protagoniza –o contempla, o intuye, o recuerda– eso que pasa.

Los principales asuntos de *Ciudad del hombre* son estos: el fracaso, la desesperación, la resignación, la muerte, el olvido. Los personajes que desfilan, anónimamente, por el libro destilan una rabia, un abandono y un miedo –aunque se muestren enardecidos a veces, electrizados por el sexo o la violencia– que son trasunto de su desconcierto por el hecho incomprensible de haber nacido y por el más incomprensible todavía de tener que morir. En *Ciudad del hombre*, la muerte, como aseguraban los estoicos, está en uno, en el yo, viva, activa, interior: «Está la muerte en mí. Yo la cobijo», escribe en un poema; y en otro: «Yo soy solo el lugar de muchos muertos». La muerte es el eje del ser: «La plenitud del ser está en la muerte», concluye. Esa omnipresencia de la muerte se prolonga o traduce en una sostenida reivindicación de sí misma, a través del suicidio o el asesinato. Son incontables los poemas en los que las voces a que da cuerpo Fonollosa sugieren matarse uno mismo o matar a los demás, incluso a escala masiva, con bombas de neutrones. La firmeza y sequedad con que lo aconsejan no nos hacen olvidar su condición irónica y orquestal, pero casi lo consiguen: la detestación de la existencia parece dolorosamente real. *Ciudad del hombre* es una gran, tentacular proclama contra la vida, una diatriba contra sus lodos y oscuridades, su insustancialidad y sinsentido, una execración que no teme resolverse en asesinato.

Pese al carácter ominoso de los temas que articulan *Ciudad del hombre*, lo más gustoso del poemario, lo que sostiene la lectura con amenidad y hondura, y veces con asombro y hasta con pasmo, deriva singularmente de él: se trata del torrente de pensamiento, liberado de toda atadura y toda convención, que desata la certeza de la propia insignificancia y de lo absurda que es la vida, coronada irremisiblemente por la muerte. Ese torrente, plagado de brutalidades, de juicios atroces, hosco y sarcástico a partes iguales, seduce por la impresión de verdad que produce, aunque no se nos escape que se trata de una ficción, de la manifestación de una polifonía apenas controlable. Cuando la poesía y, en general, los discursos públicos han perdido su espíritu iconoclasta y provocador, su ética zarandeadora, es saludable, más aún, es regenerador asistir al despliegue de misantropías que exhibe Fonollosa. Casi nada –incluyendo las muchas causas que son hoy casi intocables, como el feminismo o la ecología– queda a resguardo de su furia siempre endecasilábicamente ahormada.

La mujer, por ejemplo, es un mero objeto, una simple procuradora de placer, alguien a quien puede forzarse y hasta matar. Su naturaleza apenas excede la de las mascotas: «Deben [de] ser una especie superior/ al animal doméstico, porque hablan/ igual que lo hace el hombre; pero ahí queda,/ comparada con él, su semejanza». Coherentemente, el poeta elogia a las prostitutas, la masturbación, el incesto y la necrofilia: el sexo, acaso la principal potencia que lo impulsa, junto con la voluntad de crear una obra literaria perdurable, aparece desvinculado del amor (contra el que se pronuncia expresamente: «está llegando,/ avanzando su garra horripilante,/ rozándome, el amor. [...]/ embustera emoción que me promete/ deleites que transforma en dolor luego») y de cualquier norma social, y solo apunta a la satisfacción de una necesidad fisiológica, tan urgente como avasalladora. Sus denuestos de la mujer se hacen, a veces, brutales, como en «Rambla dels Caputxins 2», donde reduce a una que se presenta con aires de gran dama a la condición de «puta/ que sirve la lujuria de ese mierda/ que te lleva del brazo». Sin embargo, Fonollosa, en la turbamulta de un poemario coral, en el que se insertan las múltiples facetas de su pensamiento, no renuncia a la paradoja, y varios poemas pueden considerarse profeministas, aunque siempre teñidos de una aura burlona o relativizadora, valga la redundancia, como «Carrer del Bisbe Laguarda 2» («debiera liberarse la mujer/ de la opresión en que la tiene el hombre») o «Pla de Palau 1», donde su elogio del cuerpo femenino concluye así: «De haber sido mujer fuera lesbiana». Por otra parte, el fruto indeseado del sexo, los hijos, que representan la detestable perpetuación de la vida, son asimismo aborrecibles: monstruosos, repulsivos, rastreros, retrasados mentales, feminoides.

Fonollosa –o, insisto, esa galería de personajes que hablan, sin revelar su identidad, en sus poemas– es antianimalista y contrario a la naturaleza; y lo es radicalmente: matar animales «no es un trauma/ [sino el] puro reflejo placentero/ de liquidar urgencias sin reparos»; y a aquella, asoladora y cruel, habría que destruirla sin miramientos. Ambas solicitudes no son sino nuevas manifestaciones de su oposición a toda forma de vida. Las grandes causas, las ideologías, no aportan nada; ni Dios, al que el poeta no encuentra por ninguna parte, y que concluye es «un mito, entelequia, una invención/ del ser inteligente para el fuerte/ y así ambos dominar mejor al débil». En la misantropía feroz de Fonollosa, en su nihilismo sin recovecos, solo un drástico individualismo le permite sobrellevar la existencia; un individualismo en soledad, necesaria para reconstruirse cada día, con la ayuda de las drogas y del jazz, uno de sus grandes placeres, sobre el que llegó a publicar, con Alfredo Papo, en 1951, una *Breve antología de los cantos spirituals negros,* y en el que coincide con otros grandes poetas de la segunda mitad del s. XX, como Antonio Gamoneda, Manuel Álvarez Ortega y Basilio Fernández: «El oscuro milagro de este siglo», lo llama en «Plaça Reial 1». Ni siquiera la poesía le proporciona la seguridad o alegría necesarias para sobrevivir. En «Carrer de la Formatgeria», se burla de su propia obra; y en «Zeleste 14», detesta el soneto con un soneto. Curiosamente, la razón por la que lo hace —obliga a acomodar la dicción a la forma, perjudicando la precisión y autenticidad de lo dicho— es lo mismo que puede decirse de algunos versos suyos, que, forzados a encajar en el endecasílabo, acartonan la sintaxis —con pronombres enclíticos, conjunciones adversativas o adverbios de relativo arcaicos («mas», «cual»)— o incluso vulneran la gramática: en el poema «Zeleste 4», por otra parte, uno de los mejores del libro, leemos «Le (sic) acepté y me cuidé que (sic), año tras año,/ creciéramos los dos al mismo tiempo». Si hubiese respetado el régimen preposicional del verbo «cuidarse», el verso sería hipermétrico: «Lo acepté y me cuidé de que, año tras año,/ creciéramos los dos al mismo tiempo».

La acritud y crudeza de *Ciudad del hombre* acaso explique uno de sus principales motivos: el deseo constante de huir. En muchos poemas, quien nos habla aspira a abandonar la casa o la ciudad en la que vive y a las personas que lo acompañan («este cuarto/ inhóspito, estos seres inquietantes,/ esta urbe aterradora»), o a liberarse de sí mismo, o a dejar atrás los problemas y las incomodidades, o, simplemente, a desaparecer entre desconocidos. Aunque sea imposible, o no sirva de nada, porque el peor enemigo de uno es uno mismo, que siempre acaba atrapándote. Esta búsqueda de una salida, o de un lenitivo, para el horror de la existencia es coherente con el cuadro sombrío, más aún, tenebrista que es *Ciudad del hombre*, aunque al lector no le inspire ese misma necesidad de huida. Por el contrario, el lector es atraído irremisiblemente a estos versos demudados y demoledores, en los que quisiera sumergirse hasta desaparecer.

[Publicado en *Cuadernos Hispanoamericanos*, n° 797, noviembre 2016, pp. 141-144]

NADA: VIDA

[Moisés GALINDO, *Las formas de la nada*, Sevilla: La Isla de Siltolá, 2015, 58 pp.]

En *Las formas de la nada*, el segundo poemario de Moisés Galindo (Súria, Barcelona, 1963), tras *Visegrado Hotel*, publicado en 2011, se articula un sañudo combate existencial, cuyo argumento es el que siempre ha sido: la contraposición entre la maravilla inexplicable de la vida y la certeza no menos indescifrable de la muerte. En los poemas generalmente breves, casi diamantinos, de *Las formas de la nada*, Galindo expresa la perplejidad que le inspira el mundo y su propio alentar en él, pero sin abandonarse a los estragantes placeres del solipsismo: sin darse a la contemplación afanosa del propio ombligo. Proclama el arrebato del amor y renueva la conmovedora súplica de Cansinos Assens, «¡Oh, Señor, que no haya tanta belleza!», o la no menos emocionante confesión de Robert Browning: «Cuando nos sentimos más seguros, ocurre algo, una puesta de sol, el final de un coro de Eurípides, y otra vez estamos perdidos», ambas felizmente recordadas por Borges. El mundo le ofrece al poeta sus placeres más tangibles: los del cuerpo y la naturaleza; los de la caricia y el ocaso; los del vino y la flor. Y también los de la poesía, que puntea *Las formas de la nada*, mediante ceñidas intertextualidades, como un arpegio sutil. A menudo, las metáforas con las que Moisés Galindo presenta estos prodigios son la respiración —el *atmós*: la sustancia del espíritu— y la sangre, símbolo inmemorial de la vida, pero también, con su huida, con su pérdida, de la muerte. «Sé que respiro luz:/ la sangre es porosa», escribe, sinestésicamente, en «Respiro I».

Frente a la evidencia de un yo admirado y desconcertado por sí mismo —por su latido y su exaltación: por su puro estar— y por el mundo que lo rodea, se alza la certidumbre de la desaparición, otra vez bifurcada: la propia y la de los demás; la de ese yo fascinado y respirante, y la de los seres queridos, encaminados siempre en potencia, y muchos ya en acto, a la muerte inevitable. Pero la muerte no es solo la extinción física: la muerte es la nada. La anulación de la materia supone algo más alto y más incomprensible: la desaparición de la conciencia. El eclipse incondicional de los sentidos desmantela el sentimiento y derruye la inteligencia, las dos caras de eso que llamamos, con imprecisión manifiesta, pero con deliberado ahínco, el yo. Y por ese sumidero se van, hasta el mar de la inexistencia, la realidad que creíamos —o deseábamos— indestructible, los instantes que habíamos creído —o deseado— eternos, el asombro de amar, y de tener nombre, y de estar aquí. Esa nada devoradora se enseñorea del título, con radiante paradoja, y comparece en casi todos los poemas. Frente a ella se asienta el deseo —la pasión— de la supervivencia, expresado por la voluntad de estar «a salvo», una locución que se repite obsesivamente («Todo formas de la nada,/ cambiantes; donde continuar a salvo»), o el no menos reiterado anhelo de estar «más allá» de las cosas y su finitud, de su lacerante contingencia –un desiderátum, por otra parte, de todos los artistas: trascender lo inmediatamente accesible y alcanzar lo que escapa a la percepción y la evidencia, la verdad escondida de las cosas–, aunque ambos empeños han de batallar con el miedo, otro actor de esta contienda íntima, esto es, con el temor de abandonar las facilidades cotidianas, cegadoras, y adentrarse en los espacios desconocidos de la conciencia, en otras posibilidades del yo. Se trata, pues, de vencer «esa comodidad que nunca quisiste cambiar o destruir/ para no vivir en la intemperie ni enfrentarte a la verdad./ Esa forma de cobardía al confinar el deseo a lo preciso,/ lo correcto, lo adecuado./ Sin experimentar los límites de lo que realmente eres»; se trata de «cruzar el miedo».

Pero la virtud decisiva de *Las formas de la nada* no radica en la exposición de esta ancestral dicotomía, con ser admirable por su concisión y su hondura, sino en cómo la resuelve. En una inacabable eclosión de paradojas –la principal de las cuales luce en el propio título del poemario–, Moisés Galindo desnuda la paradoja central: vida y muerte son lo mismo; ser y nada se alimentan mutuamente; existir y desaparecer poseen una textura igual, una naturaleza idéntica. No estamos, en rigor, ante una reedición del viejo «ser para la muerte» de los estoicos y los sartrianos –aunque Galindo tiene mucho de estoico–: en *Las formas de la nada* la muerte no es una realidad irrevocable que nos atenace desde que nos asomamos a la vida, ni la tenebrosa desembocadura del río del tiempo, sino que *anima* la vida: el poeta vence a la nada abrazando a la nada, convirtiéndola en el centro de su regocijo y su estupor, en el fuego que caldea su hacer, en el motor mismo del pulso. «Intuyo la inexorable y acerada paradoja:/ misteriosamente, la misma muerte te preserva», escribe el poeta en «Paradoja». Y en el poema siguiente,

«Finales», remacha: «Y al final te hundirás/ en las arenas movedizas de la nada/ como si fuese el comenzar de otro latir./ Una respiración cercana y misteriosa./ Tan parecida el amor y la belleza/ de cuanto nos rodea». En esa circularidad palingenésica, que condice con un ritmo sideral de creación y destrucción, y que se cifra en un presente en el que todo, la plenitud y la ausencia, resulta inextricable, Galindo encuentra la forma de sobreponerse a la muerte de los otros a los que quiere y de sí mismo, el arma para defenderse de la ruptura y el dolor. El tiempo se compacta para aunar lo presente y lo ido. Siguiendo a Quevedo y a Eliot, el poeta escribe: «Está aquí, ahora, siempre:/ los muertos, los vivos; todo/ lo que fue, es y será»; y también: «Todo está a salvo./ Todo lo que fue, es y será persiste»; y aún: «Por tu sangre, ilimitada, fluye/ y se repite todo lo que fue, es y será»; y por fin: «seres/ que han estado, están y estarán siempre/ a salvo». En *Las formas de la nada*, el final es el principio y la nada, el todo.

Un matiz singular: este poemario no es solo abstracción; es más, no es ni siquiera principalmente abstracción, pese a su espesa urdimbre meditativa. Lo visible, con su derroche de volúmenes y colores, lo salpica a cada paso, como si la palabra fuera solo un ojo escrito, como si la voz fuese pupilar. Y también lo coloquial. Galindo no solo no se engríe en sus versos —«llaneza, muchacho, no te encumbres, que toda afectación es mala», le recomienda maese Pedro a su ayudante o trujimán en el *Quijote*–, sino que los dota de una naturalidad casi doméstica, algo que se percibe sobre todo en los poemas en prosa del díptico «Noviembre y viento» o en algunas composiciones versales de hechuras más dilatadas, como «Medio vacía» (que forma, a su vez, un díptico con el siguiente, «Medio llena»: a Moisés Galindo le gustan las estructuras simétricas, tan reparadoras) o la que cierra el volumen, fechada, como si fuese la entrada de un diario: «Empuriabrava, sábado 26 de julio de 2014». Por ejemplo, en «Noviembre y viento I», también fechado, escribe: «20 de noviembre. Como el veinte de noviembre del año pasado, hace un viento del carajo. Pero no es el año pasado, aunque pudiera serlo, si no fuese porque [...] la mirada [...] me coge de las orejas como a un niño díscolo y me devuelve al cuarto de las ratas de donde no debí salir». *Las formas de la nada* acumula una expresión minimalista, con las excepciones dichas, y un timbre depurado, esencial; tanto que casi podría decirse que es literatura oriental, donde el acendramiento de la forma y la reconciliación de los contrarios, tan poco aristotélica, vienen triunfando desde el *Shih Ching*. Moisés Galindo ha consignado en este delicado y magnífico poemario una visión restañadora del mundo y de nuestra presencia en él. Sobreponiéndose a las modas y vivificando las tradiciones, ha sido capaz de formular un acercamiento personal al prodigio y al absurdo de la vida, y lo ha hecho, como rezan los últimos versos del libro, «sin existir pero con vida./ Respirando el horizonte. Siendo/ el corazón mismo de la nada».

[Publicado en *Estación Poesía*, n° 7, 2016, pp. 60-62]

LA HONDURA DE LOS VIENTOS

[Manuel GONZÁLEZ SOSA, *A pesar de los vientos. Poesía completa*, prólogo de Andrés Sánchez Robayna, Madrid: Salto de Página, 2013, 210 pp.]

La publicación de *A pesar de los vientos. Poesía completa*, de Manuel González Sosa (Gran Canaria, 1921-2011), con el esclarecedor prólogo de Andrés Sánchez Robayna, supone la recuperación de un autor olvidado. Aunque no: para recuperar a alguien, primero ha de haber estado presente y luego haber desaparecido; y para que sea olvidado, antes ha de haber sido recordado. Y nada de esto sucedió nunca, en verdad, con González Sosa: el poeta grancanario ha sido un autor inexistente para la poesía española del siglo XX y principios del XXI, a pesar de que su labor poética se iniciara en los años cuarenta del siglo pasado y no concluyese, prácticamente, sino con su muerte, y a pesar, también, de su intensa actividad como animador de la vida cultural canaria –fundó varias colecciones de poesía y la sección literaria semanal del *Diario de Las Palmas*, «Cartel de las Artes y las Letras»– y de su nada desdeñable faceta ensayística, con relevantes estudios sobre Galdós, Tomás Morales o Domingo Rivero.

Sin embargo, su obra lírica apenas vio la luz: su primer libro de poemas, un breve sonetario, fue *Sonetos andariegos*, publicado en 1967, cuando su autor se acercaba ya al medio siglo de vida, y lo que escribió a continuación –que, en cualquier caso, no fue mucho– apareció en pliegos, *plaquettes* y medios de escasísima tirada, limitados, además, a la aún más exigua difusión que suponía su publicación en las Islas Canarias. Muy pocas voces, aunque de fuste, se han ocupado de él: solo Miguel Martinón y Jorge Rodríguez Padrón le han dedicado sendos estudios; este último, el preliminar de *Tránsito a tientas*, publicado en 2002. Sánchez Robayna se encarga ahora de dar a conocer, en una editorial reconocida, el conjunto de su obra poética, que reúne cinco volúmenes: *Sonetos andariegos*, en su segunda edición, de 1992; *Cuaderno americano*, de 1997; *Paréntesis*, de 2000; *Tránsito a tientas*, de 2002; y *Contraluz italiana*, de 2004, cuya primera edición se remonta a 1988.

No toda la culpa del desconocimiento de la obra de González Sosa se debe a la acreditada incuria crítica española y a la ignorancia de los lectores superficiales. El propio González Sosa es, en gran medida, responsable de su marginación. Pero lo es en un sentido revelador y encomiable: su sentido de la exigencia literaria, así como la conciencia de estar tratando con hondos asuntos de la conciencia, que requerían un pulimiento acorde con su hondura, le impulsaban a rehuir lo común y multitudinario, y a negarse, en consecuencia, a publicar en medios de mayor calado, o a frecuentar las cortesanías que conducían, con suerte y adulación, a una vergonzante popularidad. Su relación con su propia obra era de tanteo continuo, de corrección interminable, siempre provisional: la obra siempre es mejorable. Y esa certeza del trabajo perseverante que exigían los poemas bien hechos se corresponde con la entereza y la complejidad expresivas de los suyos, que condicen, a su vez, con la preocupación existencial que los anima. El magma de la vida, compuesto por el deseo de seguir viviendo, y de hacerlo felizmente, y la imposibilidad de que ese deseo se cumpla, destilan una tensión que el poeta transmuta en verbo, destinatario de su angustia y, al mismo tiempo, de su ansia de liberación. La poesía desarraigada de González Sosa —por utilizar el ya antiguo pero todavía significativo concepto alumbrado por Dámaso Alonso—, de raíces unamunianas —como se encarga de señalar Miguel Martinón y de recordar Sánchez Robayna—, ofrece un dilatado panorama de conflictos interiores, como revela el extraordinario soneto «En el fiel», y apelaciones al tiempo que pasa. El yo es «una olla de fiebres», el corazón se cubre de cenizas, por la sangre, socavada, entra «una lenta marea que nos pudre/ de narcótica sal las avideces», y la nada es una «caravana/ que hacia la vida viene». La pasión existencial —porque pasión es— se nutre en González Sosa de los motivos clásicos, siempre vueltos realidades tangibles, materializados en fenómenos y cosas: la muerte y el tiempo. Hacia la primera se camina: el *homo viator* progresa hacia la tumba, desconocedor de su destino, sobrecogido por la helada e inconcebible vastedad de lo que oculta. Ese espacio escondido y aterrador, donde no se sabe qué late —si algo late—, es el que acoge al abuelo del poeta, al que se dirige en uno de los sonetos más emocionantes de la literatura española de la segunda mitad del siglo, «A mi abuelo, detrás de la vida»: la muerte está detrás de un muro —o es un muro—, pero también dentro de nosotros, en otra proposición inveterada del existencialismo: «materia es ya de nuestros huesos», dice González Sosa. La muerte es una pulpa, la única patria, el cero: «No en lo que alienta fluye/ la médula que salva/ del cero a lo creado», leemos en «Ante una máscara funeraria de oro». El tiempo, por su parte, prologa la muerte, o la prefigura. Jorge Manrique flota inevitablemente en las numerosas imágenes líquidas o fluviales, y algunos tópicos barrocos, como el de la fugacidad de la rosa, o la clepsidra, sostienen la denuncia del tiempo destructor. Estas horas hirientes, «ayermadas de ortigas», devastan casas, quevedianamente, y devastan espíritus: hacen jirones en lo que creemos, lo que somos, y confinan la felicidad que hayamos experimentado –en la infancia, en la familia, en el amor– en el exilio del recuerdo, en la evocación y la elegía, que abunda en *A pesar de los vientos*, y no limitada al ámbito familiar del poeta, sino extendida también a otras personas o escritores queridos: Antonio Machado, Jorge Oramas, Alonso Quesada o Saulo Torón. «Las sombrías olas del tiempo» nos baten hasta deshacernos, o bien nos empujan a un precipicio sin fondo, donde González Sosa renueva el *leit motiv* de la caída, del abismamiento en lo oscuro. En varias composiciones, el poeta contempla su calavera, su verdadero ser, separada de la máscara del rostro, y envejeciendo a la intemperie. En otras –«Ruinas de Chan», «Monasterio de Santa Catalina»– canta a las ruinas, el fruto de ese tiempo que horada la roca y la carne, y, con ellas, todas las esperanzas que albergamos. En este marasmo de días derrumbados, solo una vez se dirige a Dios, el acostumbrado asidero –por sostén o por rechazo– de tantos poetas, y de tantos poetas españoles de posguerra: es en «Albur», de *Tránsito a tientas*, aunque su impetración es ambigua: «La sombra, esta luz mía,/ me alumbraba. Tu dedo amando, hiriendo/ el corazón, los mundos, mas siguiendo/ el compás de una alma mediodía». El encabalgamiento, como en muchos otros poemas, fluidifica el discurso, pero también lo vuelve problemático: lo quebranta, como quebrantada está la conciencia de quien interpela. Y se agradece que Dios no sea apenas personaje de la obra: que la protagonice quien ha de hacerlo, el hombre, solo, desnudo, confuso, estoico, serenamente aterrado. El existencialismo de González Sosa, en fin, presenta un rasgo singular: su constante invocación de la ignorancia. La certidumbre de la caducidad de todo se hace incertidumbre de todo. No saber se convierte en bandera de su dolor y su náusea, o quizá antídoto, o refugio. En *A pesar de los vientos* menudea el sintagma «no sé»: «vengo no sé de dónde», «no sé qué dicen», «a alguna parte vamos. Cierto. Adónde/ aún no lo sé», «no sé si mis ojos ven tu forma», «yo no sé si la sueño», «no sé, nadie lo sabe,/ qué palabras». Aunque también, ocasionalmente, el poeta encuentra algún conocimiento en la realidad transitoria, en su presencia aupada, o velada, por una sangre que se consume: «sé que voy/ bajo este haz de carne, sangre y hueso».

El lenguaje con el que González Sosa despliega esta panoplia de hostilidades es coherente con su naturaleza agónica, aunque depurada de toda aspereza superflua, constreñido a su más vívida y desolada expresión. La tensión del discurso trasluce a menudo la conflagración emocional, y se hace aún más evidente por las limitaciones que le imponen las formas estróficas —sonetos, décimas— en que se contiene: como un gran cuerpo embutido en un continente exiguo, la palabra de González Sosa se debate entonces, empuja en todas direcciones, chirría de plenitud: «Mi posesión de ti ya no zozobra./ Eras, pero yo fui quien iba haciéndote/ puro espejismo de un edén que ileso// custodian los latidos de mis sienes,/ y el temerte durable me dolía/ lo mismo que un descuajo de raíces», escribe en «Contraelegía». Los oxímoros de raigambre barroca —«fría quemadura», «sonoro silencio», «espasmo inmóvil», «sí eres no siendo»— conviven con las metáforas de vanguardia, siempre precisas, muy vigorosas. Los encabalgamientos, como ya se ha dicho, sirven a una fluencia polémica, que apacigua y, simultáneamente, enciende los versos. La esticomitia les confiere sentenciosidad, pero González Sosa no estima lo indubitable, sino que prefiere moverse por los confines de lo comprensible, de lo concluido pero aún abierto. El soneto «Fuga I», por ejemplo, se compone de un solo encabalgamiento: desde el primer hasta el último endecasílabo, la voz se desliza sin detenerse, sinuosa e inaprehensible, como el aire y el mar de los que habla. Las aliteraciones, en fin, refuerzan la tangibilidad de un verbo preocupado por la trascendencia, pero que la sitúa en los objetos y los cuerpos, en la trascendencia de lo perecedero: «¿Qué pájaro profundo/ unta de magia su garganta/ en la impalpable vena del aceite/ que, al latigazo del zumbel,/ alumbra la tierra?», leemos en «Leyenda para el cuadro de Antonio Padrón "Niños y trompos"».

Pero *A pesar de los vientos* no es solo un cuaderno existencial: también es, en su brevedad, un amplio compendio de homenajes literarios, una exploración de la cultura clásica y contemporánea, y un relato de viajes. Entre los primeros, reconocemos en varias ocasiones a San Juan de la Cruz; a Neruda y Vallejo, a los que dedica sendos poemas; a Luis Feria, el enorme poeta grancanario –y enorme en un doble sentido: por la grandeza de su poesía, y por la obesidad, deliberadamente perseguida, que lo deformó en sus últimos y tristes años–; a Antonio Machado, uno de sus autores fundamentales; y a John Keats y Percy B. Shelley, que protagonizan un poema «en el cementerio del Testaccio», y que revelan el ascendiente del romanticismo inglés en la poesía de González Sosa. En los poemas de *Cuaderno americano*, que recogen sus viajes por los países andinos y del Caribe en los años 70,

González Sosa describe el paisaje físico y humano del que es testigo, y subraya, junto al esplendor de las culturas amerindias, la pobreza y sumisión de sus razas actuales. Con versos que no renuncian al pulimiento del orfebre ni a la grandeza de la expresión, demuestra que se puede hacer poesía social, o con dimensión testimonial, que no sea poesía chata, y que cabe denunciar la injusticia del mundo sin ser injusto con el lenguaje. En *Paréntesis* y *Contraluz italiana* prosiguen la atención al entorno, ahora en lugares de España e Italia, respectivamente, y la aventura de la palabra, que se refugia en un culturalismo discreto —«Epiménides de Cnosos», «El durmiente del bosque», «Frente a la catedral de Orvieto»— y en cierta relajación elocutiva. También en *Paréntesis*, en la sección «Entrevisiones», practica González Sosa el poema en prosa, un símbolo de modernidad, lo cual demuestra el calado de sus inquietudes formales: el poeta sabe renunciar a las comodidades de los poemas estróficos —en los que había alcanzado una rara maestría: sus sonetos, y también sus décimas, son de una belleza abrumadora— y a experimentar con formas muy alejadas de los cauces por los que había transitado hasta entonces. Esos poemas en prosa, en los que da cuenta de sus recorridos por la península ibérica, se presentan como apuntes de un diario, en los que momentos y paisajes aparecen con una claridad casi cinematográfica, aunque con ellos viaje —o quizá porque en ellos viaja— una conciencia despierta, a ratos ígnea. Una constante en *A pesar de los vientos* es la evocación y presencia del paisaje tinerfeño, y, en una proyección mayor, canario: esa realidad contradictoria, hecha de sequedad y follaje, de fuego y agua, de nubes y sol, que impregna, con nitidez atlántica, las páginas de casi todos los poetas isleños, y que, en el caso de González Sosa, atiende con especial intimidad a los campos y las labores agrícolas, en los que está arraigada su memoria de niño. Aldeas, higueras, el cereal, el malpaís, dunas y ortigales: todo dibuja un mundo redondo, aislado, desordenado, acaso feliz; un mundo trágico y memorable como el hecho de vivir, como la verdad incomprensible de la vida.

[Publicado en *Ínsula*, n° 825, septiembre 2015, pp. 36-37]

SOBRIA Y ENCENDIDA MEDITACIÓN SOBRE LA MUERTE

La muerte, decía Unamuno, es el gran escándalo de la existencia. Y Ernesto Sábato la consideraba uno de los dos grandes problemas del hombre: el otro es haber nacido. Pero también es su gran motor: gracias a la muerte, cada momento es único; sin ella, vivir sería solo una eterna repetición de actos sin finalidad. La historia del hombre es la historia de su estupor ante la muerte. Y la literatura no ha sido ajena, no podía ser ajena, a ese asombro nuclear y a las preguntas que suscita. En el barroco europeo, época de crisis y, por lo tanto, de miedos y dudas, como hoy mismo, proliferó la reflexión sobre la muerte: la *meditatio mortis*, a la que afluyeron los antecedentes medievales, asimismo abundantes –danzas, triunfos y espejos de la muerte, además de obras singulares como las *Coplas a la muerte de su padre*, de Jorge Manrique, de gran influencia en la tradición española–, se convirtió en una suerte de género específico, cultivado por poetas, moralistas y pintores. En ese humus barroco y estoico, tenebrista y áureo, se incardina *Matriz de la ceniza*, una reedición contemporánea de los tratados –y los diálogos– sobre la muerte, tan característicos de nuestra historia literaria.

Es *Matriz de la ceniza* un libro sorprendente, porque, siendo una obra de gran madurez, parece surgir de la nada. Pero pocas cosas surgen *ex nihilo*. Si bien Máximo Hernández, su autor, no se había prodigado en publicaciones —cuando aparece *Matriz de la ceniza*, en 1999, por haber ganado el premio «José Hierro», de la Universidad Popular de San Sebastián de los Reyes, solo era conocido por un puñado de *plaquettes* que habían tenido una circulación muy restringida, limitada, casi totalmente, a Castilla y León; es decir, *no* era conocido–, sí era pródigo en lecturas y en una práctica silenciosa pero exhaustiva de la poesía. Por eso *Matriz de la ceniza* transmite esa sensación de libro convincente, redondo, clásico. A ello contribuye también su estructura, de perfiles geométricos, como ha visto bien Juan Luis Calbarro:

> El entramado del poemario es geométrico: sus veintiún poemas se ordenan en tres series de siete; la serie central consta de poemas a su vez tripartitos. El afán del poeta por el orden, los números significativos y los ciclos viene de antes: ya en *Cotidianidades* [una *plaquette* publicada en Zamora en 1995], el poema «Círculo» ordenaba la vida en un casi eterno girar en una espiral de repeticiones y desencanto. En ese sentido, la ordenación de *Matriz de la ceniza* no solo es (y lo es) gusto por la simetría y el unitarismo formal, sino, sobre todo, signo de la circularidad de la vida (CALBARRO, 1999: 96).

La apoyatura formal no es, como señala Calbarro, un rasgo gratuito o accesorio: es un estímulo para la creación, pero, sobre todo, es una manera de plasmar la idea: el punto de encuentro entre lo que se quiere decir y lo que se dice. Además de los contrafuertes estructurales, una gran cultura –que no elude metamorfosearse, a veces, en culturalismo– da sostén al libro: literatura, mitología e historia concurren para articular el pensamiento poético de Máximo Hernández, y para ilustrarlo con múltiples ejemplos de bien (o mal) morir. Y ello, a su vez, introduce otra de las peculiaridades de *Matriz de la ceniza*: no hay un yo poético único, salvo el configurado por el estilo, que sí es único; el autor se transforma en diferentes personajes y adopta su punto de vista. La galería de caracteres extraídos de la historia civil y sagrada, de las crónicas y bestiarios, de las letras y las ciencias, configura un ceñido pero resonante teatro del mundo, en el que el poeta va cambiando de encarnadura sin que se resienta la homogeneidad y sentido del conjunto, antes bien, acreciéndolo, enriqueciéndolo. La paratextualidad, en fin –tres citas de autores admirados preceden a cada sección, y una significativa dedicatoria, al libro en sí: «A mis muertos queridos, que tanto me acompañan»–, remacha el clavo de este encendido ataúd, de este tratado fúnebre que no atiende al más allá, sino al más acá, bueno o malo, de la vida.

Tal reivindicación se desprende de una primera constatación. En palabras de Tomás Sánchez Santiago, «el poeta hace girar este libro en torno de la indiferencia más absoluta sobre qué pueda esperarse fuera de la vida, cuyo misterio parece importar al escritor afincado en Zamora más que ningún supuesto reino de las sombras [...]. [*Matriz de la ceniza*] convoca al lector a una aceptación de la vida como único espacio» (SÁNCHEZ SANTIAGO, 1999). *Matriz de la ceniza* no contiene, en efecto, invocaciones extraterrenas ni consuelo metafísico alguno: lo que hay es la vida, y tras ella no hay nada, como no la hubo antes. La vida es solo, como ha dicho Antonio Gamoneda, un chispazo entre dos inexistencias. En «El arrebatado», Máximo Hernández dibuja un irónico alegato contra el profeta Elías, cuyo nombre, de origen hebreo, significa «Mi Dios es Yaveh», y cuya mudez y extravío celestiales representan la indiferencia del Creador:

el que tenía en los ojos una brisa süave
y en la mano una furia capaz de degollar,
el que fue trasladado al banquete divino
sin pagar la gabela de ceniza y de huesos,
el que solo dejó su manto caído en tierra
como clara señal de la veloz partida,
aquel que fue cumplido por una voz de trueno,
por una voz de agua que clamó en el desierto,
aquel que sabe todo, pero que todo calla,
aquel que sigue mudo, perdido entre los astros,
perdido en el silencio de un diluvio de siglos.[1]

En otros poemas prosigue la proclama antidivina, trasunto de la singularidad de lo terreno: «Si el camino del sabio es el dolor/ y el dolor es el mapa de los dioses,/ ¿qué ciego y vacuo dios marcó tu ruta?», [19] se pregunta el poeta en «Esquilo pasea por Gela el final de su obra». Y en «¡Lázaro, sal fuera!», el resucitado increpa a Dios por devolverlo a la vida, luego de no haber respondido a sus llamadas cuando lo acuciaban el miedo, la ignorancia y la duda: «¿Dónde estabas entonces, cuando yo no sabía,/ cuando solo intuía que el muro de la vida/ se levanta con

---

[1] HERNÁNDEZ, Máximo (1999), *Matriz de la ceniza*, San Sebastián de los Reyes (Madrid): Universidad Popular y Ayuntamiento de San Sebastián de los Reyes, colección literaria Universidad Popular, pp. 17-18. Cito siempre por esta edición, indicando a partir de ahora entre paréntesis la página en que se encuentran los versos transcritos.

ladrillos de pérdidas,/ que el reino de la muerte se construye/ con lienzos de esperanza?». (27) El final de este poema constituye un reproche trascendental, que recoge algunas de las preguntas que ineludiblemente se hace cualquiera que no tenga el seso consumido por el adoctrinamiento ante la idea de Dios: qué necesidad tiene un ser supremo, omnisciente, omnipotente y eterno, de alumbrar a otro infinitesimal, como el hombre, que se arrastre por el mundo *ad maiorem gloriam suam*, y sufra la condena nunca solicitada de la enfermedad, el dolor, la vejez y la muerte. En *Matriz de la ceniza*, la proposición se invierte, pero el motivo de la recriminación es el mismo: «A qué otra vez la densidad del cuerpo./ Ahora que hallé la luz, a tu gloria mayor,/ vuelves a derrotarme con tu negra exigencia./ [...] No te digas mi amigo,/ no merece tal nombre quien así me condena». (28) Cabe, en fin, una interpretación a favor de Dios, como ha hecho José Luis Puerto. Para él, «el poeta libra a Dios del peso de la muerte, que ve más bien como atributo inherente al hombre, en un claro rasgo rilkeano» (PUERTO, 1999), y se apoya para entenderlo así en varios versos de «Prueba número 1: declaraciones de Adam, Javvah y Ha-Satan», cuyos protagonistas parecen identificarse con los del relato bíblico de la creación, Adán, Yahvé y Satán: «Nada me dio que yo no deseara», (34) «Solo me dio lo que yo ansiaba, pero/ la muerte no, esa ya la tenía». (35) La interpretación se justifica por el texto, en el que Máximo Hernández consigna, una vez más, el pensamiento y la voz de otros, pero no por la razón: Dios, si existe, ha creado la vida y la muerte, y atribuir la responsabilidad de esta a su propia criatura, que padece ambas, no es solo lógicamente erróneo, sino también có(s)micamente injusto.

Si bien el poeta no muestra ningún interés ni confianza en existencia ultraterrena alguna, tampoco reivindica la vida, ni la concibe de otro modo que con una profunda desolación. Así ha visto, de nuevo, José Luis Puerto, que subraya ese carácter desolado de *Matriz de la ceniza* y sus «tintes fatalistas» (PUERTO, 1999) antes que estoicos, a pesar de su raigambre quevedesca. El poemario despliega un asedio multilateral, luctuoso y, como ya hemos visto, exento de esperanzas escatológicas a esa vida sin sentido, en la que solo una realidad –la palabra–, como comprobaremos, aporta un sentido, o una posibilidad de sentido, que se escapa por todos sus resquicios. Pero la muerte ciñe y condiciona la vida. Está en todas partes. Es la desembocadura del tiempo, como enseñan los clásicos: «Solo me queda ya esperar el ocaso./ Es la consumación, la extinción del instante/ que supone la vida. Cuando el tiempo concluye,/ llega el acabamiento, mas no la inmolación», (41) leemos en el poema «Metamorfosis». Es inevitable: «no podrá escapar la presa,/ pues no hay adonde ir, después de todo», acaba el primer poema del libro, «El espíritu de los muertos observa». (16) Y toda pérdida la prefigura: «Cada vez que rescato un cadáver del agua/ confirmo la premisa que establecen sus ojos: vivimos solamente para anotar las pérdidas», [58] concluye «Rescate de un ahogado». En el agua, precisamente, tiene a menudo asiento la muerte, aunque sea también una metáfora clásica del nacimiento. Y no solo por este «Rescate de un ahogado», que evoca aquel verso radiante de Lorca, de «Fábula y rueda de los tres amigos»: «*El mar recordó ¡de pronto!/ los nombres de todos sus ahogados*», sino por otras composiciones del libro, como «El bautista» o «Séneca se suicida en mi bañera», que cierra el libro. En el otro extremo de la simbología mortuoria, pero con el mismo afán deletéreo, se encuentran el fuego y su haz de motivos subordinados: la llama, la pira, la ceniza. En «Sati (viuda ante la pira funeraria)», que recrea la bárbara costumbre hindú de que las viudas se lancen a la pira donde arden los cadáveres de sus maridos para compartir con ellos su destino fatal, encontramos el título del poemario: «No purifica el fuego, matriz de la ceniza,/ purifica la luz que llega en cada llama./ La negra luz que habitaba en tus ojos,/ la luz que, desahuciada, ha salido de ti/ y en mi rostro de garza su amanecer impone». (79) A lo que accedemos es al pensamiento de la viuda resuelta a entregarse asimismo a la hoguera: el poeta se sitúa en los ojos y la conciencia de los personajes que ha elegido para construir su diorama fúnebre, y habla por ellos. En este caso, la viuda no quiere seguir viviendo sin la compañía del esposo y, «antes de que el olvido desmigue tu memoria,/ quiero contigo ser ceniza iluminada». (80) En los versos iniciales de este poema observamos el nexo, o fusión, entre maternidad y muerte, entre vida y muerte: el fuego destruye, pero a la vez alumbra una nueva realidad; extinguirse supone purificarse; la muerte ilumina, en el doble sentido del término: el fuego de la pira arroja luz al mundo, pero también a la conciencia. Sin embargo, en una nueva paradoja, que se abraza fractalmente a las ya formuladas, se trata de una «luz negra», como la que irradia el «sol negro» del suicida Nerval o la cultivada por todos los poetas entregados a la estética de la contradicción, desde Píndaro hasta Celan, pasando por Kozer o Valente. La luz negra es la muerte-vida, la cristalización de los contrarios y, por ello mismo, la superación de su oposición: la unificación de los espacios de la existencia en una sola realidad superior. No es esta la única ocasión en que Máximo Hernández recurre a este oxímoron cicatrizante. En «El bautista» nos habla del «corazón [que] se ahonda por la luz de la noche,/ donde la sal del hombre universal habita» (23); y en «Prueba número 1: declaraciones de Adam, Javvah y Ha-Satan», leemos «su voz abrió mis ojos en lo oscuro», «nació la luz primera y ya en ella la sombra/ buscaba su refugio, su obligado acomodo» y «en ese leve gesto, [...]/ donde la atada sombra delata su substancia,/ se comprende la luz». (35-36) Las paradojas, un mecanismo eminentemente barroco y aupado después por la contemporaneidad a la condición de principal fulminante poético, son frecuentes en *Matriz de la ceniza*; de hecho, son uno de sus recursos retóricos más destacados, ya desde el título. En «Diálogo entre el poeta y la poesía (el poema, al nacer, también opina)», Máximo Hernández desliza entre los versos una teoría sobre la *concordia oppositorum* del poemario: «Yo sé que solo en uno los dos tienen cabida,/ minotauro, tritón, centauro, esfinge,/ necesarios opuestos para el conjunto exacto,/ matrimonio perfecto en continua agonía». (39)

Frente al panorama desolado, rayano en el nihilismo, que presenta *Matriz de la ceniza*, la muerte representa la liberación de nuestros afanes y pesadumbres. Supone, pues, una redención, como ha subrayado Juan Luis Calbarro: «El precio que hay que pagar para terminar con una esclavitud. La muerte no es deseable por sí, pero el hablante lírico la acepta como consecuencia y culminación natural de la vida, y también como liberación» (CALBARRO, 1999). Las manifestaciones de muchos de los personajes que el poeta invoca en el libro autorizan esta lectura: en «Bella durmiente», la vida es un «espantoso incendio» y una «maldición»; (61) en «¡Lázaro, sal fuera!», «un infernal castigo»; (27) y en «Séneca se suicida en mi bañera», un «martirio». (69) Este poema, que reclama con nitidez los antecedentes y acaso la inspiración estoica de *Matriz de la ceniza*, tamizada por la exégesis senequista de Quevedo, afirma nítidamente el sentido liberador del fin:

> Esta es la hora de la libertad.
> El retorno esperado a la matriz.
> Es la consumación del sacrificio.
> El viaje a la raíz crece en la muerte.
> Quede la vida atrás, cese el martirio. (69)

Aunque no es el único: en «Mitrídates, soberano del Ponto, pide a su esclavo que le dé la muerte», se apela otra vez a la muerte como liberación. El poema recoge la leyenda según la cual Mitrídates VI del Ponto, también llamado Mitrídates el Grande, que gobernó aquella tierra del Asia Menor entre los siglos II y I a. C., y que era resistente a todos los venenos, le pidió a un esclavo –o, según otras versiones, a uno de sus oficiales– que le diera muerte a espada, para no ser capturado por los romanos. Así acaba el poema: «La daga es el camino que conduce/ hacia tu libertad, hacia la mía». (76)

La liberación, no obstante, no está reñida con otros sentimientos humanos, más prosaicos, como el miedo. En «Kamikaze», otro poema de la galería de suicidas, ilustres o anónimos, que componen la tercera y última sección del libro, el espanto del piloto japonés que va a sacrificarse por el honor de la nación y la gloria del emperador, como le han inculcado y no dejan de recordarle su padre y su madre, ya ancianos, se manifiesta en una sólidamente construida aceleración, en la que, manteniendo la horma del alejandrino, se mezclan las voces de los personajes, se extravían los nexos sintácticos, se repiten obsesiva y caóticamente las proposiciones y, en fin, se diluye el discurso, hasta alcanzar, como ha observado Tomás Sánchez Santiago, un «vértigo emocional [tan cercano] a aquel de Yeats, "Un aviador irlandés prevé su muerte"» (SÁNCHEZ SANTIAGO, 1999):

> Como un viento divino atravieso los cielos,
> mi madre dice honor, mi padre dice patria,
> cargado con mi vientre de explosión y de fuego,
> mi madre dice patria, mi padre dice honor,
> cargado con mi muerte, mi padre dice viejo,
> cargado con mi miedo, dice si yo pudiera,
> en el mar de los mongoles, es un acorazado,
> dice viento divino, si yo pudiera huir,
> es un acorazado, antepasado, historia,
> dice, cargado, madre, cargado con mi honor,
> con su honor, dice, padre, con miedo digo muerte. (73-74)

De la muerte participa el que suele considerarse principal consuelo del hombre, ese elemento que conforma, en la historia de la cultura occidental, la dualidad motora de la condición humana, junto –y en contraposición– con ella: el amor, que carece en *Matriz de la ceniza* de toda capacidad salvífica o redentora. Por el contrario, aparece entreverado de muerte, o se identifica con la muerte. Es en la segunda parte del libro, «Redimidos de la esclavitud», donde mejor se articula esta presencia negativa del amor, esta frustración erótica, que no redime a las personas ni mitiga su caducidad. En esta sección, cada una de las tres partes de que se componen los poemas ofrece un punto de vista distinto, que recoge el de ambos protagonistas (por lo general, víctima y verdugo), más otro, narrativo o neutral (acaso un espectador), que consigna una suerte de síntesis o conclusión. Los juegos de voces de estos poemas dramatizados aportan, como también ha señalado Tomás Sánchez Santiago, «una extraña y poderosa calidad poliédrica» (SÁNCHEZ SANTIAGO, 1999). En «Prueba número 1: declaraciones de Adam, Javvah y Ha-Satan», se evocan los placeres carnales y se reconoce la añoranza que suscitan. El amor existe y permite intuir, o rozar acaso, un bálsamo existencial: herir el tiempo –detenerlo, engañarlo infinitesimalmente– y vislumbrar un espacio sin sufrimiento:

> [...] comenzaron los labios
> a saber del calor que otros labios cobijan.
> Conocieron las manos el gozo y el tributo,
> conocieron los cuerpos el sudor y el placer.
> Pudimos penetrar el corazón del tiempo,
> beber en el chortal que la dicha produce,
> dormir en la guarida de la última lágrima. (34)

Pero es en «Muerte de un presbítero» donde mejor se expone el intrincado combate –y la fusión, en definitiva– entre muerte y amor, con la particularidad de que se trata de un amor homosexual. La primera parte del poema da voz al asesino del eclesiástico, el cual cautivaba a viejas urracas y estupraba con jóvenes, mientras «esperaba que mi lengua de fuego/ socavara su cuerpo, su espíritu abismara». (45). Quien así habla es otro hombre, célebre (aunque no sabemos por qué, ni importa) y casado. Y esta circunstancia, aliada con la violación del secreto de confesión por parte del presbítero, conduce al violento desenlace:

> Mientras desabrochaba mi camisa de seda
> confidente me dijo lo de ella con mi jefe.
> No podía arriesgarme a que lo divulgara.
> Peligraba el laurel que embellece mi frente.
> Arrodillado estaba delante de mi hombría
> y su boca esperaba mi comunión de espuma:
> reventé su cabeza con un cáliz de oro. (46)

La polifonía de *Matriz de la ceniza* –que es también polirritmia: cada poema usa el metro que el poeta considera más adecuado para su desarrollo, aunque predominen el endecasílabo y el alejandrino– sigue cauces narrativos. Los poemas cuentan historias, siempre visuales –casi cinematográficas, como la que estamos analizando–, y con ecos, en algún caso, de relato negro. En «Muerte de un presbítero», a la amalgama de traiciones y pasiones, entre las que se cuenta una felación, se suma un nuevo alegato antirreligioso: la víctima es un clérigo corrupto y el arma del crimen es un cáliz.

Pero ese clérigo degenerado –no por homosexual, sino por pedófilo, mentiroso e inobservante de sus deberes sagrados– toma la palabra en la segunda parte del poema y eleva una invocación doble: al amor y al sacrificio. El amado ha sustituido a Dios en su adoración, y los versos se llenan de metáforas ígneas, que apelan al incendio de la carne, al rayo que rasga la noche, a la daga flamígera y a la llama abrasadora de la lengua (aunque también ácueas, como «el manantial que inunda mi espelunca» [47]), y de paradojas que comunican el éxtasis doloroso del cuerpo y la culpa y el sufrimiento entrelazados con el gozo: «¡Oh, ángel de dolor,/ acerca a mí la zarza de tus labios,/ [...] hazme arder en la sed de tu saliva,/ destrúyeme en tu infierno salvador...» (46-47). El final de esta parte del poema es una exhortación al castigo, que cabe entender como clímax aniquilador o deseo de redención: «Toma con fuerza el cáliz en tu mano,/ [...] y usa el Grial propicio al sacrificio:/ mi sangre en él transmutará mi sangre» (47).

La tercera parte de «Muerte de un presbítero» describe, más, fotografía el resultado de la acción: el eclesiástico yace muerto, con una sonrisa enigmática en los labios (que recuerda a la del personaje representado por

Kevin Spacey en *American beauty*, asimismo asesinado). El ojo del poeta recorre la escena y atiende a sus detalles materiales, manchados de luz y de misterio. La anáfora que sostiene el poema –«no se comprende...»–, preservada en el dístico final, encuentra en él, constituido en epifonema, la razón de todo: «No se comprende bien, mas se diría/ que lo mató el deseo de estar muerto». (49)

El amor, o la promesa del amor, adquiere tintes sombríos, casi macabros, en «Bella durmiente», en el que el beso de un príncipe ha de rescatar a una princesa eternamente dormida: «Solo el amor podrá sacarte de esa sima/ en que no reconoces tu savia ni tus huesos./ [...] Será mi beso luz: te volverá a la vida» (60), dice el redentor, que habla en la primera parte del poema. La destinataria de ese beso salvador, no obstante, lo rechaza con violencia en la segunda, y apostrofa así al príncipe: «No te acerques a mí, príncipe inmundo./ No acerques a la cera de mis labios/ el espantoso incendio de la vida» (61). La subversión de la noción de amor prosigue y se remata en la tercera parte, en la que el hada responsable del hechizo de la princesa habla para revelarnos que su conjuro no fue una maldición, sino una bienaventuranza: en realidad, la ha preservado de la tortura de la existencia, y por eso hay que rechazar todo acto que la rescate de su estado de beatitud. La muerte, identificada con el sueño y el olvido, es un bien que no debe perturbarse. Y también ella recaerá en el príncipe imprudente: sus labios «cercenará [...] la fulgente guadaña» (62) .

Perturbador es igualmente «Santateresa», que no hay que identificar con la mística de Ávila, sino con la mantis religiosa, ese insecto mantodeo cuyas hembras presentan la particularidad de devorar, en ocasiones, al macho cuando se aparean con él. La clásica fusión del amante en el amado, presente en el *Cantar de los cantares* y en toda la literatura mística occidental, que recoge Máximo Hernández para concluir la segunda parte de la composición («Alcanzo así el anhelo del amante:/ disolverse por fin en el amado» [52]), cobra, de esta suerte, una coloración irónica, casi burlesca. En la tercera parte, el poema se vuelve fábula: el hombre advierte de su probable fin a los machos que se dirigen a copular con la hembra, apelando a conocimientos actuales que chocan con los ecos místicos anteriores y crean, en consecuencia, una disonancia que cabría calificar de posmoderna: «Le hablé sobre el instinto, los ácidos nucleicos, los grupos de ADN y las Leyes de Mendel/ (de amor no dije nada, era solo un insecto/ y no podía entender los valores humanos de un corazón abierto)» (53), y la pieza termina con la respuesta adoctrinadora –con la moraleja– de las mantis condenadas sin saberlo: «–De todos es sabido que entre todas las bestias/ es solamente el hombre el que culpa a Natura de sus inclinaciones» (54). El amor y la muerte quedan, pues, otra vez reunidos: amor y muerte vuelven a ser uno.

El destino del hombre en la Tierra, como se revela en «Metamorfosis», aunque aquí aparezca metaforizado en gusano de seda –lo que también tiene sentido: encapsulado en un brevísimo espacio, pasando de una edad a otra de la vida hasta la muerte inevitable–, es, simplemente, estar, pasar y desaparecer: «No hay nada más allá del ataúd de oro,/ ni nada más acá que ocurrir día tras día./ Pasar es el quehacer. Suceder sin cuidado» (41). Más adelante, añade: «No hay premio ni castigo, pues no existió tarea./ No hay misión que cumplir» (42). Y, en la segunda parte de la composición, leemos: «¿Y qué nos queda al fin de este paisaje?/ Solo caer, como una lluvia lenta» (42). Sin embargo, frente a este abandono existencial, frente a esta nada materializada en los días y nuestra disolución en ellos, algo supone una ocupación, u otorga una suerte de razón al tedio y el desasimiento. Es la palabra, que acompaña –y colorea– el vacío en el que vivimos. «¿Qué nos queda ahora [...]/ sino el sabor letal de la derrota?» (42), se pregunta Máximo Hernández en este mismo poema. Y su respuesta es: «Este ir y venir por las palabras/ [... y] el devaneo continuo de los ojos/ en su viaje sin fin por la materia» (42-43), esto es, la observación del mundo y su expresión por medio del lenguaje. Pero siempre con desapego, sin vehemencia, casi indiferentes: un ir y venir, un devaneo.

En «Diálogo entre el poeta y la poesía...», la composición más metaliteraria del conjunto, un alejandrino de la primera parte amplía esta condición meramente recreativa o testimonial y atribuye al verbo una voluntad de indagación y descubrimiento que ilumina con una luz tibia el desdichado paso del hombre por la vida: «la palabra es machete para abrir la espesura», para vulnerar «virginales selvas no holladas todavía» (37). Importa esta reivindicación de lo nuevo, de los parajes –literarios y vitales– por los que aún no se ha transitado: *Matriz de la ceniza* demuestra que ese adentrarse en lugares desconocidos puede hacerse con un verso clásico y una sensibilidad cultivada en los predios ordenados de la tradición, pero también en las inquietudes e incertidumbres de la contemporaneidad. No obstante, es en el poema postrero del libro, «Último gesto de Cesare Pavese» –el poeta italiano que escribió *verrà la morte e avrà i tuoi occhi*, que le sirve de epígrafe, y que, antes de suicidarse en 1950, dejó escrita una última anotación en su diario: «Todo esto da asco. Basta de palabras. Un gesto. No escribiré más»–, donde se manifiesta con más rotundidad la ausencia de sentido de que también adolece esa palabra, ahora convertida en gesto. Juan Luis Calbarro ha observado esta idea «que defiende todo el libro»: «el lenguaje como constructor de vida» (CALBARRO, 1999); en la muerte, en cambio, no predomina la palabra, sino el gesto. Escribe Máximo Hernández, parafraseando al autor de *El oficio de vivir*:

> La palabra es del aire más incierto:
> da tumbos, gira, indaga, nombra, daña,
> engendra una ilusión, se resuelve en vacío.
> En ella conocemos, nos sabemos en ella,
> pero no es necesaria en el último instante. (81)

El gesto, en efecto, ocupa –encarna– ese momento de mudez absoluta. Y ese gesto sustituye a algo que Máximo Hernández nunca elogia en *Matriz de la ceniza* –ni siquiera en este poema, donde la palabra se define y presenta como volátil y lesiva, ilusoria y vacua–, pero que nutre y justifica su quehacer creador: el verbo, la poesía. Pese a la ausencia de entusiasmos o proclamas reivindicativas, como en todos los demás órdenes o asuntos tratados en el libro –Máximo Hernández no incurre nunca en, al decir de Pessoa, la grosería del entusiasmo–, la factura de *Matriz de la ceniza* desmiente el aparente desapego del poeta. El verso ondula sobriamente, fluye con serenidad y espesura, y revela sin desfallecer el mérito infrecuente de cohonestar austeridad y sensualidad. La dicción oscila entre lo líquido y lo lapidario, pero su rotundidad nunca anula ni la sutileza ni la música de la expresión. Máximo Hernández domina la retórica clásica y sabe construir, por ejemplo, un antológico soneto renacentista, de finamente trabadas antítesis y bimembraciones, que ocupa la segunda parte de «Diálogo entre el poeta y la poesía...». Estos son sus tercetos:

En tu mundo de ensueño viva estaba,
mas tu llama de amor contemplé un día
y, suicida, pensé que, si te amaba,

incendio de tu incendio yo sería:
mas de tu amor el fuego me abrasaba
y al nacer tu poema yo moría. (38-39)

Todo *Matriz de la ceniza* se despliega en equilibrio: de lo sólido y lo fluido, de la contención moral y la audacia elocutiva, de la tradición y la transgresión, y, en el ámbito métrico, del encabalgamiento y la esticomitia. Las estructuras recurrentes y paralelísticas dan sostén al zigzagueo del pensamiento y, por lo tanto, del verso, y abundan las anáforas —entre ellas, una especialmente grata al poeta: «a qué...»—, así como los políptotos, quiasmos y geminaciones. Un amplio arsenal de mecanismos retóricos ampara este intenso tratado mortuorio, este ejemplo de poesía filosófica, esta meditación existencial, con toques de escepticismo e ironía. Pero lo más importante de este libro no es que su autor haya sabido incorporar todo el bagaje de la literatura clásica —lo que no es poco, ni mucho menos: otros solo incorporan el vacío retumbante de la ausencia de lecturas—, sino que haya construido con él un edificio consistente y jubiloso, aun en la negrura de su desesperanza: un excelente ejemplo de razón crítica, poesía encendida y compromiso moral.

BIBLIOGRAFÍA

CALBARRO, Juan Luis (1999), «La vitalidad de la muerte», *Poesía, por ejemplo*, 12, pp. 95-97.

HERNÁNDEZ, Máximo (1999), *Matriz de la ceniza*, San Sebastián de los Reyes (Madrid): Universidad Popular y Ayuntamiento de San Sebastián de los Reyes, colección literaria Universidad Popular.

PUERTO, José Luis (1999), «*Meditatio mortis*», artículo inédito facilitado por el autor.

SÁNCHEZ SANTIAGO, Tomás (1999), «Para no corregir la quietud», *Filandón*, suplemento literario del *Diario de León*, 700, 31 de octubre.

[Publicado en Máximo HERNÁNDEZ, *Entre el barro y la nieve. Poesía reunida*, edición de Juan Luis Calbarro, Palma de Mallorca: Los Papeles de Brighton, 2016, pp. 39-54]

FRAGMENTOS NO: HEBRAS

[Ernesto HERNÁNDEZ BUSTO, *La ruta natural*, Madrid-México: Vaso Roto, 2015, 180 pp.]

Dos motivos caracterizan *La ruta natural*, de Ernesto Hernández Busto (La Habana, 1968): el palíndromo que constituye su título y los fragmentos de una vasija rota, como la que ilustra la portada del libro. Ambos apelan a una totalidad oblicua o quebrantada: el palíndromo no tiene partes, sino una integridad reversible y sin salida, y la ruta natural no es otra que la que le gustaría encontrar al escritor para su escritura: una vía sin solipsismo ni ceguera, un camino franco por el que transiten el espíritu y sus creaciones. Los pedazos rotos de la vasija remiten asimismo a un todo perdido, a una belleza fracturada por la discontinuidad y el tiempo, a una plenitud nunca olvidada, pero ya inalcanzable. Con estos ejes impregnados de anhelo pero también de escepticismo, Hernández Busto ha acometido la construcción de un mosaico que no pretende recuperar las hebras del pasado, sino interpretar los mimbres del presente y articular el entramado del futuro. Sería un error considerar los fragmentos de este diario como una lectura de lo sucedido en una vida, aunque incorporen abundante material biográfico. Son, más bien, los pedazos de un yo que se busca explicación y que aspira a proyectarse en el tiempo, un entrelazamiento de visiones, de sí mismo y del mundo, que el autor despliega como un tapiz incompleto, más aún, como un tapiz que nunca podrá completarse. La reflexión sobre lo fragmentario acompaña a lo fragmentario. Hernández Busto traza, así, un bucle permanente, una sostenida fractalidad, en la que la razón de su actividad se convierte en la actividad misma, o en uno de sus aspectos principales, como muy pronto revela: apenas empezado el libro, leemos: «Si es cierto que, como decía Claudel, "el pensamiento late, como el cerebro y el corazón", entonces la escritura fragmentaria se acerca más que ninguna otra a las pulsaciones de la mente. [...] Pensar es un proceso naturalmente discontinuo, signado por descargas, sacudidas, relámpagos, previos muchas veces a la conciencia...». También del diario —el recipiente que acoge este discurso trizado— hace Hernández Busto un examen minucioso. Y su conclusión —aunque no pretenda ninguna— es que el diario más eficaz es aquel que se mueve en el alambre de lo dicho y lo callado; el que revela la suficiente vulnerabilidad, sin caer en la torpeza de la evidencia ni en la grosería de la desnudez; el que permanece en un claroscuro incitante, en una penumbra que perturba e ilumina.

Este análisis de la forma literaria escogida no es el único al que se dedica Hernández Busto. La literatura, en el sentido más amplio posible, y la propia figura del escritor están vorazmente presentes en *La ruta natural*, lo que confiere al libro un marcado perfil metapoético. Pero tampoco esta aproximación es unidimensional. Los intereses literarios de Hernández Busto van de la sociología de la literatura al estricto ejercicio de la escritura, pasando por un extenso abanico de autores que merecen su atención, y a cuyo estudio dedica entradas esclarecedoras. Algunos se repiten con reveladora frecuencia: Leopardi, por ejemplo, cuyo *Zibaldone* constituye uno de sus modelos ensayísticos, y también estilísticos. Pero no solo él: José Lezama Lima, Julio Ramón Ribeyro y Josep Pla cobran protagonismo en las páginas de *La ruta natural*. Mucho se desprende de estas preferencias, y, en primer lugar, el gusto por una prosa expresiva y precisa, por una ironía que no enturbie, sino que apuntale discretamente el fluir de la razón, y por una, digamos, elegancia en el porte —en el porte intelectual, pero también en el personal— que no está reñida con el barroquismo ni con la bohemia, siempre que se desarrollen sin fastos injustificables. Pero los escritores escrutados por Hernández Busto no son solo algunos de los grandes: también recupera valiosas obras de la vanguardia, al hilo de consideraciones específicas sobre la literatura, como los elogios que dedican a las nalgas femeninas Gabriele d'Annunzio, en el soneto «Ad lunae sororem», y Gerardo Diego, en su *Fábula de Equis y Zeda*, tan elogiada por Gimferrer —y tan imitada, en asuntos de coprofilia—, y dedica espacio a figuras menos conocidas, pero no por ello menos interesantes, de la literatura cubana, como el poeta, de un surrealismo extremo, Ángel Escobar, del final de cuya vida recoge el recuento que hace el psiquiatra y también poeta Pedro de Armas. Esta es otra de las singularidades de *La ruta natural*: su contenido se nutre asimismo de otros diarios y otras narraciones: los textos ajenos se imbrican con naturalidad en él, como si todas las voces reconocidas por el autor formaran parte de un solo discurso, como si todos los mensajes se integraran en un parlamento universal. No hace falta estar de acuerdo con todos los juicios y observaciones de Hernández Busto sobre la literatura para admirar la coherencia de su perspectiva y la justeza de su expresión. Para él, por ejemplo, «los escritores [...] dominan el arte de callar el bullicio de los detalles en beneficio de lo esencial». Uno cree, más bien, que el arte de la literatura consiste, precisamente, en los detalles, y que su bullicio da una viveza incomparable a lo escrito, aunque su presencia, ciertamente, nunca deba oscurecer o emborronar su núcleo.

En *La ruta natural* encontramos también muestras constantes del polifacetismo y la multitud de intereses literarios y culturales de Ernesto Hernández Busto. Abundan los poemas, propios o traducidos, y hasta un ejercicio de traducción comparada, cuyo objeto es un poema de tres versos de Patrizia Cavalli. No sorprende esta presencia de la literatura universal vertida al castellano en el cosmos propio de Hernández Busto, que es también traductor, al que se deben magníficas versiones de Eugenio Montale, Andrea Zanzotto, Valerio Magrelli, Boris Pasternak y Joseph Brodsky, entre otros. Pero su mirada no solo recae en libros y escritores: la pintura, el cine y, en general, cualquier aspecto de la creatividad humana suscitan su interés y promueven la crítica. Esta muchedumbre de temas, que satisface su voracidad cultural, se entremezcla también en un todo simbiótico. En una entrada dedicada a un juicio que se desarrolla en los Estados Unidos, Hernández Busto cita a Shakespeare, el *Hombre con turbante* de Van Eyck, Agave, Penteo, las bacantes, Deyanira y Clitemnestra, sin que se resienta la coherencia ni decaiga el vigor narrativo del pasaje. En otra, piensa en el alivio que procuran el fragmento y la literatura en general como puentes al sueño, como vencedores del insomnio, y, para ilustrarlo, cita las *Variaciones Goldberg*, a Bach, a Johann Nikolaus Forkel, su primer biógrafo, al conde Hermann Carl von Keyserlingk, embajador ruso en Sajonia, a Glenn Gould, el mejor intérprete contemporáneo de las *Varia-*

ciones, y *El malogrado*, de Thomas Bernhard. En todas estas recolecciones, la erudición se alía con la cotidianidad y la mirada conduce a la reflexión. El pensamiento no surge de una abstracción desligada de la realidad, de su propio cabrioleo analítico, sino de un arraigo muy sólido en las cosas del mundo. Hernández Busto es, como todo buen poeta, en primer lugar, alguien que mira, y que además sabe hacerlo. La calidad de su mirada se alía con una inteligencia alerta y el resultado es, con frecuencia, una conclusión perspicaz, como cuando desmenuza la crítica y la novelística de Julien Gracq: «Es tan inteligente Gracq que nunca podrá dominar el arte de la novela; de hecho, varias de sus novelas, de trama reiterativa y de atmósferas densas, se me caen de las manos porque su estilo es incapaz de trampear, y sin trampa no hay materia novelada».

En este diario íntimo, híbrido, albergue de ensayo y poesía, de crónica y memorias, no faltan los hechos de la vida, las vicisitudes individuales de su autor. Es también un diario de viaje, pero de un viaje histórico y existencial, en el que se juntan los acontecimientos del exilio y las vivencias amorosas, los lugares conocidos y las personas que han acompañado a Hernández Busto durante algún trecho del camino. El autor de *La ruta natural* viajó a la Unión Soviética cuando aún vivía en Cuba, emigró a México en 1992 –una sintética pero muy vívida entrada resume su experiencia en el país azteca– y se estableció en Barcelona en 1999, donde sigue residiendo. Cuba y lo cubano están muy presentes en el libro. Sus recuerdos recaen no pocas veces en la vida en la isla, o en su cultura, rica pero azarosa y, sobre todo, desbaratada por un régimen mutilador. Hernández Busto no ahorra críticas al castrismo, a cuyo combate ha dedicado grandes esfuerzos, aunque no incurre en el panfleto ni la oposición desquiciada, sino que sostiene una enemistad tan razonada como sentimental, como acredita una larga enumeración de tragedias familiares inducidas por la Revolución: «Esposas con el marido fusilado, que purgaron prisión y después tuvieron que soportar el escarnio de sus propios hijos, acusándolas de traición y abandono. [...] Fedras de verdeolivo enamoradas de algún hijastro, que acabaron denunciándolo por contrarrevolucionario —allá donde tal pecado era peor que la violación o el incesto. Padres que aceptaron encerrar a sus hijos, deportarlos, someterlos a electroshocks para "enderezarlos" o repudiarlos en público...». Junto a los dramas del totalitarismo y los percances del exilio, Hernández Busto no olvida algunos de los placeres de la vida y consigna en *La ruta natural* aventuras sentimentales y lances eróticos, aunque nunca explícitamente, sino con un sesgo, con una fina veladura, propia de todo el libro. Así lo exige el clasicismo que no abandona en ningún momento. Ernesto Hernández Busto es un autor educado en las mejores tradiciones literarias —desde el Barroco hasta los narradores anglosajones contemporáneos—, cuya prosa es siempre elegante, fluida y equilibrada: nunca se desboca, aunque la salpiquen chispazos de lirismo y, a veces, la acalambre el sarcasmo. Tampoco pierde naturalidad: la retórica de *La ruta natural* se desarrolla con temple y cercanía, atenta a la proporción de la frase y a un desarrollo cervantino, sin encumbramientos. Eso no le impide el hallazgo expresivo, la dicción feliz: ciertas historias, por ejemplo, son los «electroimanes intelectuales» de un personaje; Carlos V era visitado por «el ángel sombrío de la melancolía»; o alguien «se despeña por el acantilado del nihilismo práctico».

La ruta natural es un ejemplo afortunado de literatura multifacetada, refractaria a los géneros, sinuosa, intersticial, pero, a la vez, cimentada en una creencia honda en la palabra como sustancia del ser, que encuentra, justamente, en esa falta de jerarquía, en esa fragmentación líquida, su mejor asiento en la realidad y su más eficaz penetración en la intimidad siempre frágil, siempre desolada, del hombre.

[Publicado en *Cuadernos Hispanoamericanos*, n° 779, mayo 2015, pp. 130-133]

COMBATE FIERO EN LA TIERRA Y EL PAPEL

[Gabriel INSAUSTI, *Tierra de nadie. La literatura inglesa y la Gran Guerra,* Valencia: Pre-Textos, 2015, 427 pp.]

La Primera Guerra Mundial supuso un cataclismo inimaginable: murieron más de 40 millones de personas y el orden decimonónico, de florecimiento burgués y espíritu romántico, dio paso a una sociedad acelerada y ferozmente capitalista, dispuesta para las sanguinarias dictaduras industriales del siglo XX. La llamada Gran Guerra (porque, ciertamente, ninguna había sido tan grande como aquella) acarreó también grandes transformaciones culturales y, entre ellas, en particular, algunas literarias de gran trascendencia en alguno de los países beligerantes, como la Gran Bretaña. Pocos acontecimientos, de hecho, han marcado más el devenir literario del Reino Unido que la Primera Guerra Mundial, hasta el punto, incluso, de dar nombre a una generación de autores vinculados al conflicto: *the war poets,* 'los poetas de la guerra', esto es, aquellos que lucharon —y hasta murieron— en las trincheras y escribieron sobre su experiencia. En la abadía de Westminster una placa recuerda hoy a los dieciséis más destacados: Richard Aldington, Laurence Binyon, Edmund

Blunden, Rupert Brooke, Wilfred Gibson, Robert Graves, Julian Grenfell, Ivor Gurney, David Jones, Robert Nichols, Wilfred Owen, Sir Herbert Read, Isaac Rosenberg, Siegfried Sassoon, Charles Sorley y Edward Thomas. No son los únicos que participaron en aquella guerra. Algunos más –como William Noel Hodgson, el autor del hermosísimo poema «Antes de entrar en combate», muerto en la batalla del Somme–, no están aquí, pero estos acaso sean, en efecto, los más representativos. Seis de ellos perecieron en la lucha: Brooke, Grenfell, Owen (que había sobrevivido a experiencias tan terribles como salir volando por una explosión y aterrizar sobre el cuerpo destrozado de un compañero, o pasar cuatro días escondido en una trinchera alemana con un cadáver, pero que sufrió la ironía trágica –él, que tanto había recurrido a la ironía en sus versos– de recibir un balazo fatal una semana antes del armisticio), Rosenberg, Sorley y Thomas.

Gabriel Insausti, un reputado investigador de las literaturas en lengua inglesa, ha elegido a cuatro de estos autores –más un quinto, William Henry Davies, que no luchó en la Gran Guerra– para analizar de qué forma la conflagración supuso un cambio significativo en la literatura inglesa de la época y contribuyó, asimismo, al progreso ético de la sociedad. Los poetas seleccionados son Edward Thomas, Wilfred Owen, Robert Graves, Siegfried Sassoon y el mencionado W. H. Davies. Tierra de nadie. *La literatura inglesa y la Gran Guerra* –que ganó el Premio Internacional de Crítica Literaria Amado Alonso de 2014– parte de un escenario lírico con dos actores principales: la poesía georgiana y la poesía modernista (que no tiene nada que ver con el modernismo hispano: el *modernism* designa, *lato sensu*, a la vanguardia en las letras angloamericanas), que discrepan en temas, formas y espíritu, pero cuyos límites no son tan rígidos como se ha creído siempre. De hecho, una de las virtudes de *Tierra de nadie*... es relativizar las categorizaciones teóricas y presentar un panorama de influencias y relaciones –en amistades, revistas y antologías– mucho más abierto de lo que la pereza y el tópico, valga la redundancia, han querido establecer. La poesía georgiana, en la que militaban Walter de la Mare, Brooke, Hodgson, Blunden, Davies e incluso, inicialmente, Graves, se confiaba a la tradición de Wordsworth y Tennyson y practicaba un verso ortodoxo y eglógico, que describía un mundo de prados límpidos y ciudades perdurables, sin otra aspiración que el mantenimiento –y la exaltación– de lo existente. Por su parte, los modernistas, capitaneados por el atrabiliario Pound, al que secundaban con diversos grados de entusiasmo Richard Aldington, Hilda Doolittle, D. H. Lawrence, T. S. Eliot y Virginia Woolf, entre otros, preconizaban una poesía sin embelecos retóricos ni ensoñaciones pastoriles, musculada y directa, hija de su época. Este debate u oposición –en virtud del cual, por ejemplo, el primer libro de Sassoon, *The Daffodil Murderer*, de 1913, resulta una agresiva parodia de *The Daffodil Fields*, del georgiano John Masefield (a quien W. H. Davies elogiaba por haber escrito «los mejores poemas malos de la lengua inglesa»), y cuyo título sugiere, en el ámbito de la literatura británica, marcada a fuego por la tradición romántica de los *daffodils*, los narcisos wordsworthianos, lo mismo que el exmodernista Enrique González Martínez respecto a nuestro modernismo: «tuércele el cuello al cisne»– subsiste a lo largo de todo el libro, aunque, como hemos dicho, no lo sea tanto, por las relaciones subyacentes que se establecen entre ambas corrientes, y que Insausti expone con exhaustividad. Aprovecha este también para mediar en la eviterna cuestión de la claridad u oscuridad en poesía, sobre la que modernistas y georgianos discutieron hasta el cansancio, con «una pizca de malicia hermenéutica [...]: tal vez muchos críticos prefieran desoír toda poesía "clara" porque la oscuridad de los poetas difíciles da más juego para aventurar elucubraciones brillantes y, por tanto, les permite constituirse en una mediación ineludible». El ensayista, que a lo largo de todo *Tierra de nadie*... deja claras sus preferencias por una poesía conciliadora, en la que la tradición conviva con la modernidad y las formas inteligibles con la audacia expresiva, se deja llevar aquí por el partidismo: es dudoso que «muchos críticos prefieran desoír toda poesía "clara"» (la mayoría de los críticos literarios españoles oyen, y a oídos llenos, la poesía clara: la que desatienden es más bien la oscura), e igual podría afirmarse que, si prefieren esa poesía comprensible, es porque, de tan clara, no les exige pensar.

La lírica georgiana y su petrificado bucolismo constituyen uno de los polos contra el que los *war poets* afirman su poesía. El otro es la propaganda bélica, de la que Inglaterra se ve inundada, y que recurre, como toda propaganda, a un lenguaje hinchado y mendaz, que excita los sentimientos patrióticos más primitivos y las asociaciones más groseras, favorables siempre a proporcionar más y más carne a la trituradora terrible que es la guerra. Ambos polos, el georgianismo y la propaganda, coinciden en la visión de una Inglaterra intangible y eterna, y se alimentan mutuamente, lo que aún radicaliza más el repudio de los nuevos poetas a las formas establecidas. Casi todos los jóvenes que se alistaron al estallar el conflicto —y los *war poets* no fueron una excepción— acudieron a los campos de batalla inflamados de patriotismo y convencidos de que el enfrentamiento duraría poco: la victoria sonreiría, como siempre, a las armas británicas, que luchaban por Dios y por el Rey —esto es, por el orden y la civilización–, contra la barbarie prusiana. Pero lo que aquellos jóvenes vivieron durante los años siguientes les dio a conocer unos horrores inimaginados y los apartó gradualmente de ese ideal romántico. Ese tránsito arrastró también a su poesía, que ya no concebían –que ya no podían concebir– como correa de transmisión de las tradiciones conocidas, de la moral prebélica y, en definitiva, de un mundo periclitado. Sus versos fueron revelando las falacias de la poesía convencional, que seguía cantando al héroe y a la patria en peligro, y del lenguaje propagandístico –gubernamental y religioso– en el que se apoyaban la maquinaria bélica y los intereses que aquella guerra defendía, y dieron, como resume Insausti, con «la clave ética –empatía, igualdad, filantropía– de las siguientes décadas».

El principal mérito, no obstante, de los poetas analizados en este libro es que ese paso de la inocencia al conocimiento, que tan arduo fue para todos –a varios, como ya se ha dicho, hasta les costó la vida–, no supuso la destrucción del lenguaje ni la literatura precedentes. No es extraño: forma parte del ADN de la cultura británica no promover rupturas dramáticas, sino construir sobre los cimientos de lo existente. Como señala con acierto Insausti, «[su obra] debe leerse desde una intertextualidad que tiene como supuesto de fondo tanto las antologías georgianas como la propaganda gubernamental, y que subvierte con habilidad ambos discursos: en lugar de derribar el muro del lenguaje oficial, Davies, Thomas, Sassoon, Owen y Graves lo utilizan para apoyar su propio edificio retórico y dotarlo de un sentido más punzante». Insausti subraya tres rasgos de la poesía de Sassoon y de Owen –que fueron amigos y probablemente amantes– que singularizan su oposición a georgianos y propagandistas: la aversión a la grandilocuencia y la abstracción, la preferencia por lo concreto y el rechazo de la épica. Por su parte, Edward Thomas, por el que Insausti siente una inocultable predilección (y que probablemente constituya su propio modelo poético), confirma esa voluntad pragmática, ese deseo compartido de crear una literatura que hable, con palabras genuinas, del mundo real, ese mundo sangriento y apabullante de las trincheras, las ametralladoras y las bombas. De él subraya el sosiego de la voz, esto es, «la oblicuidad y la discreción sin estridencias», el lirismo «refractario a todo patetismo, a toda aseveración demasiado rotunda», el tono humilde y elusivo, y, en suma, «la resistencia a permitir que el lenguaje enturbie o traicione su visión», como ha subrayado Derek Walcott. Robert Graves y W. H. Davies tienen una presencia menor en el análisis de Insausti, aunque ilustran igualmente el movimiento antitradicional que la Gran Guerra suscita en las letras inglesas, pese a que ambos suelen identificarse, en principio, como georgianos. Es interesante observar que Davies no participó en la contienda porque le faltaba una pierna, que le había aplastado un tren al que intentaba saltar para llegar al Klondike, en Canadá, y sumarse así a la fiebre del oro que recorría América a finales del siglo XIX. De regreso a Inglaterra, fue vagabundo y mendigo, hasta que alguien descubrió, con admiración, los poemas de su primer libro, *El destructor del alma*, que se había autopublicado a costa de grandes esfuerzos, y lo lanzó a la fama. En esa poesía, W. H. Davies expone, con versos exentos de toda lujuria expresiva, pero llenos de gracia, una filosofía vital muy alejada del espíritu victoriano, contable y fabril: reivindica la negación del trabajo y la contemplación desinteresada del mundo. Davies purifica, con su adanismo precapitalista pero también con su ironía, un cosmos envenenado por el lucro y la especulación, y contribuye, así, a despejar el panorama ético y literario de los años posteriores a una guerra suscitada, precisamente, por el lucro y la especulación.

Tierra de nadie. La literatura inglesa y la Gran Guerra es un gran ensayo, un ensayo verdadero, a lo Montaigne, no académico, aunque el rigor filológico sea absoluto y la documentación aportada, abrumadora. Su prosa nada tiene que ver con la deplorable subespecie de la publicación universitaria: es fluida, amena y persuasiva, y está llena de observaciones inteligentes. En algún punto, las reflexiones de Insausti sobre la poesía revelan su propia condición de poeta: en el modernismo dice, tras citar a Eliot, que «la poesía quedaba caracterizada como una logomaquia extenuante, un viaje sin mapas en una constante vigilia del idioma». Pero *Tierra de nadie...* es más que un ensayo literario: es un libro de historia. Ofrece un panorama general de la cultura europea a finales del siglo XIX y principios del XX y lo ilustra con frecuentes excursos, siempre sugestivos, que acaban tejiendo un tapiz multifacetado y coral. Así, cuando habla de los poetas en las trincheras, describe las trincheras: cómo eran, cómo se construían, cómo funcionaban (y concluye con ironía que eran «un *locus* muy poco *amœnus*»), o, cuando lo hace del valor ético de los *war poets*, cita nada menos que al papa Ratzinger: «Apolo ya no basta en absoluto». Es verdad: Davies, Thomas, Sassoon, Owen y Graves demostraron que el Apolo contemporáneo ya no podía encubrir la suciedad y el horror del mundo. Hacía falta una poesía distinta para que fuéramos capaces de convivir con ellos.

[Publicado en *Cuadernos Hispanoamericanos*, n° 786, diciembre 2015, pp. 122-125]

LA POESÍA NOS SALVA

[Edwin MADRID, *Todos los Madrid, el otro Madrid (Antología poética)*, Valencia: Pre-Textos, 2016, 359 pp.]

Tras una dilatada carrera literaria, que empezó en 1987 con *¡Oh! Muerte de pequeños senos de oro* y que conoció un hito importante en 2004, con la publicación en España de *Mordiendo el frío*, premio Casa de América de Poesía Americana, el ecuatoriano Edwin Madrid (Quito, 1961) publica ahora *Todos los Madrid, el otro Madrid*, una antología de todos sus libros, más un largo fragmento de *Levantar el vuelo*, inédito, ordenados al revés de lo que es habitual en los compendios poéticos: del más reciente, *Al sur del Ecuador*, publicado en 2015, al más antiguo, el ya mencionado *¡Oh! Muerte de pequeños senos de oro*.

Recorrer este prolongado camino depara una primera y esencial constatación, que cabe intuir en el final del poema «El austríaco», inspirado en la figura de Thomas Bernhard, perteneciente a *Al sur del Ecuador*. Allí escribe Madrid: «Y se refugió en su escritura, escribió cientos y/ cientos de poemas, buenos y precisos poemas/ incluso para la inconsciencia de la sociedad/ de los sanos. [...]/ Y el tiempo restante tomaba el lápiz guardado en/ la funda de su bata y se precipitaba hacia su cuaderno/ con desenfreno. Existía para su escritura./ El señor TB/ no estaba loco, solo lanzaba al rostro del mundo los más/ bellos, espléndidos, grandes y sonoros escupitajos». Ese «existir para la escritura» es algo que se desprende con nitidez de la poesía de Edwin Madrid. La poesía lo ha colonizado todo: ocupa todos los espacios, trata de todos los temas, lucha contra todos los enemigos, aspira a todos los cielos. En suma, llena el ser: justifica la vida. De esta presencia omnímoda se derivan algunas de sus características principales. La más destacada acaso sea la pluralidad, sin fin aparente, de formas, temas, estilos y registros empleados. Muchos poetas despliegan unas obsesiones concretas y labran una manera definida de crear, y se ciñen a ese molde desde su primer hasta su último verso: son autores de cauce único, hondos quizá, pero previsibles y repetitivos. Madrid, en cambio, invade todas las jurisdicciones de la poesía, echa mano de todas las técnicas y exhibe una panoplia inagotable de preocupaciones y asuntos. Cada libro suyo pone el foco en algún aspecto de la realidad o la conciencia, y lo hace con un estilo, esto es, con unas fórmulas retóricas singulares, diferentes de las utilizadas en sus demás obras. En general, puede decirse que sus primeros poemarios beben más perceptiblemente de los esquemas vanguardistas —acentos irracionales, discursos cartilaginosos y enrabietados, incursiones oníricas; es revelador que cite a Breton en «Rabito», de *¡Oh! Muerte de pequeños senos de oro*— y que, conforme avanza en su producción, la expresión se reconcentra, se ajusta a una realidad más reconocible, se aleja, aunque nunca se desliga del todo, de la experimentación y la ruptura.

Junto a la omnipresencia de la poesía, otra preocupación es constante en la obra de Edwin Madrid, y definitoria de su naturaleza: la fascinación por la mujeres y las relaciones sentimentales que se establecen (y se rompen) con ellas. El propio Madrid resume ambos *leitmotiv* en el fragmento 83 de *Levantar el vuelo*: «crecí/ entre los murmullos de [las] mujeres y la furia de la poesía». Muchos de los poemas recogidos en *Todos los Madrid, el otro Madrid* narran peripecias amorosas, acercamientos y separaciones, fantasías y decepciones, o bien encuentros eróticos. *Mordiendo el frío*, una apócrifa autobiografía sexual, es el poemario más visiblemente pasional del conjunto, pero incluso en los poemas o libros más luctuosos, como *¡Oh! Muerte de pequeños senos de oro*, la parca —elemento imprescindible del clásico binomio, eros y tánatos— aparece voluptuosa, con esos pechos áureos por los que el poeta siente comprensible propensión. «El manjar más antiguo del mundo», de *Pavo muerto para el amor* (2012), poetiza, en prosa, un *cunnilingus* —una práctica, por cierto, poco reflejada en la poesía occidental—, aunque disimulado en un relato gastronómico (o una receta culinaria), sobre la exquisitez de la ostra, bajo la advocación de Giacomo Casanova: «Poco a poco, deslice los dedos. Cuando lo tibio sea calor abrasador, retírese con elegancia y exhiba la concha sobre una almohada blanca y blanda como una nube. Échele suficiente vino e inmediatamente recójalo a sorbos largos y profundos. Moviendo la lengua de arriba abajo, sentirá que toda se retuerce de placer. Entonces deje de lado la boca y actúe como si fuera el mismísimo Casanova». Para equilibrar las cosas, en «Nuestra señora de la biblioteca», de *Mordiendo el frío*, lo descrito es una felación.

Pivotando alrededor de estos ejes, la relación de intereses y objetos de atención de Edwin Madrid es muy amplia: *Pavo muerto para el amor* repara en la comida y la gastronomía (e incluye un poema autofágico, cuyo protagonista, después de devorarse a sí mismo, queda «reducido a una boca inmensa que querría comerse el mundo»); *De puertas abiertas* (2000) reflexiona sobre la casa, metáfora de la existencia y la identidad; *Lactitud cero* (2005) –un poemario en cuyo título se plasma otra de las constantes de la poesía de Madrid: el juego verbal– practica la sátira, al modo latino, contra los poetas de su país, y quizá también de otros lugares: como un Marcial contemporáneo, escribe: «Te confieso, Lelio, que, aunque para todos seas el gran poeta ecuatorial, para mí no eres más que un hombre con facha de tendero que en los recitales quiebra la voz en trémolos atiplados como putita de academia»; *Caballos e iguanas* (1993) recrea el mundo indígena e imita –y, a la vez, desmitifica– el relato de la conquista, en ocasiones con su propio lenguaje, lo que alumbra algunas de las mejores composiciones de la antología, en las que se mezcla la parodia, la epopeya y la crítica histórica, como «De cómo y por qué se llegó a destas tierras» o «El almirante desde la tierra más hermosa», en cuya última estrofa leemos: «destas tierras es para desear para nunca dejar/ en la cual todos los hombres de nos sean contentos/ con hasta veinte mujeres de cabellos correndios/ e oro cuanto ouiere menester/ y esclavos cuantos pudieren escoger/ especería y algodón cuanto pudieren cargar/ y almastica y lignáleo cuanto ouiere/ e creo también roibarbo y canela e otras mil especias/ ques harto y eterno lo que nuestro Redentor/ dio a Vuestras Altezas Rey e Reyna»; en fin, *Celebriedad* (1991) –otra paronomasia– constituye un largo y vigoroso discurso en el que se entrelazan el sueño, el alcoholismo y la locura: «beber nunca es obediencia/ beber nunca es sumisión/ beber es bibir». En otros poemarios aparecen cuentos infantiles –a los que Edwin Madrid da la vuelta como un calcetín: subvertir el orden establecido, o al menos zarandearlo, es una de las funciones ineludibles del poeta–, fábulas americanas, poemas sobre los toros (cuya voz es la del toro: otra subversión), escenas urbanas –de una Quito poliédrica, ásperamente amable– y composiciones sobre la historia de la evolución, carentes de signos de puntuación. Merece la pena resaltar la dimensión reivindicativa de Edwin Madrid, que se plasma en las piezas americanistas, entregadas al canto de la naturaleza del Nuevo Mundo o de su atormentada historia; en la incorporación de las culturas indígenas a su cosmos poético; y en la inquietud social, de hoy mismo, como la que se refleja en «La encendida», de *Al sur del Ecuador*, que ensalza la figura de la mujer trabajadora, de la mujer que no se rinde, sostén de todo, y cuyo final casa con la ola de ira ciudadana que ha barrido tantos países: «Llegar a la cima del Cotopaxi y abandonar el pueblo para/ patear la ciudad. Quito, fría y sucia, pero suya, no la venció/ ni hoy ni nunca y le puso hijos para que brinquen y pataleen/ por sus entrañas, incendiando, rayando las montañas/ [...]. Mujer macho, mujer de cojones como tantas que nos han/ enseñado a movernos, agitarnos, sacudirnos, reclamar, remover,/ vibrar, hormiguear. Por todos los cielos: ¡indignarse!».

Muchos poemas de Edwin Madrid son relatos líricos: sucesos con un sustrato o una estructura narrativa, pero cincelados con los instrumentos de la poesía: transformación lingüística, vínculos analógicos y asociaciones músicales, y emparejamientos, esto es, repeticiones, permutaciones, enumeraciones y paralelismos. A estas herramientas, Madrid añade el humor, aunque con visos negros. Su lenguaje es accesible, coloquial, pegado a la calle, al mundo, pero también crujiente, consciente de sí: nunca pierde intensidad. Se percibe elaborado, pero también natural, y esa es una de sus mayores virtudes: el artificio no le resta espontaneidad. Su vocabulario, sensual, vivo, no rehúye lo anómalo: desde los juegos verbales hasta el léxico indígena que enrarece –y enriquece– el texto o el francés macarrónico que emplea en un largo trecho de *Celebriedad*. Siempre preocupado por la recreación de lugares, o, mejor, de atmósferas, Madrid cultiva lo material y no lo abstracto; y, si lo hace, es siempre una abstracción tangible: un concepto metamorfoseado en cosa, o en recuerdo de cosa. Muchas formas están presentes en *Todos los Madrid, el otro Madrid*, aunque siempre que garanticen la libertad expresiva: no hay apenas escansión ni rima, ni poema estrófico alguno. Con el espíritu voraz y multitudinario que lo caracteriza, el poeta recurre al poema breve y al poema torrencial; al poema en prosa y al poema en verso; al monóstico y al versículo.

Levantar vuelo, que cierra el libro, es un compendio significativo de la poesía de Edwin Madrid. Largo pero fragmentario, y ordenado en estrofas numeradas, de extensión variable, recorre todos los territorios del lenguaje, como un explorador sin prejuicios ni limitaciones. Es un *bildungsroman*, pero también una *road tale*; es una historia erótico-sentimental, pero igualmente una broma gongorina, una relativización o burla de los procedimientos retóricos. Cómico y monorrimo al principio («*Tú eres mi amor, mi dicha y mi tesoro;/* irte es dejar mis días sin el brillo del oro,/ y es allí cuando el llanto me causa atoro/ pues cuerpo y mente entran en deterioro»), cobra después un tono nerudiano, épico-cívico: «Me veo acostado en mi tienda de viaje/ y toda Latinoamérica entrevista desde el lomo/ de los camiones a toda máquina. Las ruedas echando/ chispas a velocidades inauditas, enredándose con los sueños,/ girando y haciendo flamear la camisa de mis sueños./ Llegué a Tuluá, Riosucio, pasé por León./ Me detuve en Sonora, volví para Rosario, fui hasta/ Arica, recorrí mi país de cabo a rabo y sé/ de sus montañas, selvas, de sus indios y mujeres./ País maltrecho y saqueado como cada Estado/ de América Latina». *Levantar vuelo* concluye, hasta el momento, una de las más amplias y audaces líricas de Ecuador, y de toda Hispanoamérica, de las últimas décadas, movida por una arraigada creencia en la necesidad de la poesía y en su carácter salvador.

[Publicado en *Cuadernos Hispanoamericanos*, n° 804, junio 2017, pp. 146-149]

LO PERMANENTE ES LA INESTABILIDAD

[Rubén MARTÍN, *Sistemas inestables*, Madrid: Bartleby, 2016, 125 pp.]

Sistemas inestables, el tercer poemario de Rubén Martín (Granada, 1980), traductor de Emily Dickinson y Jorie Graham, es un ejemplo de poesía filosófica, inquisitiva, cuya preocupación principal es el esclarecimiento de las relaciones entre el yo y el mundo. El propósito no solo es ambicioso *per se*, sino también porque presupone otras dificultades previas o subordinadas: qué es el yo, por ejemplo, cómo se define, y de qué medios se vale para aprehender esa realidad elusiva y cambiante.

El libro parte de una situación reconocible: una hospitalización y la subsiguiente convalecencia. Se sitúa, así, en una tradición que ha aportado algunos títulos destacados a la literatura española reciente, como *Diario de una enfermera*, de Isla Correyero, o *Libro del frío*, de Antonio Gamoneda. Estos poemarios, sin embargo, atienden en lo esencial a la laceración de la enfermedad en el cuerpo y la mente, y *Sistemas inestables*, a pesar de no eludir las consecuencias físicas de la dolencia, ni siquiera su tratamiento farmacológico, se concentra en la perturbación que ocasiona en la percepción y la configuración de la personalidad. La forma con que Rubén Martín aborda este propósito es de una gran complejidad estructural y formal: dividido en cinco partes, autónomas pero vinculadas, el poeta utiliza –y alterna o funde– el poema en prosa y el poema en verso, la composición breve –incluso el monóstico– y la extensa, la pieza exenta y los poemas encadenados; y también escribe un diario a la vez que poemas, y recurre a sus propias palabras al tiempo que a las de otros, que se incorporan de pleno a sus creaciones.

La reflexión sobre la identidad ocupa muy pronto las páginas de *Sistemas inestables*. El poema 6 de la primera sección, «Contemplación/ En blanco/ El retroceso», recoge elocuentemente el asombro y el desconcierto ante un ser llamado yo: «Muy dentro –un yo comienza/ a despertar [...]// un yo parásito, agarrando/ cada verbo [...]// yo respiro, yo habito,/ tal vez consiga/ empezar a estar// aquí [...]// fracturar una palabra/ para decir estoy,/ para pensar que/ piensa, que/ pienso, que soy/ yo/ esta contorsión/ dentro de// quién, parasitaria,/ oscura, un intento,/ un todavía,/ un no alcanzar». Hay una quietud nuclear en este poemario –la del enfermo que siente o razona, la del yo que experimenta el estupor de ser– que no se contradice con un dinamismo igualmente raigal, confiado a la heterogeneidad expresiva, el hervor del lenguaje y el culebreo del pensamiento. Es significativo que, en el pasaje transcrito, la pregunta sobre el yo –sobre quién es ese que mira, que siente, y que sabe que mira y que siente, aunque no sepa qué mira y qué siente– se alíe con la pregunta sobre el lenguaje, porque todo es metaliterario en este libro: para Martín, no hay delimitación de la conciencia que no pase por el cedazo lingüístico; no hay construcción de la inteligencia, y aun de la vida, que no sea palabra, o negación de la palabra. La identidad viene signada por la misma multiplicidad o indeterminación que condiciona el lenguaje: «mi rostro es un enjambre», dice en un poema de la segunda sección, «No mirar/ Borradores para un poema en reacción a *Anticorps*, de Antoine d'Ágata»; y en el siguiente: «el yo es un racimo de miradas». También el cuerpo, primera y más tangible manifestación de ese yo plural, se revela ajeno y múltiple, tan ineluctable como imprevisible: «un solo cuerpo que se arquea, y trepa [...] hacia el sabor a fósforo incendiado que habita en la palabra *shapeshifting*./ El hueso imita la blandura del cartílago, y el paladar deviene órgano sexual: su túnel es abrazo de alquitrán, susurro elástico,/ movimientos de anélido sobre la piel desnuda./ Tus dientes son espasmos, y ninguno es estéril», reza el poema [III.] de la última sección, «No existen mapas/ Fragmentos de un cortocircuito/ Panorámica». El cuerpo y sus derrumbamientos se identifican con lo extraño, pero extrañamente propio, como lo digital: por ejemplo, esa luz de la pantalla del ordenador que es «un glaucoma frío». La identidad es siempre conflictiva en *Sistemas inestables*: está plagada de zonas limítrofes, de espacios inexplorados, de orificios, grietas y simas, de otros que nos habitan y nos desmienten, de «fronteras degradadas, [de] sistemas inestables que abren muros y pupilas al espasmo de ser otro, de ser nadie». Esas fronteras desbaratadas encarnan el desdibujamiento de los límites: esa licuefacción de las formas y las realidades, y también de las ideas y de quienes las alumbran, que suscita el enigma y el desafío de vivir. Y la incertidumbre que supone es otro de los motores de *Sistemas inestables*. El poemario no solo no retrocede ante el desconocimiento, sino que lo alimenta, como sugiere el poema inspirado por Cy Twombly, «Wilder shores of love», de la tercera parte, «Microfisuras/ Sedimentos». Rubén Martín promueve la torsión, el esguince, la desviación, para acercarse con mayor verosimilitud a lo perseguido. Su aproximación a la realidad es lateral u oblicua. Se trata de proyectar una mirada luxada —la mirada es la proyección, o la constitución, del yo— para alcanzar otro realismo. El poeta no niega el concepto de verdad, antes bien, desnuda, despojada de toda representación, la desea con ahínco: «Si pudiera simplemente oír el sonido, sin memoria, sin imagen, sin retroceso, si pudiese oír de verdad no lo que oigo sino el sonido mismo, habría penetrado en el misterio», leemos al final del último poema de la primera sección. Pero la verdad solo puede atraparse —y plasmarse— si se pierde el control de la creación, como afirma Antoine d'Ágata en uno de los fragmentos transcritos de una entrevista que se le hace, y que remite al desarreglo rimbaldiano de los sentidos: «La brutalidad de la forma y la intensidad de la visión obligan a involucrarnos en la realidad que estamos viendo. Entonces el espectador puede existir, ya no encontrándose en la posición de *voyeur* o consumidor, sino compartiendo una vivencia, preguntándose acerca del mundo y de sí mismo». En esa pugna indirecta por acceder al centro de lo que nos rodea —y de lo que somos—, Martín coincide con d'Ágata.

Importa subrayar algo apuntado al principio: la coherencia con que Rubén Martín proyecta las operaciones de la razón, o de la sinrazón, en la forma de comunicarlas, esto es, la adecuación del lenguaje al pensamiento. Las mismas dudas sobre las relaciones del yo y el mundo acucian al modo de decirlas. El poeta recurre a los juegos de palabras y, sobre todo, a los neologismos («inmovimiento», «impresencia», «exsimismada», «vertigándose», «antimundo», «almavíscera», «fiebreazul», «grietamente», «insepultura», «inmundizar», entre muchos otros; el poema 8 de la primera parte está construido exclusivamente

con términos inventados, cuya constitución alude a lo que está dentro [in] y está fuera [ex]: «La introsión/ la inclosión// de lo que inmerge// excorporado// la inmoción/ la intracción// excandescente// la extrusión// el ínstasis») para transmitir que la lucha con la expresión es trasunto de la lucha con la realidad expresada, tan fugitiva como ininteligible. Pero no queda aquí esa pugna existencial con el decir. Tres mecanismos más ilustran que, para Rubén Martín, el lenguaje y sus padecimientos no son sino reflejo del desconcierto que asedia a la conciencia: la fractura, el tachón y la poliglosia. La primera parte palabras, igual que el yo está partido (y en pugna por recomponerse): «la ex-/ torsión, la ex-/ tensión, la eyección/ del ojo.// [...] y dentro/ el mundo que im-/ plosiona, im-/ pregna de sentido, im-/ prime huella, nombres, incisiones// el sacrilegio de in-/ sistir// lo intraordinario». La fractura también se plasma por medio de barras, guiones y dos puntos que separan, en la tercera sección, «Fármaco/ Un tríptico», palabras, frases y versos: «¿te desollaste el oído? – ¿te manchaste las manos? – ¿hasta el vértigo? – ¿la náusea? – ¿la caída? – ¿apuñalaste tu palabra│o mentiste?// [...] todo utensilio de madera : todo vestido : in│mundos».
A partir de la segunda parte del libro, la tachadura, representación del hacerse y el anularse de la poesía y el yo, puntea los poemas. Uno de ellos, compuesto por un solo verso, es enteramente un tachón: «~~Un yo calcáreo, inmune, tejido fibrilar, no más que costra, ¿es eso lo que quieres?~~». Y en otro, nuevamente metapoético, la tachadura habla de sí misma: «~~mira ese brazo desolado por estas tachaduras que imprimen movimiento, gesto, desarrollo~~». La poliglosia, en fin –en *Sistemas inestables* aparecen términos en inglés, francés, griego y alemán, y un poema se compone casi exclusivamente de nombres en latín de insectos–, es el último de estos procedimientos logofági-

cos que socavan los límites convencionales del poema y revelan algunos de los mecanismos por los que alcanza su condición de artefacto. El poeta y ensayista Julio César Galán ha publicado recientemente una sugerente antología, *Limados. La ruptura textual en la última poesía española*, en la que da cuenta con detalle y lucidez de estas y otras vías, constructivas y destructivas a la vez, que incorporan el hacerse del poema a la propia carne del poema: el proceso creador, y no la perfección inalcanzable del texto, es el fin de la creación. A esa corriente se adscribe Rubén Martín en *Sistemas inestables*, aunque no sea uno de los autores incluidos en *Limados*. Su apuesta es firme y sus resultados, sobresalientes. La busca de una explicación de la labilidad invencible del mundo, y de aquellos que viven en él, se materializa en un libro hondo y hermosamente hosco, y en un reto para el lector.

[Publicado en *Nayagua*, n° 24 (2ª época), julio 2016, pp. 222-225]

UN NARRADOR ESPLÉNDIDO Y DESCONOCIDO

[César MARTÍN ORTIZ, *Cien centavos*, Tegueste, Tenerife: Baile del Sol, 2015, 312 pp.]

César Martín Ortiz (Salamanca, 1958-Jaraíz de la Vera, 2010) es un perfecto desconocido para la literatura española. Y así le luce el pelo a la literatura española. No es, empero, un escritor sin obra, una figura no tan paradójica como pueda pensarse: algunos conozco yo que, con dos *plaquettes* publicadas y media docena de poemitas en revistas, van por la vida como si fueran la reencarnación de Rilke (y a los que los demás tratan como si realmente lo fueran, lo cual es aún más asombroso). Martín Ortiz publicó dos excelentes libros de poesía: *Dedicatoria o despedida*, con el que ganó el premio Leonor, de la Diputación Provincial de Soria, en 1990, y *Toques de tránsito*, por el que recibió un accésit del premio Esquío, en 1995; cuatro libros de relatos: *Un poco de orden*, premio Ciudad de Coria, en 1997, *Nuestro pequeño mundo*, publicado por la Editora Regional de Extremadura, en 2000, *Paso de contarlo*, en 2004, y este *Cien centavos*, ya póstumo; y, en fin, un puñado de cuentos en volúmenes colectivos, la mayoría de la Editora Regional de Extremadura. Sin embargo, su influencia y su reconocimiento en nuestras letras actuales son casi nulos. Explica esta lamentable ausencia, casi anonimato, la conjunción de algunos hechos singulares: en primer lugar, la *excentricidad* de Martín Ortiz, residente y profesor de un instituto de bachillerato del valle de la Vera, en Cáceres, uno de los rincones más apartados de España; en segundo, su preferencia, a la hora de publicar, por editoriales pequeñas, periféricas, apenas visibles; en tercero, su muerte temprana e inesperada, a los 52 años, cuando se encontraba en plena madurez creadora; y en último y más importante lugar, su propia actitud vital, distanciada de lo que se ha dado en llamar la sociedad literaria, de los afanes y servidumbres de la publicación, y de los fastos cuasicircenses a que ha de entregarse cualquier autor que, con mucho o poco talento (el talento siempre ha tenido poco que ver con estas cosas), quiera descollar en la apeñuscada batahola de colegas deseosos de afirmar su parcela de suelo, su trozo de tarta o su rayo de sol. «El panorama literario actual», escribió César Martín Ortiz, «es tan espeluznante que le quitaría las ganas de publicar al propio Lope de Vega. Cuando impera la chabacanería, se impone el recogimiento y un digno silencio, como diría Juan Ramón Jiménez, quien, de vivir ahora, posiblemente tampoco querría publicar nada».

No obstante estos factores, que pueden explicar, en parte, la consolidada preterición de César Martín Ortiz en el panorama literario patrio, maravilla –y entristece– que la evidencia de su calidad, de su obra extraordinaria, no se haya impuesto en la crítica y los lectores. Si acudimos a las hemerotecas y a Internet, encontraremos un puñado de reseñas en periódicos, blogs literarios y revistas digitales sobre su figura, cuando falleció, y sobre sus libros, cuando aparecieron, sin que ni una sola –entre ellas, las que Ricardo Senabre dedicó a *Nuestro pequeño mundo* y *Paso de contarlo* en «El Cultural» de *El Mundo*– deje de expresar su asombro por que esos libros existan, y por que un escritor de tanta enjundia siga siendo incógnito. La literatura de César Martín Ortiz es extraordinaria. Su prosa lo es. Como se ha dicho de la de Julio Camba, es metálica: no envejece, sigue cortando o acorazando o volando con la misma eficacia, con la misma irreprochabilidad, con la que se creó, y es de prever que continúe así durante mucho tiempo, incluso cuando el idioma haya cambiado lo suficiente como para no reconocer a Martín Ortiz entre los contemporáneos: pese a este alejamiento, que es nuestro destino común, su prosa seguirá hermanada con la conciencia de la época y hablando a los lectores de entonces, porque no se construye con algaradas expresivas, tan rápidamente caedizas como la pasión que las suscitó, ni con fervores barrocos, que se enredan en las excrecencias retóricas de su tiempo y ahí embarrancan, pasto de historiadores y entomólogos. Martín Ortiz pertenece a una estirpe de narradores perfectos, aunque la perfección no exista: escritores cuyo estilo se revela naturalmente ajustado al lenguaje ideal de su época, al *desiderátum* posible del idioma, subyacente y elusivo, solo al alcance de alguien con el oído muy fino, la muñeca muy flexible, el gusto muy educado y la sensibilidad muy afilada. Es muy difícil encontrar defectos en el fluir de sus narraciones y de su prosa: son inatacables. Martín Ortiz, como Ignacio Aldecoa, Cunqueiro, González-Ruano, Pla, el mencionado Camba, Joaquín Vidal o Juan José Millás, nunca se equivoca: nunca interpone un adjetivo innecesario, nunca se lía en una descripción boba, nunca utiliza una palabra que no tenga el sentido o la pertinencia exigidos por la idea que está desarrollando o la situación que narra, nunca es excesivo o parco, nunca se abandona a la ebriedad de la metáfora, nunca puntúa mal. Uno lee lo que escribe –por ejemplo, los 82 relatos de este *Cien centavos*, que se extienden a lo largo de más de trescientas páginas– y se pasma de no encontrar apenas errores. Basta con leer cualquier párrafo, como este que pone fin a «Otro pueblo», el cuento más largo del conjunto, para darse cuenta de la naturalidad, la entereza y la exactitud con la que fluye su escritura:

¿Han visto ustedes un zoológico antiguo? ¿Esos lobos o panteras que dan vueltas incesantemente a los escasos metros cuadrados de sus jaulas? La mente del hombre casado empieza a funcionar de esa forma. Privado de posibilidades dinámicas, de proyección biográfica, solo le queda girar en círculos que rememoran la época en la que aún estaba vivo, porque a un ser humano no le basta la existencia biológica para estar vivo y la detención de su biografía es tan mortal como la de su corazón. El alma se mueve como bestia enjaulada; se mueve, pero no avanza, no progresa. Confunde épocas y lugares, pasa y repasa los capítulos de su historia hasta que termina por mezclarlos todos en un mismo recuerdo indistinto y tristísimo del que sobresale lo que más se añora: un poco de soledad, oscuridad y silencio para que la vida tenga lo más bello de la muerte; y para no confundir a la una con la otra, un poco de incertidumbre.

En algún relato, Martín Ortiz hace algo muy parecido a teorizar sobre su gusto literario, o, mejor dicho, sus preferencias como escritor, y lo que dice es muy revelador de su práctica. Así sucede en «Cuaderno», donde escribe:

Soy un novelista anómalo, un novelista al que no le gustan las novelas, o muy pocas. Intento escribir novelas poco novelescas y detesto que se me meta lo novelesco, lo amanerado, lo postizo, en una prosa que quiero libre y viva, pegada a los objetos y a las ideas, de modo que objetos e ideas estén en el lado de acá del lenguaje y no aparezcan filtrados por los colorines baratos de los lugares comunes narrativos.

César Martín Ortiz, en efecto, fue también novelista, aunque, ahora sí, inédito. De hecho, su legado incluye tres novelas que, para oprobio de las editoriales y la literatura española de hoy (y de mañana), aún no han visto la luz. Pero las afirmaciones que hace en «Cuaderno» valen también para sus relatos y hasta su poesía: escritura libre y viva, atenta a las cosas, hija del pensamiento propio, sin tópicos, banalidades ni ornamentación.

El tino del razonamiento y el desempeño creador de Martín Ortiz no excluye el desacuerdo, es más, lo exige, porque, como observó Proust, toda reflexión auténtica y veraz conduce inevitablemente a la discrepancia, cuando no al rechazo. En «Las listas», Martín Ortiz expone lo mucho que detesta las enumeraciones en poesía, y se muestra especialmente cruel con Whitman, con «su émulo más conspicuo» en nuestra lengua, «el austral Neruda», y con los «secuaces» de ambos. Su argumentación es la siguiente:

> Las enumeraciones abiertas, en poesía, cumplen la función de crear una especie de zumbido de fondo, un bajo continuo de poder narcotizante en el que termina resultando verosímil cualquier disparate. [Los poemas que las utilizan] están escritos para ser leídos en voz alta, por eso tienen tanto éxito en los programas noctur-

nos de radio, donde son de una eficiencia infalible entre un auditorio compuesto por personas solitarias e insomnes.

Tanto disgusto, y tan sarcásticamente expresado, se entiende en un amante radical de la concisión, de la literatura pegada al terreno, prieta, equilibrada, como es Martín Ortiz, pero revela, al mismo tiempo, su limitación para comprender la dimensión hímnica, celebratoria del verso. No es verdad que estas poesías enumerativas no resistan «la lectura silenciosa y solitaria», como dice después –la resisten perfectamente, porque, entre otras cosas, no son solo enumerativas–, pero es que, además, todas las poesías deberían pasar –y resistir– la prueba de la lectura pública y en voz alta para comprobar su vigencia musical, su arraigo colectivo, la limpidez de su pasión. Por otra parte, en «El lector empequeñecido, o el camelo de lo exótico», Martín Ortiz, con el pretexto del malestar que le ha producido la lectura de «un volumen con tres novelas cortas de un escritor latinoamericano, un tal Bolaños (sic), al que se jalea mucho en los suplementos culturales» [uno de los pocos pasajes de *Cien centavos* en el que encontramos algún error, de hecho, más de uno: es Bolaño, desde luego, Roberto Bolaño, y sería preferible hablar de «escritor hispanoamericano», porque ¿qué autor chileno ha escrito nunca en latín?], reivindica una concepción de la literatura de la que lo exótico está excluido, entendiendo por exótico aquello que, precisamente, excluye la literatura:

> El camelo de lo exótico implica que hay temas o situaciones interesantes en sí, independientemente de la maestría o la torpeza con que se procesen, pero lo in-

teresante está en la maestría y no en la materia prima; en caso contrario, habría un novelista en cada pirata y en cada salteador de caminos. Pero hasta las novelas de piratas las tienen que escribir los escritores.

De nuevo, el carácter selvático, inmoderado, de lo que él entiende por «exótico» se lo hace inconveniente, como lector y como escritor; y también el alejamiento de la realidad conocida que supone. Para alguien como Martín Ortiz, que hace de la realidad –de la suya, de la más inmediata y común– el centro de su atención, lo exótico es un subterfugio o una añagaza, algo remoto que, por su propia lejanía, él percibe como falso. Pero lo exótico es un recurso más, un tema más, ni el mejor ni el peor, al que cabe aplicar el cincel de la prosa y de la propia sensibilidad. Todo es apto para la literatura, siempre que la literatura haya sabido hacerlo suyo.

En los relatos de *Cien centavos*, César Martín Ortiz explora literariamente las revueltas y recovecos de una vida ordinaria, que roza incluso la vulgaridad –la suya, pero también la de todos–, amenazada siempre por el tedio y la muerte. Y de ese material cotidiano y mate extrae historias luminosas, que exploran y revelan, sanguinolentas a veces, compasivas siempre, las facetas del alma humana: las relaciones amorosas y familiares, la burocracia conyugal, la lucha –o la sumisión– del espíritu a trabajos sórdidos y embrutecedores, la tarea sisífica y callada del escritor, las pequeñas ocupaciones y miserias de los hombres, la inminencia opresiva de la muerte. Y, en relación con esto último, sobrecoge algún relato, como «Sobre mi muerte», en el que escribe, con premonitoria lucidez: «No está de más tener un sitio donde caerse muerto, aunque sea vecino o incluso contiguo al sitio donde Carmen se caerá muerta, presiento que muchos años después que yo». En *Cien centavos* hay mucho de todo: melancolía, crítica social, metaliteratura, fabulación, tono diarístico –de hecho, el libro no es sino la ficcionalización de un diario personal–, poesía (once de las piezas son en realidad poemas, intercalados entre los textos en prosa; excelente es «El profeta») y humor, en sus múltiples formas: a veces, delicada ironía; en otras ocasiones, sarcasmo, como hemos visto; y también humor corrosivo, negro. Todo ello configura una de las propuestas más inteligentes y preciosas de la literatura española contemporánea, aunque muy pocos se hayan enterado todavía.

[Publicado en *Cuadernos Hispanoamericanos*, n° 793-794, julio-agosto 2016, pp. 281-284]

CARTILAGINOSA CADENA

[Blas MATAMORO, *El amor en la literatura. De Eva a Colette*, Madrid: Fórcola, 2014, 220 pp.]

El amor en la literatura. De Eva a Colette, de Blas Matamoro (Buenos Aires, 1942), revisa el tratamiento del amor en algunos de los hitos de la literatura occidental, desde el relato del Génesis sobre la expulsión de Adán y Eva del jardín del Edén hasta los libros de Sidonie-Gabrielle Colette, aquella artista de revistas y cabaré francesa a la que dio por ser también novelista. La antología –porque eso puede considerarse este volumen: una antología de ensayos sobre Eros– no se ocupa de las tradiciones orientales, con la excepción del Poema de Gilgamés: ni de la persa y árabe, donde el amor ha tenido una importancia capital, ni de la asiática, con los clásicos chinos y japoneses. Su foco se sitúa en un itinerario que, entre los extremos indicados, visita a los griegos, los trovadores, Dante, los místicos españoles, el Barroco, la Ilustración, el Romanticismo –con una especial atención a la literatura inglesa–, los grandes realistas del siglo XIX, Freud y, en fin, algunos de los más destacados autores del XX, como

Proust, Thomas Mann, Valle-Inclán, Cortázar y Lezama Lima.

Los capítulos —ninguno demasiado extenso— suelen estar integrados por un resumen del argumento de la obra o del mito analizados y por los comentarios que esa recensión suscita en Matamoro. Digamos sin tardanza que esas síntesis argumentales resultan, a menudo, excesivas y, sin que presuponga pedantería, innecesarias. Las tramas son bien conocidas por cualquier lector que se acerque a *El amor en la literatura* —al que hay que suponer avezado: de otro modo dudo de que se interesase por un libro que no parece escrito para las masas—, por lo que, si acaso, solo convendría refrescarle la memoria. Pero ese pertinente recordatorio acostumbra a convertirse en un prolijo recorrido por los vericuetos de la narración, al hilo del cual Blas Matamoro consigna sus reflexiones, cuya claridad no es siempre cristalina. Contribuye a la densidad del texto el consuetudinario recurso a las fragosidades de la mitología y la filosofía, que acaso resulten apropiadas para iluminar algunos aspectos de las obras examinadas, pero que se extravían, con dolorosa frecuencia, en sus propias circunvoluciones, como sucede, sobre todo, con la escuela del psicoanálisis, a la que Matamoro dedica una atención privilegiada en los capítulos sobre el mito de Narciso («Aparición de Narciso») y sobre el propio Sigmund Freud («El amor en el diván»).

Sin embargo, no son ni el descriptivismo ni la espesura formal lo que más perjudica a *El amor en la literatura*. El libro carece, a mi juicio, de un hilo conductor, de un denominador común —más allá del temático—, de un relato nuclear; es decir, de una tesis que sustente el conjunto, que subyazga y homogeneice los episodios. Estos se suceden como eslabones de una cadena cartilaginosa, en los que las observaciones del autor, entrelazadas con el inventario de peripecias que consigna, remiten escasamente a las del capítulo precedente o a las del capítulo siguiente. Puede que esta sea la tesis de Blas Matamoro: que no hay unidad ni continuidad en la concepción y el tratamiento del amor en la literatura de Occidente; o puede que su pensamiento haya desistido de formular un principio general, y abrazado, en cambio, el lábil y ramificante fluir del espíritu posmoderno, si es que aún estamos en la posmodernidad. En el preludio del libro, no obstante, Matamoro consigna algunas «constantes temáticas» del amor: requiere ser dicho; es asocial —y, por lo tanto, utópico— y subjetivo; comporta la idealización del amado y del propio amante (por efecto del narcisismo secundario, precisa Matamoro), y la disolución de este en aquel (por lo que se asemeja a la mística y la poesía); y quien activa el vínculo amoroso es siempre la mujer. Como ingredientes de un pensamiento compacto, me parecen demasiados. Pero, en cualquier caso, su presencia no me parece cuajada: se desperdigan por el libro sin que los imante una exégesis coherente.

El amor en la literatura también comete algún error. El más significativo es afirmar, en varios puntos del libro, que el amor cortés vedaba la unión física entre los amantes: «La amada es la mujer de otro, deseada pero sexualmente prohibida. El cantor [...] la imagina desnuda y oferente, aunque sin llegar a la cópula» (p. 55). Pero a la cópula se llegaba y, por fortuna, con frecuencia. Sin ella no tienen sentido las albadas de la poesía trovadoresca, canciones con las que los amantes lamentan la llegada del día, porque pone fin a su noche de pasión; ni el personaje del *guaita*, el vigilante, encargado de velar por su intimidad y de avisarles de la llegada del marido o de cualquier otro enemigo: «Cuando el ruiseñor trina/ con su pareja de noche y de día,/ yo estoy con mi bella amiga/ bajo la flor,/ hasta que el vigilante de la torre/ llama: "Amantes, ¡a levantarse!,/ que yo veo el alba y el día claro"», reza una de estas composiciones, anónima.

Pero *El amor en la literatura* también tiene méritos. Uno de los principales es su capacidad para abrir puertas en el discurso que nos asoman a otras realidades, a otras posibilidades de interpretación o entendimiento. Son excursos breves –a veces solo una observación fugaz, o incluso una frase–, pero luminosos. De los muchos que podrían aducirse, uno es el paralelismo entre los amores bíblicos de Jonatán y Saúl y los sumerios de Gilgamés y Enkidu, ambos homosexuales, o la sugerencia de que entre don Quijote y Sancho había «una relación amorosa, sexuada, aunque sin sexo» (p. 72), fundamentada en la masculinidad del escudero y la feminidad de su señor. En otro capítulo, Matamoro considera, con perspicacia, el romanticismo «antepasado de Freud» (p. 114). En el dedicado a las heroínas del Siglo de las Luces, disiente de que Carmen, Manon Lescaut o Margarita Gautier sean mujeres fatales. En su opinión, por el contrario, se trata de mujeres que descubren «la secreta y siniestra calidad de sus varones, que, sin saberlo, quieren ser sujetos de la ilegalidad. [...] [Estos] acabarán idolatrando su memoria, al reconocer que han sido las madres iniciáticas que, en sus vidas, han avivado la libertad moral, que solo es posible experimentando lo prohibido» (p. 118). Y, al hablar de la gran literatura del diecinueve, señala esto de Tolstói (y de Borges): «como todos los rusos que tanto desconcertaron a Borges –ajeno totalmente a la psicología–, considera que la vida psíquica es esencialmente contradictoria: al descender a las honduras intensas de las pasiones, somos lo que somos y también todo lo contrario» (p. 161).

Matamoro, y esta es otra obvia e importante virtud, escribe bien. El autor de *Olimpo* luce una prosa culta, flexible y permeada por un admirable sentido del humor, lo que no es fácil en el género ensayístico. Esta ironía se manifiesta con soltura y adopta también, a menudo, formas muy breves, como pequeños giros narrativos, cercanos a lo coloquial, que mitigan la siempre amenazante aspereza de lo teórico o hermenéutico. La serpiente del paraíso, por ejemplo, era un «bichejo politeísta» (p. 15) y, a la pregunta de por qué tentó a Eva y no a Adán, Matamoro responde: «Creo que porque desconfiaba de lo incauto, pardillo y –dicho en buen argentino– caído del catre que era el mancebo» (p. 16). Y cuando, al analizar *Anatomía de la melancolía*, de Richard Burton, describe al varón melancólico, consigna este remedio para su mal: «La curación acude a la sangría de ciertas venas, al igual que en los casos de pleuresía, o lo más corriente y sencillo: fornicar hasta hartarse» (p. 88). Pese a estos y otros muchos aciertos, el léxico de Matamoro no puede sacudirse por completo una cierta querencia por lo superfluamente retorcido y por lo jergal: «desujetación», «virtusístico», «folclorizado» o «catartizar» son ejemplos de ello, como esta frase consonante y abrumadora: «el ser humano es la transición sentimental entre la inocencia premoral y la eticidad fantasmal del espíritu» (p. 127).

[Publicado en *Revista de Occidente*, n° 418, marzo 2016, pp. 148-151]

LENGUA CALCINADA, POESÍA VIVA

[Clarisse NICOÏDSKI, *El color del tiempo*. *Poemas completos*, traducción de Ernesto Kavi, México-Madrid: Sexto Piso, 2014, 115 pp.]

De Clarisse Nicoïdski (Francia, 1938-1996) supe por primera vez (y creo que supimos todos) en *Las ínsulas extrañas*, la antología de poesía en lengua española publicada en 2002 por José Ángel Valente, Andrés Sánchez Robayna, Eduardo Milán y Blanca Varela. Allí aparecían unos poemas, breves y delicados, escritos en una lengua exótica, que ya solo hablan un puñado de comunidades judías esparcidas por el mundo, pero que sonaba extrañamente familiar —y que la antología consideraba *española*—: el sefardí. Nicoïdski fue una notable escritora en francés —publicó teatro, ensayo, biografía, poesía y novela erótica; hermana y esposa de pintores, dedicó mucha atención a la pintura—, pero reservó un espacio de su creatividad para una de las lenguas de su familia, quizá la más íntima. Como en el caso de Elías Canetti y de muchas otras familias judías de la diáspora, en su casa se habían allegado tantos idiomas como personas: el italiano de su madre, que era triestina; el serbocroata de su padre, de Sarajevo (ambos, por cierto, se conocieron en Barcelona, al principio de la Guerra Civil); el francés del país en el que se habían establecido; y el «spaniol muestru», que provenía de los abuelos, refugiados en el «Ottoman turco» cuando fueron expulsados de España –por la Inquisición, precisa Nicoïdski–. La poeta nació en Lyon –ella lo dice de otra forma, acaso mejor: «en Lyon me nací»– y sobrevivió con sus padres y hermano a la ocupación nazi y a los horrores de la persecución de su pueblo. No así el resto de su familia, que se había quedado en Yugoslavia y fue exterminada por la Ustacha, los aliados croatas de Hitler. Junto a su obra en francés, y sobreponiéndose al sentimiento de que aquella otra lengua de su infancia era solo una parla doméstica, «del "secreto", del susto y –quisas– de la verguenza», Nicoïdski dio dos libros en sefardí: *Lus ojus Las manus La boca*, en 1978, y *Caminus di palavras*, en 1980, que ahora se recogen en este solo volumen, con la airosa traducción de Ernesto Kavi.

La poesía de Nicoïdski es depurada y esencial. No contiene adornos. Sus versos, escuetos, desnudos, frágiles hasta lo quebradizo, transmiten sentimientos capitales, pero pulimentados hasta la extenuación, como láminas de vidrio, que irradian sutiles irisaciones. Lo que aparece en los poemas son realidades elementales: los ojos, las manos, la boca, la voz, los árboles, la sangre, la luna, el vino, el mar. Y las acciones que describen son, asimismo, las acciones radicales de la existencia, las más próximas al núcleo de nuestro ser: tener miedo, dormir, sentirse solo, recordar, olvidar, querer. Este esencialismo se imprime en los modos expresivos de Nicoïdski, y en su estructura retórica, siempre muy sobria. Las repeticiones –a menudo, anafóricas– son su principal forma de articulación: «se rasgaron los ojos/ para ver/ el velo colorado que nos ciega/ se rasgaron los ojos/ como tela/ que esconde la verdad// se rasgaron», leemos en un poema de *Los ojos Las manos La boca*. A las repeticiones se suman las enumeraciones: «abrió la puerta/ con sus manos/ encendió un fuego de espanto/ tomó el pan/ con sus manos/ comió/ una comida de espanto/ tomó el agua/ en sus manos/ bebió/ un agua de espanto/ y cuando abrió las manos/ leyó en ellas/ una mancha de espanto», dice otro. Esta sencillez en la dicción obedece, en parte, a la propia naturaleza del instrumento lingüístico empleado, el sefardí, que no ha seguido la evolución natural del castellano, sino que ha quedado varado en las formas habladas en España el siglo XV. El mundo, pues, al que alude –y al que puede aludir– el judeoespañol de Nicoïdski es un mundo ceñido, circular, interior, ajeno a muchas amplitudes y a muchas flexibilidades, pero sabroso y denso en su arcaísmo, pleno en su desolada individualidad. En *El color del tiempo*, por ejemplo, no hay lámparas, sino candiles; la sangre no es roja, sino colorada; los agujeros son buracos; las fábulas, consejas; y muchas palabras, como jarro, pensar o vergüenza, presentan vacilaciones ortográficas: «dxaru», «djaru»; «penser», «pinser»; «verguenza», «vringüensa». La sencillez de las fórmulas utilizadas por Nicoïdski no excluye la complejidad emocional; antes bien, la subraya. En este torbellino de sentimientos, uno destaca por encima de los demás: el miedo. Un miedo que es expresión de un dolor histórico –el de los pogromos y expulsiones, de los que la propia familia de la poeta había sido víctima–, pero también de un desconsuelo individual, de una devastadora conciencia de la soledad, de lo perecedero o imposible del amor. Nicoïdski habla de «estos pozos sin fondo/ donde mi alma se ahoga»; de «mis manos/ dos pájaros asesinados»; de la boca, «abierta/ como un pozo/ donde me podía arrojar/ cerrada/ como una puerta/ cuando asesinaban en la calle»; del grito que sale «como un cuchillo/ [...] un grito para matar». *Los ojos Las manos La boca* denuncia la violencia, física y metafísica, del mundo: la poeta se refiere a menudo al espanto, y a la muerte, y a lo rojo, símbolo de la sangre y, por lo tanto, también de la herida, de la vida que se escapa. Es muy revelador —y muy coherente— que su última sección sea una elegía a Federico García Lorca, con el subtítulo «Cuéntame la fábula ensangrentada que abrirá las puertas cerradas»: cinco poemas, trufados de vocabulario lorquiano —el caballo, la luna—, que recuerdan su asesinato: «Cayeron las estrellas cuando/ la sangre escurriendo de tu boca escribió palabras en la arena», dice el poema III.

El segundo libro de Nicoïdski, *Caminos de palabras*, un canto de amor, transforma el miedo en esperanza y en unión jubilosa. La violencia y sus metáforas son las mismas, pero ahora ya no se asocian con los tormentos e iniquidades de los victimarios, sino con los deleitosos embates de la pasión: «te daré el calor del espanto», leemos, por ejemplo; o «colorada sangre de hojas sin vergüenza»; o «dame el temblor de un ala muerta/ dame/ el temblor de tu locura desgarrada/ el pozo/ seco de agua ida». La pasión documentada en *Caminos de palabras* sigue siendo delicada, como todo en la obra de Nicoïdski. La perfilan los símbolos tradicionales de la mística amorosa —el vino, los labios, la mañana que llega, la quemadura, la locura— y desemboca en un frenesí de daciones, fruto de la entrega mutua: la mano, las alas, el poder, la nada.

[Publicado en *Letras Libres*, n° 160, enero 2015, pp. 60-61]

LA HUMANIDAD DE LOS METALES

[Mª Ángeles PÉREZ LÓPEZ, *Fiebre y compasión de los metales*, prólogo de Juan Carlos Mestre, Madrid-México: Vaso Roto, 2016, 44 pp.]

Frente a una concepción laxa, improvisada –fluyente o ramificante–, de la creación poética –esa que lleva a muchos autores a escribir poemas en diferentes momentos y situaciones de la vida, tal como se les aparecen, y a agavillarlos luego, con algo de la pesantez recolectora del vendimiador, en un objeto llamado libro–, otra forma de pensar –y de hacer– la poesía pasa por espolearla a partir de un motivo: por forzarse a elucubrar, líricamente, sobre una realidad sentida o imaginada, sobre un eje que dé sentido y organización al temblor de nuestra conciencia. Esa violencia ejercida sobre la propia sensibilidad no desvirtúa el poema: lo alienta, lo empuja, lo moldea, como en un alumbramiento. Más aún: lo ilumina con un *plus* de inteligencia. El impulso teleológico lo cartografía con minucia, lo muscula con una entereza sistemática, y lo arroja a la contemplación del mundo signado por un emblema o una obsesión. El de *Fiebre y compasión de los metales*, el sexto poemario de Mª Ángeles Pérez López (Valladolid,

1967), son esos metales inclementes del título, que representan la violencia y el dolor de la realidad, pero que, en un proceso de proyección o transubstanciación, mudan en carne, en ser; esos objetos inanimados que, dañando la vida, desembocan en la vida; esas superficies tajantes que se acoplan, hendiéndolo o acorazándolo, al cuerpo fragilísimo de los hombres y le inspiran un nuevo dinamismo, una andadura más honda o menos pesarosa. Por eso, quizá, abundan las personificaciones, que insuflan latido a lo carente de corazón: las tijeras sueñan y lloran, las raíces se remojan los tobillos, nada el sol. En los metales de esta *fiebre y compasión* se funden lo orgánico y lo inorgánico, lo que hiere y lo que restaña, y el resultado es una nueva percepción de lo que ocurre alrededor –y dentro– de nosotros, una comprensión distinta de la ferocidad y la apacibilidad inextricables del mundo. El bisturí, por ejemplo, nos conduce al «corte limpísimo [en el que] florece/ el polen que envenenan las avispas» y «recorta el corazón/ de la página blanca del poema,/ la sábana que tapa el cuerpo del enfermo». El acoplamiento de violencia y sanación –la forma que adopta la redención en la Tierra– es permanente en los poemas, metáfora de las dolientes paradojas que asaltan el desempeño moral de los hombres, como paradójicas son muchas de las imágenes –«sangrar oscuridad»– con las que se intenta reproducir ese disenso. Constante es también la trabazón de realidad y palabra, de poesía y ser: su mutua fecundación es otro símbolo de la concordia perseguida. El lenguaje se interpone, se aparea con los metales: el vínculo entre el espíritu y estos, protagonistas de su transformación o su muerte, aparece tamizado por las palabras que los dicen, por los versos que fotografían sus estocadas y sus laceraciones. Ambos ejes vuelven a confluir en «El yunque», donde «golpea su herradura/ la pata dolorida del caballo/ como golpea el martillo en las palabras»; y en «Canción de acero»: «El hacha silba su canción de acero/ y amputa la memoria, el silabario,/ la mano en que se escriben las palabras./ Caen los dedos como vocales de aire...». Por eso, frente al proceder inmisericorde de los metales, la poeta reclama compasión. Así lo hace, explícitamente, en la última estrofa de «Correas», y así se desprende de muchos otros pasajes de sus poemas: una piedad que es la esencia misma de lo humano; una clemencia que supone una jaculatoria ética frente a la miseria que nos rodea.

El dolor comparece obsesivamente en *Fiebre y compasión de los metales*, un dolor que es símbolo del malestar, la enfermedad y la muerte. Sabemos del insomnio, de las heridas, de las cicatrices y las llagas, del «enfisema que es vivir», de las agujas y «los guantes quirúrgicos de látex», de la asfixia y el óxido. El lenguaje, transportado por su propia fruición descriptiva, y adentrándose en el terreno de las jergas científicas para capturar el significante menos impreciso, más corporal, se vuelve bioquímico, y entonces leemos que «combustiona el anhídrido carbónico», o que estalla la testosterona en el amor, o que la morfina viaja en las lágrimas, o que el orín y el amoníaco son emanaciones de la muerte, entre muchas otras especificaciones técnicas.

Pero los metales no solo aluden a los conflictos existenciales del individuo. Obedeciendo a la preocupación social de la autora, acreditada en sus poemarios y *plaquettes* anteriores, también alegorizan las quebraduras colectivas, las injusticias que rebasan lo interior de las personas, para configurarse en cilicios de todos, en cortapisas que empequeñecen a la tribu. María Ángeles Pérez López habla con naturalidad y pasión de las tijeras que han rapado a los huérfanos, de los mendigos que rebuscan un lacónico condumio entre los despojos, de la valla levantada en Melilla para proteger a los españoles de la negritud impecune y cuyas cuchillas siegan dedos y fracturan falanges, del asesinato de los ríos («el agua envenenada de mercurio/ baja también como si fuera un cuerpo,/ una arteria agostada en su toxina...») y de las piedras con las que los palestinos defienden su dignidad ante los *merkava* israelíes: «Hay en su corazón un alto pájaro...».

La reivindicación de causas justas —poética, no ideológica— se alía, en *Fiebre y compasión de los metales*, con una simultánea reivindicación de la cotidianidad. Los objetos pequeños y en apariencia insignificantes concurren con los motivos trascendentes para la configuración de los poemas. Se trata de otro de los rasgos singulares de la poesía de María Ángeles Pérez López, siempre atenta a esa epopeya de las pequeñas cosas en la que se plasma una mirada meticulosa y perseverante, preocupada por que la grandeza —y la emoción— surjan del detalle veraz y no de la elocuencia, tan próxima de continuo a la impostación. Y esas pequeñas cosas son desde un alfiler hasta las escaleras mecánicas de una estación de metro, en las que se distinguen «pegotones/ de chicle [...] [y] emoticonos», aunque la suya no sea una poesía exclusivamente urbana, sino también imbuida de un sentido totalizante, que incluye la imagen agrícola y el espacio natural. La plasticidad con que retrata los sucesos diarios los redime de la banalidad y la chatura. Los objetos de los poemas son siempre objetos dolorosamente visibles, próximos al altorrelieve, pero también algo más que objetos: son arquetipos de la materia, ideas a las que se ha prestado cuerpo. Esa corporalidad tan propia de la poesía de María Ángeles Pérez López —que le otorgan la espesura sensual y la reciedumbre sonora de sus opciones semánticas y su aliento rítmico— se refleja en todo el poemario, pero se adensa en pasajes señalados, como la estrofa inicial de «Ronquera»: «Descascarilla el día su ronquera./ Quien masticara estopa desgarrada,/ papel de estraza en que se envuelve el día/ como se envuelve en lana el animal,/ conoce las palabras en penumbra,/ los huesos desgajados del sonido». A ella contribuyen también algunos recursos retóricos que fomentan el hervor y la música, como la sinestesia –«el bullicio de la luz», «los huesos del sonido»–; la aliteración, presente, entre otros poemas, en «El yunque»: «las crines del caballo [...]/ son raudo remolino encabritado./ Las palabras [...] piden ser viento/ que arrase los paisajes de la usura,/ [...] respingo que celebra en su osadía/ la roja ceremonia de vivir»; o las enumeraciones, que se aprietan, borgiana o nerudianamente, para dar amplitud y prisa al discurso: «Hay en ella arrecifes, elefantes,/ caminos y escaleras, soliloquios,/ las circunvoluciones, el destino,/ el álgebra, la luz de las estrellas,/ el abrazo de Abel y de Caín». La luz baña el conjunto, en una persecución porfiada de una claridad que atenúe las asperezas de lo narrado: de lo denunciado. En ese afán por lo diáfano, que acaba convirtiéndose en omnipresencia, se reconoce el ascendiente de Claudio Rodríguez, uno de los poetas tutelares de la poeta, al que dedica dos poemas de los veintisiete que componen este no muy extenso libro: la claridad toca todos los cuerpos, o camina a su estallido, o la beben las garzas blancas, y uno no puede dejar de recordar el prodigioso inicio de *Don de la ebriedad*, tan lleno de luz como este *Fiebre y compasión de los metales*: «Siempre la claridad viene del cielo;/ es un don...». Todo el poemario es, de hecho, un diálogo con otros poetas, que se refleja en los homenajes y las complicidades que lo recorren, y que la propia María Ángeles Pérez López reconoce en el epílogo, «Por el lado sin filo». En él aparecen, entre muchos otros, el citado Claudio Rodríguez junto a San Juan de la Cruz, Alejandra Pizarnik, Agustín Fernández Mallo, Tomás Sánchez Santiago o Juan Carlos Mestre, autor, además, del prólogo del volumen: autores todos (incluido Juan de Yepes) de estirpe imaginativa o experimental, vanguardista o antifigurativa o, al menos, contraria al figurativismo monolítico con el que se ha querido domeñar la palabra y homogeneizar —es decir, desactivar— el pensamiento.

Importa subrayar que el empuje inquisitivo e hímnico de María Ángeles Pérez López encuentra el cauce acostumbrado del endecasílabo blanco. Y digo «acostumbrado» porque ya lo ha empleado con frecuencia en sus entregas precedentes. La soltura y, a la vez, la enjundia con que maneja este verso clásico, fundamental en la historia de nuestra literatura, tiene escaso o ningún parangón entre los autores de su generación. Predomina el endecasílabo melódico; el sáfico, en cambio, es infrecuente. Los encabalgamientos, constantes, empujan la dicción hasta su remate, que no suele revestirse de la dureza del epifonema, sino de la suavidad de los finales abiertos, aptos para la evocación, el vagabundeo y el eco.

[Publicado en *Cuadernos Hispanoamericanos*, n° 805-806, julio-agosto 2017, pp. 227-230]

DANIEL RIU MARAVAL: EL SER Y SUS SÍMBOLOS

Daniel Riu Maraval –a él le gustaba firmar así, con todos sus apellidos– era un poeta grande, pero sumergido en la corriente opaca de la vida. Publicó su primer poemario, *Momentos*, en 1955, cuando aún no había cumplido 20 años, y el segundo, *Inquietud*, poco después, en 1958. La precocidad de su pasión revelaba una creencia arrebatada en el verso –yo diría una creencia pura, si no desconfiara de todas las purezas–, uno de esos vínculos espontáneos y entrañados que nos atrapan sin edad y sin razón, y que nos roen por dentro aunque nunca emerjan a la luz, o aunque dejen, de pronto, de hacerlo. Porque eso fue lo que le sucedió a Daniel: su verso dejó de asomar durante más de 30 años, los que llevó formar una familia, trabajar con esfuerzo para labrarse un bienestar y sobrellevar, también con esfuerzo, una dictadura sórdida y pertinaz. Pero la poesía seguía ahí, bajo la costra de los días, y en 1989 dio a la imprenta su tercer poemario, que, en rigor, puede considerarse el primero: *Poemas y decires* (Cuadernos de Poesía Universal). Luego vinieron, en acelerada sucesión, *Los agujeros del aire* (D.I.A.L.T.T., 1994), *Poema del hombre, el árbol y los hombres* (Carena, 1997), *La voz de los silencios* (Rocamador, 1999) y, finalmente, *Y perdemos los nombres de la piedra* (Carena, 2005). También me entregó un mecanoscrito inédito, *Cuando yo era joven...*, en el que se aparta de su estilo habitual y compone un relato autobiográfico con un prosaísmo enteco y abrasador. Quizá otros amigos tengan otros originales suyos; quizá los haya también en sus archivos familiares. Todo eso merecería revisión. Daniel murió en 2011 en Sant Cugat del Vallès: yo lo visitaba en su casa, en cuyo breve jardín conversábamos y bebíamos, y donde celebrábamos, con mucha risa, una pasión compartida y una concepción semejante de la escritura. Daniel tenía, entre otras, una gran virtud: era un excelente poeta, pero no adoptaba pose de poeta: su actitud era la de una persona corriente, la de un hombre al que preocupaban los asuntos familiares y las servidumbres del trabajo, la de alguien a quien le gustaba comer bien, y disfrutar con los amigos, y vivir sin pesadumbre. La eclosión última de su poesía tiene mucho de juvenil, de reconocimiento de un amor sobreviviente, de ascenso a lo maravilloso, frente al mandato árido de la realidad. Pero la inocencia de este afán creador, que daba a sus versos un vigor casi adolescente, una plenitud de músculo y de árbol, no conllevaba inmadurez. Por el contrario, la poesía de Daniel Riu Maraval revela una comprensión honda de la palabra depurada, multiplicada, resonante, como si en todos esos años de labores alejadas de la creación su sensibilidad no hubiera dejado de trabajar, como si, conjurada, no hubiese dejado de afilarse. Por desgracia, sus publicaciones vieron la luz en sellos minoritarios, cuando no minúsculos. Esta lateralidad, y hasta imperceptibilidad, de su exposición pública impidió un mayor conocimiento –y reconocimiento– de su obra: el eco que, a mi juicio, merecía. La poesía de Daniel se caracteriza por una profunda preocupación existencial, de la que irradian miedos, incertidumbres e incomprensiones –las fundamentales: de haber nacido y de tener que morir–, pero esta angustia, que alcanza, a veces, timbres violentos –los de un yo que pugna por hallar acomodo en el ser–, no fragua en tinieblas, sino en una transparente airosidad: la que le proporcionan símbolos carnales, preñados de luz. El mundo natural se los suministra: el árbol, por ejemplo, metáfora de duración, símbolo de vida, o el viento, o los ojos, o las piedras, o el agua. Esta dicción recia pero ingrávida pretende recrear el mundo: la palabra, con su fuerza martilleante, con su letanía insomne, ha de sostener el mundo. Pero este no es solo exterior, sino, sobre todo, interior: la poesía de Daniel Riu Maraval se dirige hacia dentro: hacia dentro de sí y hacia dentro de nosotros. La percepción del poeta, su captación exacerbada de los portentos y matices de lo real, transmuta las cosas y las vuelca en una nueva realidad, la de la página, donde el ser encuentra, por fin, su justificación y su esencia. En sus últimos libros, la simbolización e interiorización que singularizan su poesía se endurecen: los sujetos de sus versos, sus protagonistas, cobran perfiles abstractos. Los poemas huyen de lo material y se refugian en dimensiones ideales –en arquetipos– que traslucen, una vez más, el combate por el arraigamiento en el ser. «Es un gemido largo/ esta pupila abierta/ y un intenso gemido/ este aliento quebrado», escribe Daniel Riu Maraval en *La voz de los silencios*. Así era su poesía: un lamento y un mirar, una ecuación y una respiración rota, un meticuloso ahondamiento en lo invisible y lo trascendente, una obsesiva insistencia en la negrura y la claridad. Pero este ahínco escondía una rara maravilla: un dolor alegre por disfrutar del privilegio incomprensible de vivir, y una confianza inalterable en que las palabras nos salven de todas las condenas.

[Publicado en Anna ROSSELL y María DE LUIS (coord.), *Ens queda la seva paraula. La nostra antologia de poetes oblidats / Nos queda su palabra. Nuestra antología de poetas olvidados*, Barcelona: Parnass Ediciones, 2015, pp. 165-188]

EL LENGUAJE POÉTICO DE ROSENMANN-TAUB

[David ROSENMANN-TAUB, *El duelo de la luz (antología de Cortejo y epinicio)*, edición de Álvaro Salvador y Erika Martínez, Valencia: Pre-Textos, 2014, 124 pp.]

David Rosenmann-Taub (Santiago de Chile, 1927) es uno de los poetas en lengua española más singulares de la segunda mitad del siglo XX y de lo que llevamos de XXI. Y no solo por la rareza de su obra, sino también por los azares y sobresaltos de su producción. En 1948, con apenas 21 años, gana el prestigioso premio de poesía del Sindicato de Escritores de Chile con el primer volumen de una tetralogía, *Cortejo y epinicio*, que publicará al año siguiente el español Arturo Soria, exiliado en Chile y editor de Cruz del Sur, la editorial más importante del país. Soria, no obstante, cree que «publicar el primer libro de un autor desconocido como volumen I no es la mejor manera de darlo a conocer», y sugiere dar al poemario el título de la tetralogía. El poeta está de acuerdo, y ese título, *Cortejo y epinicio*, se mantendrá en las futuras ediciones del libro, en 1978 y 2002. Sin embargo, entre esas dos fechas (y antes, entre 1952 y 1976, con la excepción de un breve cuaderno poético, aparecido en 1962) Rosenmann-

Taub no publica nada, aunque nunca deje de escribir: lleva haciéndolo, sin interrupción, desde que tenía tres años. Las suspensiones de su presencia pública –que han durado, en total, casi medio siglo– han trastocado la recepción y el conocimiento de su obra, y también de su figura, que algunos han llegado a creer una invención. Por fin, gracias al apoyo de la editorial LOM y la Fundación Corda, Rosenmann-Taub ha podido dar a conocer la tetralogía *Cortejo y epinicio* tal y como la había concebido: su primer volumen, el publicado en tres ocasiones con ese título, aparece en 2013 con el que le corresponde realmente, *El zócalo*; el segundo, *El mensajero*, ve la luz en 2003; el tercero, *La opción*, en 2011, y el cuarto, *La noche antes*, también en 2013. De este vasto conjunto, *El duelo de la luz*, como indica el subtítulo, es solo una antología, y una antología breve: de los 80 poemas de *El zócalo*, solo se recogen 17; de los 103 de *El mensajero*, 18; de los 180 de *La opción*, 17; y de los 180 asimismo de *La noche antes*, de nuevo 18. Los antólogos han optado por ofrecer una representación equilibrada de los cuatro volúmenes, pero cabe preguntarse si no habría sido más apropiado recoger muestras proporcionales a la extensión de cada libro, dando por supuesto que los cuatro atesoran una calidad equivalente.

En todo caso, el criterio cuantitativo no menoscaba *El duelo de la luz*, que ha seleccionado algunos de los poemas más representativos de *Cortejo y epinicio* y, probablemente, de toda la obra de Rosenmann-Taub. El título de la antología proviene de uno de ellos, «Ficción», una de esas piezas en las que unas pocas palabras, combinándose sin descanso, articulan una relación innumerable de realidades y componen por entero el poema: «El duelo de la luz: la luz del sueño:/ el sueño de la luz: la luz del duelo/ – luz de la luz del sueño, luz del ritmo –»:/ [...] el ritmo de la luz –duelo del duelo–». El juego léxico no es aquí solo juego: es totalidad. El lenguaje se aleja de la ilación racional, para desplegarse –para brincar– como un hecho autónomo que cubre todas las posibilidades de lo real, o, mejor dicho, que suscita todas las posibilidades de lo real. No es el único en el que esto sucede: otro poema empieza así: «Yo: un trigal./ Tú: los trigales./ Yo: una voz./ Tú: toda voz./ Una voz en los trigales./ Un trigal en toda voz». Las repeticiones y alternancias construyen una monodia a la vez hipnótica y alborozada, un universo musical sostenido por el poema, pero que, al mismo tiempo, alumbra al poema. Y los dos puntos, tan característicos de Rosenmann-Taub, sustituyen a las pedregosas conjunciones y preposiciones, y refuerzan, así, la unión de los términos, que ahora ya no es mera concatenación, sino acoplamiento íntimo, casi cópula.

Pero, antes de seguir examinando la poesía de Rosenmann-Taub, hay que establecer el propósito y sentido de una propuesta tan compleja como la de *Cortejo y epinicio*, que puede considerarse la columna vertebral de su producción, no solo por su elaboración diacrónica y su ambiciosa amplitud, sino también, y sobre todo, por el vigor y la coherencia de su propuesta estética, y por la profundidad de su visión existencial. En los «preliminares» de *El zócalo*, el autor hace constar: «*Cortejo y epinicio*: la esencia de lo que es, para el hombre, vivir en la tierra, en un particular tiempo y espacio, desde su ahora hasta su adiós». A continuación, señala que el volumen I, *El zócalo*, corresponde a la primavera, a la mañana, a los primeros veinte años de vida; el II, *El mensajero*, al verano, la tarde y de los veinte a los cuarenta años; el III, *La opción*, al otoño, el crepúsculo y de los cuarenta a los sesenta años; y el IV, *La noche antes*, al invierno, la noche, «y de los sesenta a los...». Por fin, Rosenmann-Taub dice de los cuatro volúmenes: «la experiencia de una conciencia siempre joven y madura, con sostenida energía. Un múltiple instante de lucidez: un extenso presente en un segundo intemporal. Nacimiento y agonía, amanecer y oscuridad. El triunfo de una derrota: un epinicio». *Cortejo y epinicio* es, pues, un recorrido existencial, el tránsito de una vida y la experiencia de su protagonista en el mundo. Sin embargo, es fundamental entender que ese camino es un curso, pero también, y sobre todo, una deflagración ontológica, un entrelazamiento nuclear de tiempos, un *aleph* borgiano en el que se concentran todas las edades y todos los momentos. El primer poema de *El duelo de la luz*, «Preludio», que es también el primero de la tetralogía, empieza así: «Después, después, el viento entre dos cimas», y acaba: «Después, después, el himno entre dos víboras./ Después, la noche que no conocemos/ y, extendido en lo nunca, un solo cuerpo/ callado como luz. Después, el viento». Lo primero que el poeta dice, antes de iniciar su vasto proyecto, es «después», como si ya previera, desde el principio, ese ouróboros del tiempo, la sinuosidad, instantánea y eterna, de lo ya vivido y de lo todavía por vivir. Esta conciencia de la unidad de todo, o esta aspiración a la unidad de todo, incluso de lo más inaprehensible y fluyente, como el tiempo, o de lo más contrapuesto, como la vida y la muerte, impregna toda la obra de David Rosenmann-Taub, que es una fabulosa celebración del ser y la nada, de lo que existe y lo que ha dejado de existir, o lo destruye. El poeta ha señalado que cada libro de la tetralogía corresponde a una edad del hombre, pero también que las demás edades están en cada una de ellas. El poema «La traición», donde recuerda a sus padres —unas figuras esenciales en la personalidad creadora y la obra de Rosenmann-Taub, que abunda en elegías familiares y evocaciones de la infancia— e imagina que se reúne otra vez con ellos, acaba así: «"¡He vuelto! ¡He vuelto! ¡He vuelto!"». Y era la despedida»: regresar es despedirse. Y en el dístico «Genetrix», leemos: «Acabo de morir: para la tierra/ soy un recién nacido»: la muerte es nacimiento —y el nacimiento es muerte, como comprobamos en el extraordinario «Canción de cuna», donde esa identidad de vida y muerte se revela devastadora. No solo la reiteración del sintagma «niño podrido» lo vuelve sobrecogedor, casi inadmisible; también la introducción de constantes alusiones a la tierra, como depositaria de los cadáveres y anfitriona de las tumbas, como lugar en el que reptan criaturas negras, seres nacidos de la muerte: al niño se le envuelve en «retales de musgo», se le abriga con «pañales de hormigas» o se le pone un «babero de barro», cuya ominosidad aumentan las aliteraciones radicadas en la metáfora, de /b/, /ba/ y /ro/; y en las manos tiene «mil gusanos bonitos». Las connotaciones funerales brillan en los colores de panteón, en los matices helados: «esmeraldas y halos alabastrinos», «niño violáceo». El apóstrofe anafórico, que estalla en repeticiones en la última estrofa, identifica sueño y muerte, siguiendo una tradición milenaria: «Duérmete para siempre, mi niño lindo».

La dimensión existencial de *El duelo de la luz* es uno de sus rasgos capitales. Para Rosenmann-Taub, el corazón es un muro, y el yo, «una oquedad que brilla». La muerte lo rodea todo y lo vivifica todo, y su presencia ominosa se manifiesta con singular nitidez en «Cómo me gustaría ser esa oscura ciénaga», que Sabrina Costanzo considera «la más exacerbada expresión de ese anhelo de muerte que a menudo se percibe en la obra» de David Rosenmann-Taub. Con una estructura compleja, que combina las estructuras iguales y la repetición de versos, pero que conoce también espasmos y zigzags, en forma de heptasílabos o estrofas que se apartan del modelo dominante, de tres versos, y del mayoritario metro alejandrino, Rosenmann-Taub encadena una plegaria inversa, que reclama la nulidad existencial, el éxtasis del no ser: una «oscura ciénaga» constituye la metáfora axial del poema, que participa de la metáfora universal de las aguas estancadas, según Gaston Bachelard, como representación de la muerte. El deseo de ser esa «oscura ciénaga» da cobertura, o sentido, a una sucesión de deseos regresivos, aniquiladores. Con anáfora que es, a la vez, ominosa y exultante, porque expresa un ansia, aunque sea un ansia siniestra, el poeta encadena diferentes manifestaciones de ese nihilismo radical: «Cómo me gustaría ser esa oscura ciénaga [...].// Cómo me gustaría jamás haber nacido [...].// Cómo me gustaría morirme ahora [...].// Cómo me gustaría rodar por el vacío [...].// Cómo me gustaría ser el cero del polvo». Sucesivas epíforas, constituidas por esos mismos sintagmas negativos, remachan la anáfora «cómo me gustaría»: «oscura ciénaga», «jamás haber nacido», «lograr morirme ahora», «rodar por el vacío», «ser el cero del polvo», y esas insistencias constantes, esos *ritornellos*, consiguen introducir un nuevo elemento de juego, casi infantil, en una composición luctuosa: el poema suena a cantinela, y su música desactiva el horror semántico. Dios aparece, en este poema, como reverso de la vida o sustancia de la nada: «Cavílame en tu nada», implora el poeta; y añade, para acabar el poema: «¡no me hagas volver nunca!». Toda la composición es el negativo de una alabanza o de una acción de gracias: una impresión con las manchas de luz y de oscuridad cambiadas, lo contrario de lo que vemos, y de lo que se verá. Pero, aunque subvertidas, luz y oscuridad, vida y muerte, siguen intensamente trabadas. La estrofa séptima constituye un juego barroco sobre la fusión o permutabilidad de ambas: «Dicen que fue la muerte la causa de la vida,/ y la vida —¿la vida?— la causa de la muerte./ Pero, ahora, mi muerte la causa de mi vida». En la estrofa siguiente, esta imbricación se corporeíza, y el neologismo «deshijo» se convierte en el antagonista de ambos hechos, vida y muerte: «Yo qué: furgón deshijo —destello— de la muerte./ ¿Me repudias, ovario, por ímprobo deshijo?/ Me has arrastrado al éxodo tan candorosamente...».

En *La noche antes*, la cercanía física de la muerte se hace muy presente en los poemas, que carecen, no obstante, de todo sentido trágico: parecen más bien expresión de ese «dolor alegre» que reclama uno de los poemas de *El zócalo*. La poesía de Rosenmann-Taub, barroca y vanguardista, lúdica y lúcida, ejemplo de paradoja y conciliación, conserva siempre un aire travieso, un gesto sonriente y bienhumorado, del que no escapa nadie. En el último poema de *El duelo de la luz*, que es también uno de los poemas finales de la tetralogía, el yo lírico se prepara para abandonar la casa y subir al «carruaje ligero de la noche». Las calles, la realidad perceptible, es un conjunto tumefacto y cartilaginoso: su blandura sugiere la inconsistencia del mundo. Así, las aceras ondean «en abusiva gelatina»; la niebla «unta los umbrales»; y «las calles agasajan/ garapiñosas víboras». Tampoco es seguro que las casas sean casas: «¿Moradas// o desperdicios?», se pregunta Rosenmann-Taub. El poema se compone de ocho estrofas: las cuatro últimas son repetición de las cuatro primeras, aunque sus versos se dispongan de forma diferente. Los motivos son sencillos esta vez: el carruaje, la noche, las calles, los caballos, los astros. Todo configura un trayecto ascensional y definitivo. El protagonista del poema teme asomarse a la puerta, porque eso dará paso a un viaje sin término. Pero lo azuza una criada, que se dirige a él, coloquialmente, como a un niño: «Churumbel, no se atrase». La muerte, la inminencia de la muerte, se engarza —o se identifica–, otra vez, con el principio: el niño y el viejo son lo mismo. Y eso hace coherente el desdoblamiento de las estrofas: la segunda mitad es también la primera; lo posterior no sigue, sino que reproduce lo anterior. Por fin, el protagonista sube al asiento –blando, como las cosas que lo rodean– del carruaje, y siente que «los caballos/ avanzan/ como si no pisaran». Envuelto por ese silencio terminal, cierra los ojos, se queda dormido y los astros, enlutados, lo reciben. La representación de la muerte es respetuosa aquí con la tradición literaria de Occidente: la simbolizan el silencio, la noche –que es también símbolo del útero materno: fin y principio, implícitamente entrelazados en la obra de Rosenmann-Taub–, el sueño, el luto de las estrellas –oscuridad y luz: extinción y nacimiento, otra vez– y las estrellas mismas, habitantes del cielo, la morada eterna.

En esta dilatada conflagración existencial, Rosenmann-Taub no olvida algunos ejes que le ayudan a sobrellevar el conflicto de vivir, o que lo nutren. Dios es uno de ellos. Pero su relación con la divinidad es, como poco, iconoclasta. En una entrevista concedida en 2002, dice el poeta: «El término Dios es terrenal. Lo que llamo divino es la expresión terrenal absoluta. No tiene nada que ver con el concepto de las religiones, en donde no hallo ninguna divina divinidad. [...] Aquello que me satisface, que me da tranquilidad, que me da alegría, sin pedirme compensación, yo lo llamo Dios». Rosenmann-Taub no deja de invocar a ese Dios, pero tampoco de burlarse de él, acaso por su naturaleza humana: en un poema de *El zócalo*, Dios se cambia de casa; en otro está resfriado; en «Epopeya: I», de *La opción*, borracho; en «Asfódelo», de *El mensajero*, es «inicuo, asqueroso»; en uno de *La noche antes*, es «triquiñuela de la enormidad». Rosenmann-Taub no teme ser blasfemo ni, cuando conviene, soez: cuescos y suciedades aparecen también en su poesía, como aparece todo: cosas, palabras, sentimientos. El erotismo está asimismo presente: en *Cortejo y epinicio* se reúne siempre en la sección titulada «En las lavas sensuales», aunque también esta pasión presenta una dimensión anómala –o freudiana: «En las lavas sensuales busco siempre el regreso/ a los cielos profundos del río maternal./ Promontorio de cuervos, andábata leal,/ volver anhelo al vientre por oasis de hueso», dice un poema de *El zócalo*. La metaliteratura constituye un tercer elemento de reflexión, aunque no sea tanto reflexión como salto, turbulencia, fabulación: «Sé, poema, dichoso y desgraciado», escribe Rosenmann-Taub en «Euritmia». Proyecta así esa estética del oxímoron –totalizante, reconciliadora– que caracteriza a su poesía, y que se ha manifestado ya en el «dolor alegre» de su sentir existencial, en la propia factura del poema, en su hacerse jubiloso y desgarrado. Y, conforme el poeta, ya en la vejez, siente que se acerca a la muerte, los versos se convierten en la última expresión de su ser: «calcinados mis versos,/ sempiterno camino,/ levantan, en la luz, su última rosa».

Conviene subrayar la naturaleza singularísima del lenguaje de Rosenmann-Taub, que aúna la tradición del barroco, con su gusto por la densidad y la paradoja, y las corrientes más libérrimas de la literatura contemporánea. En él encontramos cultismos y arcaísmos, para los que no es infrecuente tener que recurrir al diccionario, y neologismos que solo el diccionario pragmático de la lectura y el contexto permite dilucidar: «cosmolágrima», «frufrúan», «firmehalagüeña», «noír», «nosigas», «deveraveraveras», entre muchos otros. En la poesía de Rosenmann-Taub, la escansión convive con el verso libre, los sonetos con los romances, y los dísticos y monósticos con los poemas extensos. Con todas estas formas, y con todos los mecanismos de una ingente maquinaria retórica, Rosenmann-Taub aspira a una plenitud musical que sea también plenitud de sentido, más aún, que sea plenitud de ser. Su manipulación creativa transmuta líricamente la realidad: escenas domésticas o cosas insignificantes –una almendra, por ejemplo, en el poema «Hurgando el escozor de una turgencia»– se convierten en artefactos verbales de relumbres fabulosos y honduras inimaginadas. A veces, Rosenmann-Taub escribe poemas sin verbos: meras enumeraciones adjetivas o con sintagmas condicionales que subrayan, con esa omisión, la intensidad del objeto: así sucede en «Gleba» y «Naturaleza muerta». Por su parte, las aliteraciones, políptotos, estribillos y rimas, entre muchos otros recursos rítmicos, sirven a la construcción sonora, cuyo resultado es, a veces, elusivo lógicamente, o incluso infranqueable, pero que estalla de significado sensual, de seducción orgánica. En muchos poemas no sabemos de qué está hablando el poeta –aunque algunos títulos nos den pistas–, pero sí que está hablando de algo decisivo: el poema nos captura igualmente, o incluso más, desnudo de su coraza racional. Así dice, por ejemplo, este poema de *El mensajero*: «Sojuzgando tristezas/ y frambuesas,/ embistiendo pistachos, apogeo/ de su embriaguez total y cosquilleo/ granadal, mi fragata/ se aquilata,/ crocantemente próspera, exultante,/ Mustio pezón gigante». Sin embargo, Rosenmann-Taub ha defendido siempre el rigor de su quehacer y la justeza semántica de sus poemas, incluso de su naturaleza científica: «Se trata [...] de expresar con exactitud un determinado conocimiento. [...] No pretendo la belleza; pretendo decir la verdad de la forma más exacta posible», con precisión, con certeza, sin mentir, ha dicho en varias entrevistas de 2005. Y en 2001 había formulado este axioma: «¿Cuándo la poesía, poesía? Cuando ciencia». Rosenmann-Taub se acerca así a otros poetas cuya oscuridad obedece a un exceso de luz, como Góngora o el hispanomexicano Gerardo Deniz, cuyos poemas son también el fruto de una precisión aplastante, la conjugación de una muchedumbre de saberes técnicos con un esmero obsesivo en la elección de las palabras adecuadas.

[Publicado en *Cuadernos Hispanoamericanos*, n° 773, noviembre 2014, pp. 150-155]

¿LA POESÍA HA DE SER VERDAD?

[J. Jorge SÁNCHEZ, *Contra Visconti*, prólogo de Paul Cahill, Tenerife: Baile del Sol, 2015, 133 pp.]

Contra Visconti, el quinto poemario de J. Jorge Sánchez (Barcelona, 1964), ofrece la paradoja de ser poesía que descree de la poesía, más aún, que la denigra y pretende refutarla. Esta poesía antipoética proviene de una actitud crítica –el poeta es profesor de Filosofía– que se nutre del pensamiento marxista, y cuya raíz y destinatario es una realidad pródiga en injusticias y calamidades. La introducción de Paul Cahill acota muy pronto la pretensión de J. Jorge Sánchez: «Se trata de una poesía esencialmente filosófica [...] [que] se centra en articular y presentar la verdad». Y más adelante precisa: «Reconocer y presentar la verdad requiere una conexión con el tiempo que habita el artista, en vez de ser "dos desquiciados,/ dos descoyuntados de/ sus propios tiempos", como lo fueron Ludwig von Bayern y Luchino Visconti». La verdad, en efecto, es el asunto central de *Contra Visconti*: una verdad que, para J. Jorge Sánchez, se encuentra fuera, en «el tiempo que habita el artista», en un mundo plagado de iniquidades; una verdad que se despinta y desaparece cuando se enreda en el artificio poético, cuando atiende a la metáfora antes que al sufrimiento, cuando es solo palabra y no realidad. El poema que da título al libro, una singular composición dividida en tres partes y una nota final, e integrada solo por haikus, constituye el ejemplo perfecto de esta aproximación exógena a la poesía. «Contra Visconti» contrapone el lujo suntuario del palacio de Herrenchiemsee y el aristocrático esteticismo de la película de Luchino Visconti, *Ludwig*, que refiere la vida del *rey loco* que lo hizo construir, Luis II de Baviera, a la realidad salvaje de su construcción. El poeta enumera los 55 candelabros con más de 5 000 velas –uno de ellos, hecho de noventa y seis piezas únicas–, un candelero de 500 kilos en el estudio del monarca, una bañera de mármol de 60000 litros, un escritorio de un millón de euros, una mesa que emergía del suelo ya preparada, una sala de espejos de noventa y ocho metros de largo, porcelanas de Meissen, palisandro de Brasil y cristal de Bohemia, y, acabada la retahíla, dice: «Pero faltan las/ tumbas de las decenas/ de obreros muertos.// No se sabe ni/ el número exacto/ de accidentados.// Lo construyeron/ durante siete años/ a un ritmo febril.// [...] No hay sala que/ los recuerde. Tampoco/ la película». Este es el quid de *Contra Visconti*: la impugnación de la belleza que no retrate –o de algún modo refleje– la terrible realidad de la historia. El arte ha de ser instrumento de la verdad y reivindicación de la justicia. No cabe brillantez que desconozca la aspereza del mundo. «Yo quiero algo propio, auténtico, sincero», escribe J. Jorge Sánchez en «Brett Favre se retira». Y esa autenticidad se identifica con la verdad: «Sé que no podré escribir un poema auténtico sobre Brett, mi hijo y yo,/ porque no sería un verdadero tributo al ídolo», escribe un poco más adelante. Toda truculencia es reprobable, como expone en «La arenga de Aragorn»: la emoción que despierta el discurso del personaje de *El señor de los anillos* es solo fruto de una operación fraudulenta, aunque eficaz, que nos evita reparar en el hecho de que «la edad del Hombre tal vez esté presta para su consumación,/ aunque no aúllen los lobos y los escudos no hayan sido todavía quebrados.// Pronto lo será».

Las opciones formales por las que se decanta J. Jorge Sánchez son coherentes con su visión estética. El hecho de que, en la primera parte del libro, que ostenta el elocuente título de «Imposturas», subvierta la naturaleza instantánea del haiku, su condición de fogonazo revelador, y lo vuelva mero eslabón de un relato, construido con informaciones y juicios, denota su voluntad de impugnar las convenciones expresivas y someterlas a las necesidades de la narración. La suya es una poética de la vulneración, pero no para indagar en los estratos últimos del lenguaje, como ha querido la vanguardia histórica y sigue queriendo la neovanguardia, sino para despojarlo de cualquier embellecimiento, de cualquier falacia o camuflaje retórico, por resplandeciente que sea: J. Jorge Sánchez quiere romper las expectativas del discurso para arrastrar al lector a una inmersión diferente en el texto; una inmersión que lo enfrente a la realidad desnuda, y a menudo doliente, de los hechos. Por eso mantiene también en todo el poemario un tono deliberadamente prosaico y coloquial, sin concesiones a la imaginería ni al fasto verbal, salvo ocasionales retruécanos o juegos de palabras, que no hacen, en realidad, sino ironizar sobre la perversa flexibilidad del lenguaje, que permite omitir las crueldades del qué mediante los esplendores del cómo. Los temas elegidos como cauce para alcanzar su propósito tampoco tienen nada que ver con los grandes asuntos de la poesía: J. Jorge Sánchez prefiere las provocativas superficialidades de la cultura popular contemporánea, desde los deportes (el fútbol americano, que le sirve para reflexionar, una vez más, sobre la poesía; el baloncesto) hasta los medios de comunicación (la televisión, el cine, Facebook), pasando por la publicidad y el cómic.

La iconoclasia de *Contra Visconti* acaba en un alegato contra la poesía, como revela «Diminuta *intifada* en un fragmento de *The Dyer's Hand* de W. H. Auden», un título muy largo para un poema muy breve: «La poesía podría ser, también, una forma de magia cuya finalidad última fuera ilusionar e intoxicar sirviéndose, a menudo, de la mentira», y como desarrolla, esta vez discursivamente, «Las armas cargadas siempre son peligrosas, sean un kaláshnikov o un poema, estén cargadas de balas o de futuro», en el que J. Jorge Sánchez lanza una diatriba contra la poeta nicaragüense Gioconda Belli y su poema «Los portadores de sueños», por dar alas poéticas a las catastróficas utopías contemporáneas y sus crímenes asociados. J. Jorge Sánchez no olvida recordarnos que Mao, el mayor asesino de la historia, y Radovan Karadzic, un genocida menor, pero más cercano, más familiar, escribieron poesía; y que en *El señor de los anillos*, esa obra capital de la mitología contemporánea, laten las resonancias nazis del *Sein und Zeit* heideggeriano.

La propuesta de J. Jorge Sánchez es incitante y persuasiva, y, además de en los poemas de *Contra Visconti*, se expone, muy razonadamente, en «El velo de Maya y el ocaso de la poesía», el epílogo que ha sumado al volumen. Hablaría bien de la cultura española actual que *Contra Visconti* despertara el debate sobre las ideas de J. Jorge Sánchez, que no solo atañen a su visión del arte, sino también a su estatuto ontológico, su función comunitaria y su vigencia social, aunque, conociendo la cultura española como la conocemos, mucho me sorprendería que suscitara alguna reacción. Por mi parte, convengo en que el arte ha de ser verdad, pero discrepo de que esa verdad tenga que ser exterior. Puede serlo: en nada perjudica al poema que hable del lujo o los obreros muertos en la construcción del palacio de Luis II, pero tampoco le beneficia en nada necesariamente. De qué hable el poema es irrelevante: lo importante es que sea un poema. La única verdad a la que ha de atender el poema es a la suya propia: a su realidad estética, a la emoción que sea capaz de conferirnos por medio de su palabra, al engrandecimiento sensible e intelectual que promueva: a su verdad interior. Si esa verdad nos vuelve más conscientes del sufrimiento del ser humano, o de las injusticias del capitalismo —muchas y muy feroces—, o de las intolerables desigualdades que aquejan a la sociedad, asimismo innumerables, bien está. Pero su propósito no se encuentra más allá de sí misma, como el de *La Gioconda* no era el de informar sobre el estatus de la burguesía florentina del s. XV, ni el de *En busca del tiempo perdido*, describir las clases sociales de Francia a principios del s. XX, aunque lo haga, y más eficazmente, por cierto, que cualquier tratado sociológico. J. Jorge Sánchez ha escrito en *Contra Visconti* espléndidos poemas, aunque descrea de la poesía. Lo son porque *existen* como poemas, con independencia de sus inquietudes políticas o filosóficas. Esa es la única verdad a la que atenernos.

[Publicado en *Turia*, nº 119, junio-octubre 2016, pp. 454-456]

LO PEQUEÑO E INTENSO

[Tomás SÁNCHEZ SANTIAGO, *La vida mitigada,* sin lugar de edición: Eolas Ediciones, 2014, 298 pp.]

No es la primera vez que Tomás Sánchez Santiago (Zamora, 1957) practica la escritura fragmentaria del diarista embozado: ya lo ha hecho en otros dos libros que anteceden a este: *Para qué sirven los charcos* (1999) y *Los pormenores* (2006), cuyos títulos —como tampoco el de la *La vida mitigada*— no dejan ninguna duda sobre su carácter alígero y subversivo, alejado de grandiosidades intrascendentes y utilitarismos vacuos. *La vida mitigada* constituye una recolección de escenas, reflexiones y cuentos cuyo nexo de unión es una prosa y una actitud, esto es, una mirada. Ambas se revelan enseguida: la primera es recia y chispeante, enjundiosa y ágil, cervantina y posmoderna; la segunda infunde a este compendio narrativo y crítico, a esta simbiosis de diario, autobiografía, crónica, ensayo y relato, un espíritu singular, que Sánchez Santiago consigna sin ambages en el prólogo: «¿Qué otra manera de vivir es posible ya? Poco a poco, el ruido inaguantable del mundo nos ha ido expulsado a muchos hacia unas inmediaciones secundarias donde, cuando menos, es posible escuchar sin nervios las palabras de los otros, contemplar las cosas despacio y en sí mismas, y tomar notas calientes de pequeños sobresaltos al margen de una sumisión al vértigo de la actualidad». Y es esta actitud, que bien puede calificarse de moral, lo que convierte un libro que muchos taxonomistas no dudarían en considerar menor en gran literatura: lleno de vida, de atención demorada, de palabras sabrosas y concisas, entregadas a –y definidoras de– la realidad que consignan. Los mejores libros son, hoy –y siempre–, los que avientan más sustancia humana, más temblor cordial, más emoción empapada de mundo, de carne, de sentido. Y *La vida mitigada* esto lo hace a raudales. Su autor parece retraerse a esos márgenes de la existencia desde los que todo puede contemplarse como un espectáculo entrañable o risible, según, y nos entrega el resultado de esa mirada misericordiosa y, al mismo tiempo, irónica. La crítica de la sociedad absurda y cruel en que vivimos es regocijada, pero nunca estridente: Sánchez Santiago no quiere gritar, ni ladrar, ni insultar: para eso ya están los otros. Su única pretensión es observar las tonterías del mundo, como se observa a un animal extraño con el que nos cruzamos en el lugar menos pensado, y dejarlas pasar, entre divertido y admonitorio; y también cantar lo pequeño, lo sigiloso, lo delicado: esas realidades aplastadas por la rutina o la inadvertencia que, de pronto, rescatadas por un ojo prensil, vuelven a la vida para iluminarla: para dotarla del latido del que había sido desposeída. No es casual que Sánchez Santiago elogie a Cristóbal Serra, otro épico de la minucia, otro refugiado en los arrabales de esta saturnal indigerible que algunos llaman modernidad.

Si algo descuella en este volumen es el humor, desde la «teoría del pepinillo» del prólogo a los «peregrinajes monográficos» de Avelino Hernández, otro escritor lateral por el que Sánchez Santiago siente admiración. El humor es también –o acaso sobre todo– lingüístico, y no tiene empacho en volverse escatológico, como cuando describe los títulos que un gracioso había dispuesto como lectura en sendos cuartos de baño, uno para «grávidos» y otro para «solventes»: a los primeros correspondían obras como *Y mañana tampoco, Un día volveré, Blanda le sea, Sin esperanza, con convencimiento, Vuelva usted mañana* o, caso ya extremo, *Nada*; «solventes», en cambio, son *El rayo que no cesa, Todo más claro, La secreta labor* o *El hacedor*. Sánchez Santiago se desliza asimismo hacia lo grotesco e inverosímil, aunque siempre anclado en la más estricta observación –u observancia– de la realidad. Y su conclusión es que lo imposible sucede cada día: lo cotidiano es el reino de lo fabuloso.

La prosa de *La vida mitigada*, felizmente narrativa, se ve sobresaltada por estallidos líricos, por imágenes de poeta, que a veces, dilatadas, rozan el poema en prosa. Muchas de estas imágenes describen los múltiples avatares de la luz: «el cielo perdidizo, las estrellas apareciendo con calma lechosa, la luz del verano retirándose entre azules atormentados...». En otras ocasiones, Sánchez Santiago cultiva figuras retóricas, como el calambur; así, en la escena del frutero, de amores contrariados, que le dice a una clienta que quiere manzanas: «"Coja usted misma la que madura". Pero yo he querido entenderle: "Coja usted misma la quemadura"». Casi siempre le basta un adjetivo para certificar su condición de escritor con ángel: «el canto descascarillado de un gallo», «un saurio de gelatinosa pereza». Algunos fragmentos, que no distan del aforismo, son perfectos engranajes de juicio y forma: «Hacer. Recordar. Desear. Los tres verbos capitales. Presente, pasado y futuro. Quien pueda manejarlos con soltura en cualquier momento habrá de vivir sin miedo hasta el final. Todos los demás verbos, defectivos o irregulares».

Provisto de esta prosa porosa y dúctil, risueña, aunque a veces airada, Sánchez Santiago atiende a la intrahistoria de la ciudad: a las pequeñas cosas que suceden en sus comercios, calles y parques; a lo oído o leído por ahí —carteles, pintadas, conversaciones–, que le llevan al elogio del lenguaje genuino, por erróneo que sea, y, simultáneamente, a la mofa de las jerigonzas inauténticas, de lo hinchado y discursivo; y a lo doméstico, ese rincón tibio de la intimidad, en el que tantas cosas, si sabemos mirar, descubrimos de nosotros mismos. *La vida mitigada* dedica también mucha atención a los desheredados de la sociedad: mendigos, ancianos, enfermos y pobres; y, ciertamente por la condición de profesor de quien lo ha escrito, aborda, con ironía desengañada, el mundo claroscuro —hoy, seguramente más oscuro que claro— de la enseñanza. Sánchez Santiago no soporta la grosería, y su denuncia de la zafiedad merece algo más que adhesión: merece entusiasmo.

La vida mitigada es, en fin, una prodigiosa galería de tipos humanos, que orbitan alrededor del eje desquiciado del mundo. La crítica social que vehicula el libro, y que es uno de sus menesteres principales, abunda en las injusticias de las relaciones de poder y en los efectos de la crisis. La crítica literaria acompaña ese deambular estoico por un país desgarrado por las dentelladas de los maleantes y los idiotas; una crítica literaria que abandona a menudo los predios menos perturbadores del juicio estético para adentrarse en el amostazado mundillo —o menudillo— literario. Memorable es la escena de aquel poeta persuadido de su exquisitez que insistía en pedir «la carta de panes» en un restaurante de provincias, hasta que el camarero cortó sanchopancescamente la solicitud alegando que podía elegir entre el pan de la casa «o pan bimbo».

De las cinco partes en que se divide *La vida mitigada*, merece una mención especial la última, «Solo los mudos saben pronunciar la hache», un libro dentro del libro, en el que, mediante un complejo juego de voces, se articula una vívida reflexión sobre la mudez, esa expresión quintaesenciada del apartamiento que reivindica Sánchez Santiago, y también condición última del poeta, «un aspirante a mudo que no ha sabido terminar de serlo». El cuaderno, ingenioso, poético, erudito —casi cunqueiriano—, tiene mucho de realismo mágico, y, si la inteligencia es la capacidad para establecer relaciones donde no las había —para unir lo nunca unido antes –, demuestra también una gran inteligencia. Así aprendemos, por ejemplo, qué hermana al Mudito de Blancanieves con el profeta Ezequiel y el mito de Filomela; o descubrimos un fascinante bestiario, que nos explica que quienes padecen la mudez de San Mauricio dejan «de hablar no por impedimento físico, sino por desgana y laconía pertinaz [...], y procuran entonces un idioma extraño y amputado que acaba por separarlos poco a poco del mundo hasta dar en la insensatez». En *La vida mitigada*, Sánchez Santiago se ha separado del mundo —de su centro corrompido, al menos—, pero solo para verlo mejor, y su idioma ni es amputado ni insensato, sino lúcido y pleno; y solo es extraño porque es limpio y sustancial, a diferencia de tantos otros, turbios y agujereados, que nos ofenden cada día. Su propuesta, tan modesta en apariencia, posee una grandeza ética de la que carecen muchos grandes pronunciamientos, y el lenguaje que la dice corresponde a ella con brillo no menor, con hermosura no menor.

[Publicado en *Turia*, n° 116, noviembre 2015-febrero 2016, pp. 427-430]

LA NADA TOTAL QUE SOY

[César SIMÓN, *Poesía completa*, edición y prólogo de Vicente Gallego, bibliografía de Begoña Pozo, Valencia: Pre-Textos, 2016, 440 pp.]

Hay poetas que consiguen el milagro: crear una obra redonda, aunque atravesada por numerosas fracturas, por múltiples líneas de fuga; alumbrar una voz propia, consciente de sí, igual a ninguna; cantar con verdad, con pasión, con el cerebro y las tripas: cantar incluso cuando se calla. Uno de esos pocos felices (y también infelices) fue César Simón, valenciano que murió en 1997, a unos tempranos 55 años de edad. En sus no muchos libros –ocho, desde *Pedregal*, publicado en 1970, hasta *El jardín*, que vio la luz el mismo año de su fallecimiento–, Simón perfiló un espíritu poético signado por la contradicción, pero dolorosamente coherente, en el que conviven la celebración de la vida y la indiferencia –y hasta el desprecio– por la vida, el goce sensual y el abandono místico, el júbilo del amor y la aceptación de la pérdida, la derrota y el olvido, el estoicismo y la exaltación, el nihilismo y el todo.

Enraizado en una mediterraneidad en la que nunca atardece, César Simón participa de una visión que aúna los contrarios, y cuya mutua impregnación destila una síntesis emocionante, por radical y por humana. Por una parte, se deleita con la naturaleza –el mar, el aire, la tierra, el viento, la luz: los azules y transparencias de un levante material, pero también mítico– y con la carne, siempre enredada en el deseo o la aspiración amorosa, o abismada en la contemplación atónita del propio cuerpo. Por otra, arrastra la condena del paso del tiempo, la injuria de la muerte y el peso de la nada. El choque, o más bien abrazo, de ambas fuerzas –del placer y la destrucción, de la sangre y el vacío– se resuelve en una poderosa conciencia de ser, en una plenitud radical de la existencia experimentada por el yo, que no se manifiesta, sin embargo –y esta es una de sus características esenciales–, en efusiones sentimentales ni en cascabeleos narcisistas, sino en una práctica acendrada del recogimiento y la quietud. El planto y el canto, fundidos, conducen, en la poesía de Simón, a un rumor muy próximo al silencio, pero un silencio exultante de intensidad, labrado con el buril de una mirada penetrante y un pensamiento tan incisivo como los propios sentidos que lo alimentan.

Frente al fuego de los días, que aportan por igual maravilla y sufrimiento, el poeta se refugia en sí: se atrinchera en su cuerpo y su soledad, y ve las cosas suceder, estallar, extinguirse. En ese instante de ensimismamiento, se hace uno con lo que ocurre: lo acepta o lo desmiente, pero no vacila: se corrobora ser sintiente, ser que respira y ama, que disfruta, al borde de la afasia, del asombro infinito e incomprensible de estar vivo. Su forma de asomarse al mundo es introducirse en su interior y observar cómo lo recorren –cómo lo acarician– los acontecimientos, ya sean propicios o desgraciados. Siente entonces el estupor del estar, que es mirar, absorber lo trágico y lo amante –y, al hacerlo, transformarlo: crearlo–; siente «la riqueza inútil de uno mismo», como afirma en un poema muy revelador de *Extravío*, «Celebración»; siente, en fin, la plenitud del momento, sin trascendencias, sin certidumbres, sin entusiasmos, como leemos en ese mismo y extraordinario poema: «Hoy es doce de enero de no sé bien qué año/ y he llegado a la siguiente conclusión:/ no esperes de la vida tiempos mejores,/ aposéntate bien en ella y saboréala, es decir, posesiónate bien del día,/ siéntate aquí y medita. Esta es tu plenitud,/ esta celebración en solitario de ti mismo, de tus horas y de tus versos».

En esta realidad introspectiva, que no es sino otra manera de contemplar —de acceder— al mundo, Simón, un poeta tenido por claro, no duda en afirmar: «Aquí sucede el hermetismo». Porque su cerrazón es otra apertura a las cosas: desde su decantación en la conciencia, desde su puro derramarse en el cuenco de la percepción y en lo recóndito de la sensibilidad.

La aceptación triste y exultante a la vez de la sencillísima realidad de uno mismo no es solo una opción estética, sino también, y más importante, una decisión moral, que nos vincula con la verdad de nuestra liviandad y nuestro tránsito, y nos exime de vasallajes terrenos y, peor aún, ultraterrenos. En la poesía de César Simón es fundamental esta apretura del instante y de la captación del instante —de su comprensión— en la quietud y el aislamiento del yo. Son muchos los poemas en los que el protagonista lírico se describe inmóvil, mudo, tumbado en una cama, por ejemplo, o sentado en el sillón de un cuarto cualquiera, arrebatado por su propia soledad, sintiendo la totalidad de las cosas en un fugaz pero espesísimo vislumbre. Y el cuerpo acoge esa totalidad como una casa vacía, en la que el temblor de los latidos, y de la extinción de los latidos, retumba con ecos inacabables, agudos como cuchillas, pero sosegados, sin estridencias inelegantes. La palabra de Simón no chirría nunca: se desliza por la página con sobriedad y exactitud, sin excluir el ímpetu de la visión y el cincelado de la analogía. Muchos símbolos articulan esta experiencia de adentramiento y, a la vez, de huida: la pared y el muro, metáforas de los obstáculos que impiden gozar de la realidad y el ser; el pozo y el agua, de los que el yo se surte para sobrevivir o esconderse (aunque, a veces, esas aguas, estancadas, sean representación de la muerte); el tren, alegoría del movimiento hacia el otro lado, o hacia este lado, donde estamos, aguardando la lluvia de lo existente; y la casa, con sus habitaciones, con sus desvanes, con los rincones en los que se enzarzan el sol y la penumbra, imagen del refugio que somos o queremos ser, del espacio interior en el que se aloja el mundo y se apaciguan sus querellas.

Otro poema resulta capital para la comprensión de la dualidad que recorre la poesía de César Simón y que se resuelve en un deslumbrado asentimiento a la magnitud de todo y a la humildad del yo. Es «Brindis para 1984», de *Quince fragmentos sobre un único tema: el tema único*, publicado en 1985. Vivir, escribe Simón, «es solo intensidad,/ son esta carne y estos huesos,/ este sorbo de vino que saboreo conscientemente sin celebrar nada concreto,/ una inmanencia de mí mismo,/ una convicción de encontrarnos esencialmente solos en el mundo y aceptarlo/ [...] Desvinculado del ayer y el mañana, tal es lo que poseo:/ mi poco peso, toda mi redondez intransferible,/ mi brillo de un instante, mi autarquía/ [...] Porque vivir es solo aislamiento,/ apuesta de verdad a la nada del mundo, a la nada total que soy y a la vida que he sido en un instante». El poeta asume su cuerpo sarmentoso y sin gloria, y asume la espera –de lo que ocurra, del fin–, sin levantar la voz, sin quejidos ni aclamaciones: se limita a ser él mismo, a ser lo pobre y frágil y breve que es, esa poca cosa que se enfrenta a la enormidad de las cosas, con la alegría callada del que atisba el núcleo de lo que pasa, del que comprende el prodigio incomprensible de la vida y de la muerte.

[Publicado en *Letras Libres*, n° 186, marzo 2017, pp. 49-50]

HACIA EL OTRO LADO

[Silvia TERRÓN, *Doblez*, prólogo de Mercedes Cebrián, Isla de San Borondón: Ediciones Liliputienses, 2014, 74 pp.]

El segundo poemario de Silvia Terrón (Madrid, 1980) –tras *La imposibilidad gravitatoria*, de 2009– se aventura por el territorio hoy poco transitado del irracionalismo franco, de una alogicidad desvergonzada que no persigue sino la construcción –o la sugerencia al menos– de un nuevo orden de pensamiento o una nueva especie de sensibilidad. Los poemas, en verso libre, se disponen como escenas apenas aprehensibles traídas a las páginas desde una conciencia tanteante y agnóstica: se despliegan como burbujas, entre evanescentes y acorazados; o se derraman, levemente fluviales. En un entorno que intuimos preferentemente urbano, las imágenes surreales se acumulan, configurando espesos tejidos de visiones: «Tesoro. Vaso.// El camino se despeja.// La vista/ cansada.// Lejanía del ahora.// Veloz,/ descascarillar/ miradas perdidas.// Pasar esquemático/ de la razón/ –los secretos/ por delante–...». Los versos de *Doblez* parecen en permanente estado de interrupción: saltan, se frenan, se hunden, resurgen. Presentan una textura tajada, hecha a golpes de incisos y exploraciones, de ideas que afloran, entregan su fragancia o su perversidad, y se retraen a los cuarteles de lo subjetivo. Esto dice, por ejemplo, el poema II de «Revés»: «Nos seguimos/ a paso lento/ atravesando/ puertas de voz/ rostros de escayola/ Niebla// Desdoblamos/ un gigante// Huimos/ el nacimiento/ de un objeto/ la espalda/ tapiando la lluvia/ por la mitad// La razón del gesto/ pasa// Nada es circular// Estira la mano». La poeta objetiviza esta condición interrupta en varios poemas, en las que convierte los pedazos en metáfora, como en el VIII y XI de «Envés»: «pedazos cortados de lo visible/ construyéndose» y «no hay pedazos/ que pedir prestados/ para ir a vapor». La rotura signa este libro. Cada poema es una implosión: un estallido sin otro ruido que el susurro de su autora. Todos juntos trazan un laberinto quebrantado, en el que un yo difuso intenta afirmarse aprehendiendo los añicos de esa explosión –o los pecios de ese naufragio–. Pero la partición no supone olvido o ignorancia del todo, sino, por el contrario, conciencia aguda de él, de un universo impenetrable, salvo si lo exploramos por sus intersticios, por los resquicios que dejan sus fragmentos. Así lo ha señalado Mercedes Cebrián, prologuista del volumen: «Silvia Terrón ha realizado una importante intervención en el aquí y el ahora a través de [...] unos versos contundentes que cortan, que buscan –y logran– abarcarlo todo». Y, para ilustrar esa conexión entre totalidad y cesura, cita estos versos: «El universo/ nos cabe holgado/ en ese corte mestizo/ que nos precipita/ a repetirnos/ sin memoria». Terrón es muy consciente de esta ceñida voladura, inducida por la voluntad de saber, es decir, de destripar la realidad para asomarse a sus profundidades, y acopia desgarros y melladuras en numerosos poemas: «el perfil explota», dice en uno, para luego mencionar una prisión y un fulgor rotos; en otro, «un vaso se quiebra»;

y en un tercero, las astillas «se cuelan en los ojos». El yo abraza esta naturaleza fisurada y se identifica con una brecha o un corte transversal. El yo contemporáneo es una entidad incierta, que persigue el afianzamiento entre cartilaginosidades. Palpa a ciegas las paredes del mundo, que se identifican con las paredes de sus entrañas, y sale de esa oscuridad con la misma incertidumbre con la que ha entrado, pero con una extraña intuición de la luz, con el presentimiento de que hay una razón en la nada. Así obra Terrón en *Doblez*: investiga en lo ininteligible y lo dota de un sutil armazón, plagado de claridades sombrías.

Porque, en efecto, en los calambres de la analogía subyacen algunas estructuras recurrentes, constantes matemáticas de un pensamiento bullidor. Algunas son estrictamente formales, como la articulación de *Doblez* en dos partes, «Envés» y «Revés», cada una de las cuales se compone de catorce poemas sin título, identificados por números romanos. Pero las reiteraciones retóricas suelen ocultar, cuando la poesía es diligente, un sentido moral. Esa insistencia en lo doble, en lo que se pliega sobre sí y oculta otra cara, otra realidad, es una metáfora del mundo. A su desvelamiento ha de entregarse el yo, pero no solo para descubrir su esencia, si es que existe, sino porque intuimos, con la autora, que al hacerlo se desvelará a sí mismo. No es casual, pues, que Terrón busque ese otro lado de las cosas, del ser– que ha obsesionado a los poetas desde el Romanticismo. En el extenso primer poema de «Revés», sabemos de «un túnel sin abertura/ al que llegar» y leemos después, con precisa aliteración: «Es lo mismo del otro lado:/ una certeza sin zapatos». En el poema VIII de esta misma parte, escribe: «las luces [...] invitan/ a nadar al otro lado.// Es lo mismo, pero distinto». Otras repeticiones atienden igualmente al contenido, como la reflexión sobre la palabra con la que se dice eso mismo que se ignora, tan característica de la literatura contemporánea. Terrón practica la metapoesía como una irradiación espontánea de su pesquisa existencial, que no conduce sino al desengaño: «Y se escribe el silencio,/ se atiborra de frases/ para descubrir/ que solo se puede anegar/ el reflejo,/ su brillo en los charcos». Sin embargo, el más reconocible empeño de *Doblez* recae en el tiempo. La preocupación de Silvia Terrón por ese flujo indetenible en el que nos construimos y perecemos nos asalta en muchos poemas. En alguno recoge la idea tradicional del tiempo deletéreo: «El tiempo siempre es presente/ y nos arrebata»; en otros materializa esa ubicuidad –y asfixia– cronológicas con metáforas igualmente clásicas, como «el hilo de los días». Pero es nuestro arraigo imposible en las horas y los años, nuestro fugitivo habitar el tiempo, lo que consigue algunos de los mejores momentos de *Doblez*: «Persistimos un instante preciso del tiempo,/ mientras dure el eco», leemos en un poema. Y ese eco nos remite a aquellos reflejos de los que hablaba antes Terrón: realidades ancilares y provisionales, acontecimientos secundarios, sombras de sombras: como lo que percibimos, como lo que somos. En el poema III de «Revés», en fin, escribe Silvia Terrón: «Tener tiempo.// Tener siempre dos cosas:/ el tiempo y el espacio/ que ocupa nuestra presencia en él». La identificación del tiempo y el espacio es otro ejercicio de modernidad, cimentado en una comprensión multidimensional de la realidad, en el tránsito condenado por un universo en el que no nos reconocemos, pero que sabemos, oscuramente, que es el nuestro.

[Publicado en *Turia*, nº 116, noviembre 2015-febrero 2016, pp. 486-488]

UNA HISTORIA PERSONAL DE LA LITERATURA

[Julio TORRI, *La literatura española*, prólogo de Andrés del Arenal, Madrid: Fondo de Cultura Económica, 2013, 3ª edición, 451 pp.]

Julio Torri (Saltillo, 1889-México, 1970) pertenece a una estirpe de creadores que se resisten a crear. En México comparte esa sorprendente condición con otro grande de las letras contemporáneas, Juan Rulfo, que no solo era reacio a escribir, sino incluso a hablar. Torri concentró su producción entre 1910 y 1924. En esos años participa en el Ateneo de la Juventud, una institución capital en la modernización de la literatura mexicana, impulsada por Pedro Henríquez Ureña, y en compañía de Alfonso Reyes y José Vasconcelos, entre otros jóvenes intelectuales; se involucra en el mundo editorial, colaborando con el sello Cvltvra primero y dirigiendo de las publicaciones de la Universidad y de la Secretaría de Educación Pública después; y publica *Ensayos y poemas* en 1917, uno de los cuatro únicos libros que dio a conocer en vida: los otros son *De fusilamientos* (1940) y *Prosas dispersas* (1964), cuyos materiales, en gran parte, fueron escritos o acopiados en sus años de juventud, y este *La literatura española*, que reúne los dictados de sus clases universitarias, publicado en 1952, aunque en 1955 Torri dio a conocer una versión aumentada, que es la que ahora se publica, por primera vez, en España. Póstumo es *El ladrón de ataúdes* (1987), una recopilación de escritos dispersos hecha por Serge I. Zaïtzeff.

Lo primero que llama la atención de *La literatura española* es la concepción universal de la lengua, un rasgo de indudable modernidad: Torri es un mexicano que concibe la literatura española como si fuera suya, y que habla de ella, seguramente, con mucho mayor conocimiento de la materia que la mayoría de los profesores españoles de su tiempo. En el punto undécimo y último de las «Advertencias previas» del volumen, Torri expresa este deseo: «Ojalá que en lo futuro se trate siempre de las obras escritas en ambos lados del Atlántico como pertenecientes a una misma y magna literatura» (p. 38). Torri, además, es hispanófilo, hasta extremos que resultan llamativos en un mexicano. Por ejemplo, considera a Hernán Cortés el que «conquistó México para la civilización occidental» y, más aún, «el padre, en cierto modo, de la nacionalidad mexicana» (p. 220). No solo eso: disculpa sus atrocidades con los indígenas recordando las costumbres sanguinarias de la época, y más aún después de los horrores de las guerras universales del siglo XX. Por otra parte, y con buen criterio, entiende que los más destacados escritores mexicanos anteriores a la independencia deben incluirse en el ámbito de la literatura española, y dedica por ello un ceñido epígrafe a sor Juana Inés de la Cruz.

La literatura española, en cambio, paga algunos peajes inevitables a la tradición crítica imperante en su momento. Como dice el propio Torri, es muy difícil, excepto para los genios, escapar a las modas de la época. El análisis del mexicano atiende escasamente a la evolución de las ideas estéticas, a los moviemientos de la literatura y sus fundamentos sociológicos, y se articula, en lo sustancial, como una sucesión de nombres relevantes o de géneros literarios consagrados por la historia. De Garcilaso de la Vega, por ejemplo, empieza diciendo: «Toda revolución literaria es obra de un genio» (p. 168). Es verdad que la genialidad existe, y que contribuye a la renovación de las artes y el pensamiento, pero también que los genios rara vez surgen de la nada, sino de un terreno abonado por las tendencias, los influjos y los precedentes. En cuanto a los referentes críticos de Torri, son magníficos, pero hoy forman ya parte de la historia. Son, entre otros, Juan Valera, Karl Vossler, Américo Castro, Dámaso Alonso y, por encima de todos, Marcelino Menéndez y Pelayo, al que Torri no solo sigue disciplinada y asiduamente, sino que dedica un epígrafe individual, que es poco más, por otra parte, que una apretada relación de sus honores y publicaciones. (Torri lo considera «uno de los mayores críticos europeos de su siglo, de la talla de Sainte-Beuve, Brandes, Saintsbury, De Sanctis o Pío Rajna» [p. 391]. Suscita alguna melancolía que ninguno de estos críticos, salvo quizá Sainte-Beuve, haya perdurado en la memoria de los lectores, y apenas en la de los estudiosos, y también que de Menéndez y Pelayo hoy se estime, sobre todo, su *Historia de los heterodoxos españoles*, pero por los motivos contrarios a los que don Marcelino perseguía: por dar a conocer a raros que nos interesan, a iconoclastas fascinantes). Por último, *La literatura española*, como todas las historias de la literatura, carece de la perspectiva adecuada para valorar lo más reciente o novedoso. En el tramo final del libro, parece que a Torri se le acumulan los autores y se le acaba el espacio (y el tiempo), y en muchos epígrafes se limita a embutir nombres y títulos bajo una denominación genérica. Así sucede con el apartado «Erudición, crítica, historia» de la edad moderna, que es poco más que un catálogo de autores y obras. Su visión de algunos de los mejores (y peores) autores de la literatura española de la segunda mitad del siglo XIX y primera del XX está lastrada asimismo por algunas inercias e incertidumbres. Torri, por ejemplo, ensalza la obra de Eduardo Marquina y de Gaspar Núñez de Arce, como hacía cualquier intelectual acomodado de su tiempo, y como hoy no hace nadie con dos dedos de frente literaria. Hasta de Castelar, aquel rétor exorbitante de la Restauración, dice que en sus obras «es fácil hallar páginas o, por lo menos, párrafos admirables» (p. 391), aunque quizá, en este caso, el «por lo menos» introduzca cierta distancia irónica. En cambio, sus juicios sobre algunos autores hoy fundamentales, como Lorca y Cernuda, resultan curiosos. De *Yerma* dice que «condensa el dolor de la mujer infecunda. Es un tema tan hondamente humano que casi llega a lindar con lo zoológico» (p. 389). A Cernuda, que ya se había establecido en México, lo incluye en un párrafo dedicado a «otros buenos poetas», lo identifica como «malagueño», cuando era sevillano, y lo despacha, sin valoración crítica alguna, con una apresurada relación de sus libros. Frente a estas debilidades y omisiones, sorprende que dedique sendos capítulos del libro a la zarzuela y al «género chico», aunque, bien pensado, no deja de ser plausible que se incluyan en una historia de la literatura estos géneros populares, habitualmente olvidados.

Pero los méritos de *La literatura española* son muy superiores a sus defectos. Para empezar, que una sola persona haya acometido y culminado con tanta brillantez la empresa de resumir en un volumen de poco más de 400 páginas una historia literaria de quince siglos, es algo desacostumbrado, y de lo que muy pocos son capaces. La erudición y la capacidad de síntesis de Julio Torri son abrumadoras, y, además, aunque no sean fáciles de reconciliar, Torri las hace compatibles. El mexicano nos descubre autores, y lo hace desde los albores de la literatura peninsular, como al hispano-latino Aurelio Prudencio, a quien su maestro Menéndez y Pelayo consideraba el mejor poeta desde Horacio hasta el Dante. También proporciona datos insólitos, como que el rey Fernando VI estimaba tanto a Feijoo que prohibió en una Real Pragmática de 1750 que se le contradijera; o que Juan Valera, destinado en la legación española en Washington, ya sesentón, infundió tal pasión en la hija del secretario de Estado estadounidense, Catalina Bayard, que esta se suicidó por él.

El lenguaje que Torri emplea en *La literatura española* es su mejor activo: un castellano mesurado, sabroso, fluido, exacto. A veces, deliciosamente añejo; a veces, incluso, arcaizante, como cuando habla del «carácter estrenuo del héroe» (p. 68), o de unas sospechas de traición, «en deservicio del rey de Castilla» (p. 111), o de la localidad natal de Elio Antonio de Nebrija, «de donde derivó su cognomento» (p. 119), pero siempre pulcro y jugoso, reciamente musical. Así caracteriza, por ejemplo, a Fernando de Herrera: «Se contentó con un modesto pasar que le proporcionaba su beneficio, pues parece que no fue ambicioso, y sí de ánimo arrogante. Atenaceado por el anhelo de perfección formal, su poesía es de hombre doctísimo» (p. 188). No son infrecuentes estas descripciones de los autores y sus escrituras: Torri atiende al perfil humano tanto como a la dimensión estética, y urde así pasajes de interés casi narrativo, llenos de observaciones perspicaces, no exentas de ironía. En la poesía del padre Juan Arolas, por ejemplo, que se distingue por la espontaneidad de su versificación y su opulenta fantasía, «vibra [...] la cuerda erótica, sin que ello tuviera repercusiones en su conducta», pese a lo cual precisa que «murió loco» (p. 373).

Torri valora singularmente la literatura española por sus aportaciones precursoras. Así, a su juicio, la *Crónica sarracina*, de Pedro del Corral, es la primera novela histórica europea, o la *Silva de varia lección*, de Pero Mexía, crea el ensayo en las literaturas modernas –lo que no deja de ser un juicio audaz, acaso temerario–. Este elogio de la invención hispana se complementa con una atención igualmente cabal a las relaciones entre la literatura nacional y la del resto de los países y tradiciones europeos. Torri es un crítico inteligente, no solo porque identifica las virtudes y los defectos de las obras que analiza, por lo general con acierto, sino porque despliega una urdimbre de ecos y ligámenes que subraya el fluir parejo del arte occidental y el hacerse especular de la literatura, aunque a veces uno tenga la impresión de que esa trama se constituya con hebras secundarias, halladas en los rincones de la historia literaria. A Fernán Pérez de Guzmán, por ejemplo, lo llama «el Saint-Simon castellano» (p. 104); equipara las *Cartas de relación*, de Hernán Cortés, con los *Comentarios* de Julio César; de *Las mocedades del Cid*, de Guillén de Castro, recuerda que, adaptadas por Corneille, «produjeron la primera tragedia del teatro clásico francés» (p. 290); en uno de los relatos de las *Noches de invierno*, de Antonio de Eslava, sitúa la fuente de la última comedia de Shakespeare, *La tempestad*; y, en fin, cree que el drama *Don Francisco de Quevedo*, de don Eulogio Florentino Sanz, es «una de las probables influencias del *Cyrano* de Rostand» (p. 374).

Sus juicios suelen ir acompañados por abundantes muestras de los textos mencionados, y este sentido práctico enriquece la visión que aporta. Su ironía –que a veces se magnifica en humor– está asimismo siempre presente, como cuando recuerda aquella sabia admonición de Fray Luis de León: «Desprenderse de las riquezas es mejor que poseerlas; pero ambas cosas son buenas» (p. 182). Sorprende, sin embargo, que un hombre tan propenso y admirador del giro ingenioso y la pulla erudita no haga apenas mención, salvo una genérica y de pasada, a las enemistades literarias del Barroco, con Góngora y Quevedo a la cabeza. Como tributo a las normas sociales de su tiempo, su pudor es también mucho, aunque Torri, como ha recordado Andrés del Arenal en su excelente prólogo, era un hombre muy dado a rijosidades. De las *Glosas al sermón de Aljubarrota*, atribuidas a Diego Hurtado de Mendoza, dice que contienen cuentos muy graciosos, aunque «demasiado atrevidos», y cita a continuación «uno de los pocos que pueden citarse» (p. 199); y al teatro de Juan de la Cueva lo considera «de una inmoralidad sorprendente» (p. 218).

La literatura española es, en suma, un magnífico ejemplo de análisis individual de la literatura, hecho de acuerdo con unos criterios tradicionales, pero sazonados por el talante singular de un autor tan exigente como inclasificable. Su contenido sigue siendo útil, y su lectura es muy amena.

[Publicado en *Revista de Occidente*, n° 404, enero 2015, pp. 151-156]

UNA SOMBRA QUE DA MUCHA LUZ

[VV. AA., *Sombra roja. Diecisiete poetas mexicanas (1964-1985)*, selección y epílogo de Rodrigo Castillo, Madrid-México: Vaso Roto, 2016, 266 pp.]

La plena incorporación de las mujeres a la poesía —como autoras, pero también como protagonistas de su obra: como seres complejos y autónomos, sometidos a su propia mirada, no al escrutinio de quien las define a su conveniencia— es una de las deudas pendientes de nuestra cultura y una de las revoluciones en curso. Poetas —poetisas, se decía antes— las ha habido siempre, aunque a menudo disfrazadas de hombres, o anónimas, o enclaustradas. Pero es ahora cuando, fortalecida por la democratización de las sociedades y el imperativo de la igualdad, su presencia en la literatura se ha hecho —o se está haciendo todavía— común. No obstante, común no quiere adocenado o indistinto: su voz entrega una visión propia del mundo, y se articula en un aliento y una sintaxis en los que se pueden reconocer inflexiones particulares, independientes de las que caracterizan a cada escritora. Cuando alguien antes despachaba la cuestión diciendo, con aparente objetividad pero embozado desdén, que no había literatura de hombres o de mujeres, sino solo buena o mala literatura, cometía un interesado error: sí hay literatura de hombres y de mujeres —esto es, literatura escrita desde unos presupuestos psicológicos distintos, animada por preocupaciones emocionales singulares, y condicionada por una situación histórica y social asimismo dispar—, y ambas pueden ser buenas y malas. Y está bien que sea así.

La antología *Sombra roja. Diecisiete poetas mexicanas (1964-1985)*, de Rodrigo Castillo, recoge una amplia muestra de la más reciente poesía de México escrita por mujeres. Los años que se indican en el título señalan los de nacimiento de la más veterana, la tamaulipeca Cristina Rivera Garza, y la más joven, la tlaxcalteca Karen Villeda. Este lapso de veinte años largos de poesía femenina mexicana revela algunas certezas —o continuidades—. La primera, y a mi juicio fundamental, es la indeclinable concepción del lenguaje como una herramienta no solo de comunicación, sino también, y aún más, de indagación y conocimiento. En las manos —o los labios— de estas poetas, como en la mayoría de sus pares masculinos, la lengua permite un examen del mundo, pero es, asimismo, una prolongación de la conciencia, de los remolinos de la interioridad. Con ella se pretende quebrantar lo codificado y previsible, las nervaduras opresivas de una realidad tras la cual, o en cuyos huesos, se intuye siempre algo más: *otro lado* desconocido, en penumbra, en el que todo se percibe unido, en el que se reducen las fracturas del ser, en el que, en fin, todo, que sigue siendo incomprensible, es comprendido. Paradójicamente, a esa comunión subterránea o trascendente se accede por medio de la quebradura y la fragmentación. Las poetas de *Sombra roja* no practican el realismo acicalado y modoso que sigue instalado en los cálamos de, por ejemplo, muchas escritoras españolas. No hay en ellas atisbo de ñoñería, ni de cantinelas bobas, ni de certidumbres esterilizantes: la poesía que no quiere molestar no va con ellas. Todas se entregan a una ruptura de las formas que trasluce su propia inquietud existencial y su desacuerdo con las estructuras psicosociales que sustentan una realidad hostil o impenetrable. La desarticulación, de aristas surreales, que cultivan Cristina Rivera Garza, Ana Franco Ortuño, Rocío Cerón, Amaranta Caballero Prado, Claudina Domingo y Karen Villeda, aunque ninguna de las antologadas en *Sombra roja* sea ajena a cierto irracionalismo, promueve, saludablemente, una relación conflictiva con el texto y demanda, en consecuencia, una respuesta activa del lector. Sin embargo, casi todas hablan de temas cercanos, incluso domésticos: la familia —y los recuerdos de infancia—, el deseo y el amor, la tierra y la naturaleza (a las que se muestran especialmente inclinadas Natalia Toledo e Irma Pineda, que escriben en castellano y zapoteco), y, por supuesto, la identidad propia, en la que tiene un peso determinante la condición de mujer: el cuerpo, en particular, concita en muchas una atención entre admirativa y asombrada, pero también los atavíos de una feminidad sojuzgada protagonizan algunas composiciones. Así sucede, por ejemplo, en Carla Faesler, que denuncia en «Top model», «Cuerpo» y el soneto «Güera miss Clairol» las servidumbres de las mujeres entregadas al papel embellecedor que se les ha asignado: «Mundo enredado en alambres de púas,/ narices de perfectas púas, casquitos de patitas fabricadas también púas./ En su mundo ladrado, Dóberman a la entrada,/ tarascada furiosa los esponjosos labios, la adúltera pelusa mordicante», leemos en el primero. No hay frivolidad en estos asuntos ni en la forma de abordarlos; no se aprecian lirismos vacuos ni tonterías. La muerte asoma en los poemas de Cristina Rivera

Garza, Ana Franco Ortuño, Mercedes Luna Fuentes, Irma Pineda, Mónica Nepote –que dedica poemas al maltrato doméstico, a las mujeres asesinadas en Ciudad Juárez y al suicidio colectivo de los adeptos del gurú Marshall Applewhite en 1997–, Minerva Reynosa y Karen Villeda. Otro rasgo de las poetas de *Sombra roja* es la importancia que muchas conceden a lo visual y lo que podríamos llamar fonético-performativo, esa dimensión estrictamente sonora de lo poético, que se cuela en los poemas escritos. Aunque tanto las imágenes, desde los caligramas griegos, como las diferentes manifestaciones de la oralidad han estado siempre presentes en la literatura –más perceptiblemente en los periodos de vanguardia, del último de los cuales estas poetas mexicanas son herederas–, la explosión digital de las últimas décadas ha favorecido su crecimiento y su incorporación natural al lenguaje textual. Así, Karen Villeda, Amaranta Caballero Prado, Rocío Cerón y Carla Faesler funden versos e ilustraciones, ya sean dibujos o fotografías. Y ninguna teme, en fin, el versículo y el poema en prosa, a los que tan reacias suelen ser las poetas más conservadoras, que buscan, en general, el refugio de la escansión y las formas domesticadas por el uso.

Estilísticamente, y más allá de esa querencia por el rompimiento y la experimentación, todas las autoras de *Sombra roja* presentan acentos propios y perfiles bien definidos: el lenguaje arisco, de relumbres metálicos, de Cristina Rivera Garza; la plasticidad telúrica de Natalia Toledo; la entereza acumulativa de Carla Faesler; el discurso plural, despedazado, de Ana Franco Ortuño, y su investigación del cuerpo y la feminidad; la carnalidad atormentada de Mercedes Luna Fuentes; el simbolismo, de acentos incluso neoparnasianos, con el que Mónica Nepote practica la crítica social; la diversidad formal y la riqueza expresiva de Rocío Cerón; la complejidad de la mirada y los juegos léxicos de Amaranta Caballero Prado; el enclavamiento en la tierra y el erotismo elegante de Irma Pineda; el espíritu cósmico de Renée Acosta; la sensualidad y la condensación elocutiva de Maricela Guerrero; el onirismo, la diversidad temática –de la Biblia al boxeo– y el gusto por el poema largo de Sara Uribe; la reflexión existencial entreverada de mensajes publicitarios de Minerva Reynosa; la robustez y policromía del lenguaje de Paula Abramo, y su feroz crítica política; el desafuero, el llamear de Claudina Domingo; la presencia del cine y del agua –metáfora del nacimiento y la muerte– en Xitlalitl Rodríguez Mendoza; y el irracionalismo zarandeador de Karen Villeda. Rodrigo Castillo, el antólogo, cierra la muestra con un ceñido epílogo, cuya afirmación final resume el sentido del libro: «Se privilegia el trabajo con el lenguaje».

[Publicado en *Letras Libres*, n° 188, mayo 2017, pp. 44-45]

CON UNA LIMA ROMPÍAN ANTES LOS PRESOS
LOS LÍMITES DE SU ENCIERRO

[VV. AA., *Limados. La ruptura textual en la última poesía española*, edición y prólogo de Óscar de la Torre, epílogos de César Nicolás y Marco Antonio Núñez, Madrid: Amargord, 2016, 359 pp.]

Casi todas las antologías son hijas del gusto de quienes las hacen. Y es natural que sea así. Al fin y al cabo, la literatura es cosa de disfrutar, y nada hay más justo que entenderla —y ordenarla— por el goce que nos procure. La gran mayoría de selecciones, no obstante, se quedan ahí; solo unas pocas se esfuerzan por indagar en ese gusto y dilucidar las razones que lo explican. Es una tarea difícil: siempre lo es pensar el sentimiento, que es exactamente la mitad de aquella máxima vital de Unamuno: «pensar el sentimiento y sentir el pensamiento». Justamente en esa laboriosa travesía se ha embarcado Óscar de la Torre —seudónimo de Julio César Galán (Cáceres, 1978)— con esta antología, *Limados*, que se erige en ejemplo de crítica fuerte, de crítica inquisitiva y razonadora, que alumbra una idea y la desarrolla con todas sus consecuencias, hasta el punto de que uno no sabe si es una antología de poetas a la que se ha antepuesto una introducción o un ensayo ilustrado con los poemas de algunos autores. Pese a su singularidad, no sorprende demasiado si se conocen los antecedentes de su autor, Julio César Galán, que, en la poética que publicó en 2011 en la página de Internet *Las afinidades electivas*, abogaba por la confluencia de juicio y sensibilidad en la práctica del poema: «1) Una tradición poética en la cual la propia crítica es poesía al mismo tiempo. 2) Si entendemos la poesía como una transposición de una crítica literaria, como un análisis de libros, como un acto de lectura, llegamos a un poema basado en el *análisis, el juicio y la evaluación:* intrapoesía. [...] 4) el poema es un ensayo sensitivo, es una "estructura lógica, donde la lógica se pone a cantar"». A mayor abundamiento, su último y excelente poemario, *Inclinación al envés*, acredita esa toma de partido por una poesía quebrantadora, que hurga en sí misma, que funde la teoría y la práctica, y se ofrece al lector zarandeada y desafiante.

¿Y cuál es la idea fundamental, fruto de esa crítica fuerte, que recorre y articula este *Limados*? La que recoge su título: «la ruptura textual»: una poesía que deshaga las estructuras y límites lingüísticos y estilísticos convencionales —es decir, las reglas léxicas y sintácticas, y, en un sentido más amplio todavía, gramaticales y hasta visuales–, y los dote de un mayor sentido, ensanche su polisemia, su hondura, su proyección, por el procedimiento de reventar costuras y armazones, previsibilidades y tópicos. Se trata de romper la enunciación tradicional: de extrañar el poema y desautomatizar el lenguaje. Pero una duda asalta de inmediato al lector: ¿esto no se ha hecho ya? ¿No hay contradicción en defender una poesía que se aparte de lo acostumbrado, y hasta lo niegue, y que sea, a su vez, reedición de algo ya hecho, de una costumbre anterior, por muy vanguardista que resulte? No, no la hay: la que Octavio Paz llamó «tradición de la ruptura» no consiste en inventar iconoclasias sin pausa, sino en indagar sin pausa, en una actitud incansable de busca, de alejamiento y renovación de lo consolidado o institucional, tan mortecino siempre, tan castradoramente inequívoco. Lo que *Limados* propone y ejemplifica ya se ha hecho antes, sin duda —desde los ismos hasta Derrida—, pero, a veces, innovar consiste en actualizar lo pasado: en adaptarlo a unas necesidades que, transcurrido el tiempo, se perciben renacidas. En cualquier caso, esta tendencia neovanguardista, esta rehabilitada corriente experimental, persigue la subversión léxica y sintáctica y el destripamiento del artefacto poético, pero manteniendo la envoltura, la apariencia discursiva, el *tono* lírico, para evidenciar la discrecionalidad del mensaje y subrayar la relatividad de sus elementos constitutivos. Esta voluntad de transgresión quizá sea el resultado de superponer a la posmodernidad, descreída de los absolutos —el autor, las doctrinas estéticas y cualquier forma de certidumbre artística—, la indignación coyuntural por la manipulación de los mensajes, por la mentira rampante: por la certeza de que todo enunciado comunica una interpretación de la realidad acorde con los intereses privativos de su emisor. Algunos poetas, como los que se recogen en *Limados*, se esfuerzan, en este contexto, por desarmar el prodigio: por revelar los materiales constructivos y las retóricas empleadas, o por manipularlos, a su vez, para que sea patente su naturaleza arbitraria y su siempre posible adulteración.

Los autores seleccionados son, por orden cronológico, Ángel Cerviño (1956), Alejandro Céspedes (1958), Yaiza Martínez (1973), Enrique Cabezón (1976), Julio César Galán (1978), Juan Andrés García Román (1979), Mario Martín Gijón (1979) y María Salgado (1984), que el antólogo se esfuerza por presentar como una «muestra» y no como una generación. Aceptándolos como muestra se atenúan algunas ausencias, como las de Julián Cañizares Mata, Óscar Curieses, Vicente Luis Mora o Agustín Fernández Mallo, que ampliarían coherentemente la nómina. Todos los autores presentes en *Limados*, aunque cada cual con sus técnicas, participan de la construcción progresiva, del proceso sin fin, que es el poema. La poesía es, para Óscar de la Torre y sus antologados, la «traducción de lo inacabado», una realidad eternamente inconclusa y una experiencia extrema: la de lo que no conoce fondo, marco ni fin, aunque no tenga más remedio que presentarse con una apariencia determinada, que íntimamente se considera solo provisional. Por eso en *Limados* se defiende una «poesía de la lectura» o «de la otredad»: la que necesita imprescindiblemente al lector, a un lector interrogativo, dinámico, partícipe, co-creador (no cloqueador), un lector que pesquise, averigüe y complete, aquel «lector macho» que tan pertinente pero también tan groseramente reclamaba Julio Cortázar.

La paradoja que alimenta la poesía por la que aboga *Limados* es esta: la ruptura del poema pretende multiplicar el poema (y, por lo tanto, también el yo), abrirlo, magnificarlo, hacerlo más vivo, más posible, menos cierto. Los autores de esta antología disienten de la certidumbre, esa cosa muerta, y se sitúan en los antípodas de quienes la reclaman como bálsamo para las tribulaciones del hombre, vindicación de la que hemos tenido algún ejemplo reciente, tan lamentable como inane. Ellos, por el contrario, coinciden con Emily Dickinson en hallar consuelo solo en lo inestable. Todos buscan una textualidad poética caleidoscópica. Todos persiguen las afueras del poema para que también sean el poema; o su silencio, para que diga; o su negación, para que se afirme y se refute; todos cabalgan en una permanente desarticulación, que configura una paradójica entereza.

Óscar de la Torre insiste en su magno prólogo –que es, como digo, un meritorio ejemplo de investigación literaria– en que lo que hacen los autores *limados* no es metapoesía, sino «destrucción del texto poético», entendido este como obra conclusa, intangible, definitiva, perfecta. De la Torre, y todos, defienden un lenguaje detonado, un texto expansivo, al que cada uno llega por diferentes vías logofágicas: el «ostracón», el poema hecho con restos o ruinas, ejemplificado por Alejandro Céspedes; la «lexicalización», que fractura el texto y aísla los elementos que lo integran por medio de las barras, practicada por Ángel Cerviño; el «leucós», que utiliza el blanco de la página para multiplicar el significado del poema, y que encontramos en María Salgado; el «tachón», del que son representantes Enrique Cabezón y Julio César Galán, que tiene un ilustre antecedente en José Miguel Ullán, y que revela que «escribir es tachar, ensuciar es limpiar, ya que se intenta enseñar esa censura del autor con su obra, la autocrítica como forma de autobiografía versal. Por eso convergen lo cerrado y lo embrionario, el afán de perfección y la impureza»; la «adnotatio», o adición de notas a pie de página, que se incardinan creativamente en el poema y, a la vez, lo vuelven indeterminado, turbulento, a la que recurren Ángel Cerviño y Yaiza Martínez; la polifonía fragmentaria e intertextual de Juan Andrés García Román; el desmontaje del signo lingüístico, protagonizado por Mario Martín Gijón, cuyos poemas aparecen saturados de «vocablos desflorados en semas»; el recurso a «babel», o la incorporación de otros idiomas a los poemas, como hacen Mario Martín Gijón y María Salgado. Todos estos mecanismos, y otros de menor presencia, desdibujan (y, por lo tanto, amplían) los límites (y el contenido) del texto. Como escribe Óscar de la Torre, «el poema deja de ser un espacio definido [...] la lectura se bifurca y se disemina; el texto deja de ser algo lineal y se vuelve objeto doble o simultáneo, progresivo y retroactivo, incluso aleatorio [...] una derrota del significado por la amplitud del sentido: limar y liberar el texto en otros textos». Se desea el alargamiento del lenguaje, el dinamismo comunicativo y cognoscitivo, la obra proteica y creciente. Y no esconde el proceso creativo: por el contrario, se incorpora al poema, como elemento que ratifica su temporalidad y su mutabilidad.

Un rasgo más es de subrayar en este *Limados*, su carácter colectivo, y no solo por su condición de antología: el antólogo es otro, dado que Julio César Galán, siguiendo una propensión a la heteronimia que lo singulariza en el panorama de la poesía española actual, ha optado por firmarlo bajo el seudónimo de Óscar de la Torre (un *alias* que se suma a otros que ya tiene establecidos: Pablo Gaudet, Luis Yarza y Jimena Alba); y los epiloguistas (o autores de un «epílogo bicéfalo») son dos: César Nicolás y Marco Antonio Núñez. El primero firma un posfacio estupefaciente, en el que abundan la ironía y hasta el sarcasmo con propios —el propio libro y él mismo— y extraños, y el segundo entrega una no menos inesperada fábula oriental, seguida por algunas atinadas observaciones críticas. Lo singular de este espíritu colectivo es que no promueve la tribalidad ni el sectarismo, sino que engloba a un conjunto de voces independientes, que actúan, en general, en los márgenes del espacio permitido a la poesía, o abiertamente fuera de ellos. Quizá por esta libertad de criterio y creación que subyace en la antología, quienes la componen se permiten, como ya se ha dicho en el caso de César Nicolás, no tener miedo a la polémica ni a la reacción —si es que llega a producirse en el mortecino territorio de la crítica española actual, por no hablar de la catatónica academia– y utilizar, así, un lenguaje percutiente y desembarazado. Óscar de la Torre, por ejemplo, habla del «redil chusco de la Generación de los 80», y tanto él como César Nicolás arremeten sin reparos contra la epigonalidad, obsesión teórica de ambos: Óscar de la Torre, «aquel ignaro friki de Teruel», escribe Nicolás, «tenía el valor de decir [...] esa enfermedad contagiosa, mal común que nos afecta a todos y que llamaremos para entendernos *epigonitis* ("putrefactos" y "mafiosos", de ilustre tradición vanguardista, son términos complementarios para calificar de paso a muchos de esos escritores...)».

[Publicado en *Cuadernos Hispanoamericanos*, n° 801, marzo 2017, pp. 158-161]

EL HOSPITAL QUE NO SANA

[Héctor VIEL TEMPERLEY, *Obra completa*, textos críticos de las ediciones originales de Fernando Sánchez Sorondo y Enrique Molina, lecturas de Eduardo Milán y Santiago Sylvester, colección Transatlántica/serie Portbou, Madrid: Amargord Ediciones 2013, 420 pp.]

En una vida relativamente corta, de 1933 a 1987, Héctor Viel Temperley publicó nueve libros de poesía. Son bastantes. Varios de ellos contaron con el aval crítico de poetas importantes, como Enrique Molina, algunos de cuyos textos se reproducen, total o parcialmente, en esta *Obra completa*. Además, Viel colaboraba en algunos de los suplementos literarios más influyentes de la Argentina, como el del diario *La Nación*, lo cual contribuía a subrayar su presencia en el mundo de la cultura. Sin embargo, cuando murió, víctima de un tumor cerebral, Viel era un completo desconocido fuera de su país, y, pese a su abundante actividad literaria, no muy conocido dentro de él. Su poesía no movía al entusiasmo, aunque se le reconocían una factura aseada, una imaginería vivaz y alguna originalidad, que consistía, paradójicamente, en ser convencional, por lo menos al principio. Su primer libro, *Poemas con caballos*, de 1956, revela a un autor ducho en clasicismos, con un manejo diligente de la rima y la escansión. De hecho, uno de los aspectos más sorprendentes del libro, que se reconoce también, aunque con matices, en los que le siguieron a finales de los sesenta y principios de los setenta, es su hechura rigurosamente tradicional, cuando tantos autores argentinos, y del resto del mundo hispanohablante, se esforzaban por encontrar una forma, caótica, desmadejada, a la medida de los cataclismos contemporáneos y de la irracionalidad subversiva que había sido el legado fundamental de las vanguardias.

En *Poemas con caballos* se revelan ya algunos de los temas que acompañarán a Viel Temperley durante toda su vida, y singularmente dos: el mundo natural, con esos caballos del título —a los que se alude, con reiteración, en los poemas, como si fuesen variaciones sobre un mismo tema— y los grandes paisajes que recorren, con las botas, el poncho y el cuchillo del gaucho, con el cielo y las nubes inacabables, con los ríos y el mar: con el agua, en la que siempre nada; y Dios. De hecho, este es su tema principal: *Poemas con caballos* constituye un ejemplo de poesía religiosa, en el que, con una retórica muy ceñida, a la que asoman el libro de los Salmos y San Juan de la Cruz, se dialoga con la divinidad, o se apela a ella. Algunos poemas son magníficos, como los números 5 y 6 de la sección «El arma». El primero dice: «Ahora que soy de poros sobre el pasto,/ y que tendido aquí en tu sombra siento/ que entre la hierba el cielo es todavía/ azul, como es azul arriba nuestro;/ uno en el otro, todavía en tierra,/ pero mojados ya por todo el cielo,/ el cuerpo en medio del azul, sin alas,/ pero entre nubes, contra el sol y el viento,/ tú en mi mano, tú azul, tú por el aire,/ yo te veo, mujer, y yo me veo». *El nadador*, de 1967, prolonga estos asuntos, aunque con menor sujeción a los esquemas métricos tradicionales. La sobriedad, no obstante, predomina, y también los apóstrofos a Dios: «Soy el nadador, Señor, soy el hombre que nada./ Soy el hombre que quiere ser aguada/ para beber tus lluvias/ con la piel del pecho./ Soy el nadador, Señor, bota sin pierna bajo el cielo», dicen los primeros versos del primer poema de libro, «El nadador». Dos años después, en 1969, aparece *Humanae vitae mía*, cuyo título es un eco directo de la encíclica que Pablo VI había proclamado en 1968, *Humanae Vitae*, sobre la regulación de la natalidad. Viel entrega aquí una biografía lírica, en la que da cuenta de su nacimiento, su infancia y su familia, y lo hace con escasa sujeción ya a moldes formales y con acentos en los que cabe el humor, y hasta el disparate. Al hilo de estos rompimientos, ciertas negruras afloran también: «Yo no nací, sino que por el vientre/ de mi madre/ pasé del África a este zoológico/ policial de la vida.// Mi padre nunca pudo entrar/ más allá del vientre de mi madre./ De modo que mi padre/ no pudo ser mi padre». Las obsesiones perduran: Viel prosigue sus soliloquios con Dios, aunque imbuido de ese nuevo espíritu moderadamente iconoclasta, como cuando afirma que no quiere oler a santo, ni siquiera a loción para después del afeitado; y también su pasión por el agua –la lluvia, el arroyo, el Mare Nostrum–, que se erige en metáfora de la existencia –una envoltura inasible en la que manoteamos sin descanso hasta morir– o acaso de la salvación. *Plaza Batallón 40*, publicado en 1971, un retrato de la geografía argentina, despliega cierta novedosa narratividad, que no desdeña lo coloquial, y atiende con más ímpetu a lo cotidiano. También incorpora aires populares. La mezcla de registros arroja adyacencias chocantes, como la de las citas que encabezan el poemario, un fragmento de una polca paraguaya y otro del Antiguo Testamento («Milicia es la vida del hombre»), o este pasaje, levemente blasfemo, de «Eleodoro Mansilla»: «siento que he cambiado/ un niño, un camarada, un pedazo de hostia,/ por una alfombra obispo,/ una puta y un baño». *Febrero 72-Febrero 73*, de 1973, insiste en micciones y otros ejercicios escatológicos, y recurre también a ciertas bajezas animales, como las ratas y los caracoles, que babean y se arrastran. Abunda, asimismo, en la cotidianidad y la desarticulación, pero las combina con composiciones pautadas, austeramente musicales. En la primera sección, cinco poemas se dedican a España (Segovia, Aranjuez, Almuñécar, Mérida y Sevilla, con la «Placita de Santa Marta,/ donde no fornica nadie») y cuatro más, al amor, otra de las preocupaciones permanentes de Viel: «tus pezones son/ del color de tus párpados». En *Carta de marear*, de 1976, Viel se descoyunta, se surrealiza, aunque los poemas sigan ceñidos a su vida, al polvo minucioso de su existencia, o a la espuma trascendente de sus aguas: relatos de la infancia, del pueblo en el que se criara, de las playas en que ha nadado. Enrique Molina señala, en la nota de la contraportada escrita para esta edición, cómo las conexiones que establece la poesía de Viel Temperley crecen como políperos en la oscuridad, y subrayan el carácter no lineal, sino irradiante, de sus narraciones. Las imágenes de *Carta de marear* son imágenes torturadas, o, por lo menos, imágenes que intentan esbozar a un hombre torturado: «estoy como una cueva taponada/ con algodones húmedos, mis fosas/ repletas de anestesia y de torpeza,/ ahíto de almidones de esperanza,/ descompuesto de estar donde no debo». Curiosamente, Viel vuelve a la escansión, pero lo que sus endecasílabos y alejandrinos abrazan ahora son tropos desaforados, vuelos de la sinrazón. De hecho, toda la poesía de Viel Temperley parece un alejamiento progresivo de las formas y los contenidos clásicos, de las estructuras prudentemente melódicas, con recaídas y añoranzas, sí, pero sin vacilaciones esenciales; un alejamiento que se dirigía, aunque quizá ni el propio Viel lo supiera, al horizonte de un estallido, la deflagración terrible que será *Hospital Británico*. *Legión extranjera*, que ve la luz en 1978, de poemas encadenados, sugerentemente absurdos, sigue narrando situaciones inverosímiles, como la presencia de un gorila en casa: su sentido resulta siempre escurridizo. El amor se ha deshilachado en un erotismo basto, que trae a los poemas falos, vaginas y semen, y también la personalidad del yo lírico se deshilacha. Ecos de soledad, de enfermedad, de una muerte largamente presentida, o largamente acariciada, se acumulan en sus páginas, y un fulgor sombrío, en el que sigue manifestándose, no obstante, la obsesión deífica del poeta, impregna cuanto dice: «¿Puede una María anunciar a María?/ una vagina con esposo puede guardar el Himen?/ duerme el húsar de la muerte con las piernas abiertas/ y amanece amanece amanece amanece». *Crawl*, de 1982, prefigura, en algunos aspectos, el inminente y definitivo *Hospital Británico*: los versos se descomponen visualmente, aunque se mantengan engarzados mediante determinados artificios retóricos, como la anáfora: todos los poemas empiezan con la frase «Vengo de comulgar...». Los motivos del mar y de la natación, símbolos, una vez más, de la navegación por el mundo, o de la fusión del hombre con Dios, unifican el poemario, cuyas composiciones son líquidas, como lo que describen: el agua y la mente del poeta. La naturaleza axialmente religiosa del libro, como la de toda la poesía de Viel Temperley, se reconoce en muchos rasgos, y se explicita en la nota epilogal, que resulta casi eclesiástica: «*Crawl* fue compuesto, en alabanza a la presencia misericordiosa de Cristo Nuestro Señor, entre el 1º de febrero de 1980 y el 24 de junio (Natividad de San Juan Bautista) de 1982». Por fin, en 1986, se publica *Hospital Británico*, aunque la fama, nacional e internacional, solo le llegaría al poemario, y a su autor, cuando se incluyera en *Las ínsulas extrañas*, la antología de poesía en lengua española, de la que fueron responsables José Ángel Valente, Andrés Sánchez Robayna, Eduardo Milán y Blanca Varela, publicada en 2002. Aunque he escrito que la poesía anterior de Viel se orientaba a este libro —y, añado ahora, se justificaba por él—, es revelador observar que, de los fragmentos fechados que integran el poemario, algunos se remontan a fechas tan lejanas como 1969 o 1976. Si estos años corresponden a los de su composición, quiere decir que *Hospital Británico* no ha surgido de la nada (cosa, por otra parte, que casi nunca sucede en poesía), sino que Viel llevaba fraguando su obra maestra prácticamente toda su vida como poeta, por debajo, o más allá, de la que escribía y publicaba. Como una exudación, pues, o decantación secreta de esa labor de décadas, fiel a ciertas obsesiones, pero cada vez más alejada de sus orígenes, aparecen estos versículos alucinados y alucinantes, dispuestos en bloques —algunos muy breves, otros rotundos como estelas funerarias—, que describen el conflicto final entre dos planos: el de la conciencia humana, partícipe del aturdimiento y la enfermedad, lacerantemente activa en la antesala de la muerte —Viel atribuía el surgimiento del poema a la locuacidad de un cerebro trepanado—, y el de la certeza de una realidad trascendente. La primera, la realidad humana, sigue nutriéndose de lo que captan los sentidos, aun alterados por el dolor físico y la pequeñez del nosocomio, y entrega percepciones de una radicalidad monstruosa, que conviven con latigazos de éxtasis, con visiones de Dios, identificado con *Christus Pantokrator*, de una radicalidad inverosímilmente superior: «Alguien me odió ante el sol al que mi madre me arrojó. Necesito estar a oscuras, necesito regresar al hombre. No quiero que me toque la muchacha, ni el rufián, ni el ojo del poder, ni la ciencia del mundo. No quiero ser tocado por los sueños». *Hospital Británico* es un batiscafo que se desplaza por un universo de clarividencia y sueño, de pensamiento y delirio, tropezando, a veces, con grandes masas de recuerdos, o con abismos de intuiciones, que se abren a la contemplación como algas gigantescas, bañadas por la luz lechosa de las profundidades. Y también es un asteroide, el asteroide del yo, que se desintegra, con la incandescencia tenebrosa a la que inducen los fármacos, al rozar la atmósfera de la divinidad en la que se cree, de la gloria que nuestra creencia vuelve incontrovertible. Santiago Sylvester, en su esclarecedora lectura epilogal, ha subrayado la condición de poesía mística de *Hospital Británico*, su ejemplo de iluminación, de «flash metafísico», pero asentado en el paisaje urbano, con el «lenguaje alarmante de la contemporaneidad». Es cierto: Viel Temperley culmina con este poemario, sin parangón en la poesía en castellano del siglo XX, una vida obsesivamente entregada a la meditación sobre Dios, a la intimidad con Dios. Pero lo hace sin programa: *Hospital Británico* es una explosión espiritual, cuyo detonante es un cuerpo concluido, pero que se resiste a morir.

[Publicado en *Quimera*, n° 373, diciembre 2014, p. 64]

MARÍA ZAMBRANO, POETA

Hablar de María Zambrano cuando se habla de filosofía y poesía resulta una obviedad. Si ha habido un autor en las letras españolas que ha dedicado tiempo y esfuerzo al análisis de las relaciones entre ambas disciplinas, de sus semejanzas y diferencias, de su mutua permeación y sus disensos inevitables, ha sido la pensadora de Vélez-Málaga. Su libro *Filosofía y poesía*, publicado en 1939 —el quinto de su producción, tras *Poesía y pensamiento en la vida española*, también de 1939: los dos vieron la luz en México, donde empezó su exilio—, constituye el que acaso sea el mejor acercamiento a esa fértil aunque problemática dualidad, no solo en la literatura en español, sino en toda la cultura contemporánea. Pero resulta llamativo que ese interés de María Zambrano únicamente haya suscitado reacciones —y estudios— de naturaleza filosófica, y muy pocos —o ninguno— de naturaleza poética. Zambrano aparece en la historia del pensamiento español como filósofa, algo que ciertamente es: discípula de Ortega y Gasset, Xabier Zubiri y Manuel García Morente, sintetiza con éxito las tradiciones existencial, fenomenológica y vitalista, la de Spinoza y la de los griegos, inspirada en el pensamiento de Plotino, asumiendo, además, el bagaje de la mística, tanto oriental como hispana, y alumbra una obra compleja y dilatada, que se extiende desde su primer libro, *Nuevo liberalismo*, de 1930, hasta el póstumo *La aventura de ser mujer*, aparecido en 2007. Sin embargo, en esta obra ingente, integrada por 43 títulos, la atención a la poesía es constante, y no solo por los ya indicados *Filosofía y poesía* y *Poesía y pensamiento en la vida española*: en Chile, en fecha tan temprana como 1936, prepara la *Antología de Federico García Lorca* y el *Romancero de la Guerra Civil Española*; y a lo largo de su vida mantiene relaciones de amistad con poetas tan destacados como Emilio Prados, José Bergamín, Jorge Guillén, René Char y José Lezama Lima, a la mayoría de los cuales, además, dedica incisivos ensayos. En su pensamiento resulta esencial el concepto de «razón poética», una razón que hermana la intuición y la imaginación creadora con la especulación, y que, así articulada, intenta penetrar en lo más profundo del espíritu, para descubrir lo oculto al conocimiento, lo sagrado, que se revela por medio de la poesía. «Poesía y razón se completan y requieren una a otra –sostiene Zambrano en *Los intelectuales en el drama de España y escritos de la guerra civil*–. La poesía vendría a ser el pensamiento supremo por captar la realidad íntima de cada cosa, la realidad fluyente, movediza, la radical heterogeneidad del ser. Razón poética, de honda raíz de amor».

Pero su vinculación con la poesía llega aún más lejos, hasta la propia condición de poeta. No es casualidad que su maestro, Ortega y Gasset, fuese también un escritor de fuste, en cuyo estilo se reconocen las metáforas tanto como los silogismos; ni que los principales valedores de la Zambrano exiliada, y preterida por la cultura oficial, fueran poetas, como José Ángel Valente –a quien Zambrano correspondió con perspicaces estudios, como «La mirada originaria en la obra de José Ángel Valente» o «José Ángel Valente por la luz del origen»— o José-Miguel Ullán, al que se debe una antología esencial de Zambrano, *Esencia y hermosura* (Barcelona, Círculo de Lectores / Galaxia Gutenberg, 2010). María Zambrano escribió poemas, pero no es solo por eso por lo que se la puede considerar poeta —al fin y al cabo, la literatura está llena de versificadores sin alma—, sino por algo mucho más importante: por la propia naturaleza —o textura— de su obra. Los cinco poemas de su autoría son «Merci bien», escrito originalmente en francés, entre 1946 y 1947; «Delirio del incrédulo»,[1] compuesto en Roma en 1950; «El agua ensimismada», fechado en La Pièce en 1978; «De l'Étoile des Alpes», de 1983; y el inacabado —o más bien solo borrador— «Pámpano, rosa, las eras...», que debió de ser escrito también entre 1946 y 1949. Jesús Moreno Sanz los dio a conocer, excepto «De l'Étoile des Alpes», en *María Zambrano. Tres poemas y un esquema. (El Ángel del Límite y el confín intermedio)* (Segovia, Instituto Francisco Giner de

---

[1] Transcribo este poema, a título de ejemplo de esta faceta creativa de Zambrano: «Bajo la flor, la rama/ sobre la flor, la estrella/ bajo la estrella, el viento./ ¿Y más allá? Más allá ¿no recuerdas?, sólo la nada/ la nada, óyelo bien, mi alma/ duérmete, adúermete en la nada/ si pudiera, pero hundirme.// Ceniza de aquel fuego, oquedad/ agua espesa y amarga/ el llanto hecho sudor/ la sangre que en su huida se lleva la palabra/ y la carga vacía de un corazón sin marcha./ De verdad ¿es que no hay nada?/ Hay la nada/ y que no lo recuerdes. Era tu gloria.// Más allá del recuerdo, en el olvido, escucha/ en el soplo de tu aliento./ Mira en tu pupila misma dentro/ en ese fuego que te abrasa, luz y agua.// Mas no puedo. Ojos y oídos son ventanas./ Perdido entre mí mismo no puedo buscar nada/ no llego hasta la Nada» (*El agua ensimismada*, p. 25).

los Ríos, «Pavesas. Hojas de Poesía», n° VII, 1996; segunda edición en Madrid, Endymion, 1999), y los cinco fueron recogidos, poco después, en *El agua ensimismada*, en edición de María Victoria Atencia (Málaga, Universidad de Málaga, 1999; segunda edición en 2001). Con independencia de estos textos convencionalmente líricos, lo relevante, como ya he apuntado, es que los mecanismos de la escritura de Zambrano, aun la dedicada a las más arduas cuestiones metafísicas, son, en esencia, poéticos. En *El pensamiento de Séneca*, de 1944, afirma que «la virtud suprema es la elegancia», y esa elegancia es justamente la que se proyecta en su estilo, que es la forma en que se manifiesta su inteligencia: un estilo poético, es decir, paradójico, sinuoso, fluvial, ardiente, repetitivo, polisémico, armónico, metafórico, ambiguo y exacto; un estilo, también, muy visual, casi tropical –por su exuberancia léxica y la profusión de tropos–, que se despliega con una nobleza oratoria, sin que por ello resulte oneroso, ni renuncie a un susurro femenino: tiene densidad, pero no peso; es incisivo, pero resulta natural; ilumina, pero no ciega, quizá porque, como querían los místicos, que tanto influyeron en ella, su palpitar oscuro crea claridad, como el centro de la llama. Y en ese estilo radicalmente lírico resulta fundamental el impulso sonoro, el tirón sensible que empuja a la escritura y crea, por resonancia, el pensamiento. La razón de María Zambrano es germinativa, pero su brotar nace de la música: con ella desnuda lo invisible, y accede a esas honduras de la conciencia en las que se edifica el ser. Sin embargo, la escritura de Zambrano ha sido vista siempre, hasta donde tengo conocimiento, como una expresión racional y una modalidad ensayística, pero no ha merecido el análisis de su proceder poético, esto es, de la aplicación práctica de esa razón poética que tanto reivindicó. No pretenderé en este trabajo una visión global de sus mecanismos elocutivos –la extensión de su obra hace temerario, e inadecuado para el espacio de un artículo, un propósito así–, pero sí una cala, o un moderado abordaje, en algunos de sus rasgos expresivos, que son, a mi juicio, específicamente líricos. Utilizaré para ello un pasaje de *Claros del bosque*, que no es solo su mejor libro, sino que, reveladoramente, su autora ha definido como «algo inédito salido de ese escribir irreprimible que brota por sí mismo y que ha ido a parar a cuadernos y hojas que nadie conoce, ni yo misma, reacia que soy a releerme. [...] Nada es de extrañar que la razón discursiva apenas aparezca». En efecto, la razón poética ocupa su lugar desde el principio, y no solo porque Zambrano entienda la poesía como lo que descubre al ser –como aquello que abre claros en la espesura de la conciencia, para que podamos ver lo que se esconde en ella–, sino porque el aliento lírico impregna de la primera a la última página. El fragmento analizado se titula «Los ojos de la noche», y se encuentra en el capítulo VII, «Signos» (cito por María Zambrano, *Claros del bosque*, Barcelona, Seix Barral, 1986). Dice así:

> Acaso no hubo siempre en la vida, y en el ser humano con mayor resalte, esa ceguera que aparece ser congénita con el poder de moverse por sí mismo. Todo lo vivo parece estar a ciegas; ha de haber visto antes y después, nunca en el instante mismo en que se mueve, si no ha llegado a conseguirlo por una especial destreza. El ver se da en un disponerse a ver: hay que mirar y ello determina una detención que el lenguaje usual recoge: «mira a ver si...», lo que quiere decir: detente y reflexiona, vuelve a mirar y mírate a la par, si es que es posible.

Parece que sea la ceguera inicial la que determine la existencia de los ojos, el que haya tenido que abrirse un órgano destinado a la visión, tan consustancial con la vida, como la vida lo es de la luz. Y los ojos no son bastante numerosos y, al par, carecen de unidad. Y ellos, por muchos que fueran, no darían tampoco al ser viviente la visión de sí mismo, aunque solo fuese como cuerpo. El que mira es, por lo pronto, un ciego que no puede verse a sí mismo. Y así busca siempre verse cuando mira y, al par, se siente visto: visto y mirado por seres como la noche, por los mil ojos de la noche que tanto le dicen de un ser corporal, visible, que se hace ciego a medida que se reviste de luminarias centelleantes. Y le dicen también de una oscuridad, velo que encubre la luz nunca vista. La luz en su propia fuente que mira todo atravesando en desiguales puntos luminosos los ojos de su faz, que descubierta abrasaría todos los seres y su vida. La luz misma que ha de pasar por las tinieblas para darse a los que bajo las tinieblas vivos y a ciegas se mueven y buscan la visión que los incluya.

Mas luego bajan las alas ciegas de la noche, caen y pesan, siendo alas, sobre el que vive anclado a la tierra. Y la sombra de esas alas planeará siempre sobre la cabeza del ser que anhela la visión que le ve, y que vela sus ojos cuando, movido por este anhelo, mira.

Y de esas alas de la noche ¿no habrá contrapartida en las veloces alas del nacer del día y en las de su ocaso —llamas, fuego que tanto saben a amenaza?

Y aparecen las alas del Querubín, sembradas de innumerables, centelleantes ojos. Un ser de las alturas, de la interioridad de los cielos de luz, que aquí solo en imagen se nos da a ver; alzadas las alas, inclinada la cabeza, imponiendo santo temor al anhelo de visión plena en la luz que centellea en los ojos de la noche.

El título del pasaje es inmediatamente revelador de su condición poética: los ojos de la noche son, a la vez, una personificación y una metáfora. Gracias a ellos, la noche se convierte en ser –en el segundo párrafo lo reconocerá explícitamente: invoca ahí a «seres como la noche»– y la oscuridad ve, lo cual constituye una forma inversa de afirmar que también los seres humanos somos capaces de distinguir en lo oscuro. Zambrano se vincula aquí a una larga tradición de poetas y pensadores –que empieza en el Libro de los Salmos, atraviesa la mística, a la que tanta consideración ha prestado en sus libros, y desemboca, entre muchos otros, en José Ángel Valente, uno de sus mejores discípulos– que han reivindicado la oscuridad como luz, esto es, que han afirmado el misterio como otro modo de esclarecer lo incomprensible, y, al hacerlo, han defendido la trascendencia existencial –y estética– de lo no codificado por la razón. «Los ojos de la noche» está plagado de recurrencias, que, por una parte, asientan la información y, por otra, atraen la atención al hecho mismo de la repetición. Si lo hacen con eficacia, es porque no son reiteraciones evidentes, tan cercanas a la redundancia, sino insistencias disimuladas, barnizadas por una morfología cambiante. Los políptotos menudean en el pasaje, pero sobreabundan en el primer párrafo: algunos son nominales, como «ceguera» y «ciegas», «vida» y «vivo»; otros, verbales, como «moverse» y «mueve», «mira», «mirar» y «mírate», y «visto» y «ver», cuyo infinitivo, por cierto, se repite tres veces, afianzando, con el políptoton anterior, el relativo a mirar, la intención central del fragmento: subrayar el prodigio y la necesidad de la visión, la contemplación de lo escondido o lo imposible; otros, en fin, son mixtos, como «detención» y «detente». Son significativas, asimismo, las aliteraciones, que dotan al pasaje de una sutil musicalidad y que actúan a modo de sostén fónico: sobre un sonido emparentado, el pensamiento parece desarrollarse con mayor facilidad; o acaso sea al revés: el propio pensamiento las genera, al hilo de su desenvolverse, para ganar firmeza o sugestión. Destaca la aliteración del fonema /e/, que hilvana casi todo el párrafo: «siempre», «ser», «resalte», «ceguera que aparece ser congénita con el poder de moverse», «parece», «mueve», «especial», «ver», «disponerse a ver», «lenguaje», «recoge», «lo que quiere decir», «vuelve», «si es que es». La aliteración preserva el fonema vocálico, pero se amplía en el grupo silábico /de/: «después», «destreza», «determina una detención» y «detente». También cabe apreciar otros mecanismos rítmicos en este inicio del epígrafe, como la similicadencia determinada por los muchos infinitivos: «ser», «poder», «estar», «haber», «ver», «mirar», «decir». Hay, en fin, una hipérbole, «todo lo vivo parece estar a ciegas», que dibuja la enormidad —y, con ello, subraya el impacto estético— de aquello contra lo que se lucha, de aquello para lo que es necesario ver: superar la propia oscuridad.

El segundo párrafo se vincula con el anterior mediante un inicio que reitera algunos de los sintagmas que constituyen las premisas del primero: «parece que [...] la ceguera...»; antes hemos leído: «esa ceguera que aparece ser congénita [...]. Todo lo vivo parece estar a ciegas». La cohesión textual trasluce —y refuerza— la cohesión del pensamiento. Las recurrencias prosiguen en esta parte. A veces, son meras insistencias léxicas: por ejemplo, «al par» (que conecta, además, con el «a la par» del final del párrafo precedente), «noche» y «tinieblas» aparecen dos veces; «ciego/gas», «ojos» y «vida» (más «viviente»), tres; y «luz», cuatro (a las que se suman también otros términos de su familia semántica: «luminarias», «luminosos»). Pero es en el juego que establece la autora entre ver y mirar, con todos sus derivados léxicos, donde más se aprecia, en este punto, el *coupling* o emparejamiento que constituye una de las características más reconocibles de lo poético. Esta abundancia, que a veces adopta una forma paralelística y otras antitética u opositiva, suscita de nuevo las figuras de la dicción a las que ya se ha hecho referencia antes: los políptotos, las aliteraciones y las similicadencias: «El que mira es, por lo pronto, un ciego que no puede verse a sí mismo. Y así busca siempre verse cuando mira, y al par se siente visto: visto y mirado por seres como la noche». La manipulación del vocabulario, su moldeamiento tenaz, en busca constante de matices para la plasmación de las ideas, revela una expansividad connotativa, un como estallido inmóvil de la razón, que manotea alrededor con el fin de apresar todas las posibilidades que ofrece el lenguaje para articular cuanto bulle en la conciencia, que persigue todas las inflorescencias del verbo y todos los claroscuros del sentimiento.

También la paradoja, otro de los mayores fulminantes poéticos, ilumina —y nunca mejor dicho— este pasaje. A la verdad se accede, en Zambrano, por oposición. Al igual que, para ser exacto, muchas veces hay que ser metafórico —porque la metáfora libera a lo gastado de su ajadura y vuelve a lustrar su núcleo significativo—, la paradoja, en cualquiera de sus modalidades, desvela la inteligencia inhumada en lo común, vuelve desconocido lo aceptado. Así, en «Los ojos de la noche», el que mira es ciego, y mira, no para ver a otros, sino para verse a sí; la noche, igualmente, se vuelve ciega al inundarse de luz; y la oscuridad es el velo de la luz. Las paradojas del fragmento reflejan la reflexividad de las acciones descritas: el que mira no puede verse, y, moviéndose en el seno de las tinieblas, «vivo y a ciegas», solo aspira a «una visión que lo incluya». Actos y pretensiones surgen de sí para volver a sí. También la luz, en el seno de la oscuridad, mana de sus fuentes ocultas y se da a los que no ven, para volver después a su origen, a la noche. Todo describe un movimiento circular, acaso porque, como dice Zambrano en otro lugar de *Claros del bosque*, «tiende la belleza a la esfericidad», y porque el pensamiento ha de hincarse en la conciencia, ha de volver al ser: no cabe, para la filósofa y poeta malagueña, una razón inhumana, un discurso que no hable, en primer lugar, al sujeto que lo emite. No hay solipsismo, sin embargo, en ello, sino una profesión de fe en el *logos* y una simpatía sensible por el ser humano: solo un hombre vivificado por su discurrir, concernido por su angustia, puede atender a lo ajeno, a lo que permanece fuera de sí, e integrarlo en su propia entraña viviente.

Otros dos procedimientos expresivos, íntimamente vinculados, son reseñables en este segundo párrafo de «Los ojos de la noche»: la anáfora y el polisíndeton. Observamos la preferencia de Zambrano por la coordinación de los sintagmas y la frecuente repetición de la conjunción «y». La estructura anafórica y el encadenamiento polisindético se aprecian en todo el fragmento: «Y los ojos no son bastante numerosos y, al par, carecen de unidad. Y ellos, por muchos que fueran, no darían tampoco [...]. Y así busca siempre verse cuando mira y, al par, se siente visto: visto y mirado [...]. Y le dicen...». La disposición paratáctica y, en concreto, la reiteración de la conjunción copulativa tiene raíces testamentarias y está presente en la literatura religiosa y la épica medieval: persigue un efecto salmodiante, que despeje el camino a la información, vehiculándola musicalmente, pero que, al mismo tiempo, suma al lector —o al oyente— en una suerte de trance hipnótico, que es también uno de los propósitos de la poesía: adormecer en la exultación, mesmerizar con el canto. Conviene subrayar que la anáfora se prolonga en el resto del pasaje («y la sombra de esas alas...», en el tercer párrafo; «Y de esas alas de la noche...», en el cuarto; «Y aparecen las alas del Querubín...», en el quinto), erigiéndose, de este modo, en uno de sus principales armazones retóricos.

Por último, son importantes también los emparejamientos sintácticos, que acentúan la trabazón del pasaje y, en consecuencia, la seducción del pensamiento. El párrafo se inicia con una doble correspondencia: la visión es tan consustancial a la vida como la vida lo es a la luz (Zambrano utiliza laxamente las preposiciones requeridas: «consustancial con la vida», «vida [consustancial] de la luz», pero este es otro rasgo de su estilo: poético y a menudo desaliñado, con errores gramaticales y una puntuación desastrada; ese desaliño, sin embargo, es fruto de su propio borboteo, resultado de un discurso balbuceantemente torrencial, preñado de las mismas incertidumbres que dinamizaban su razón y que expandían, felizmente, su ambigüedad). Luego reconocemos a un ciego que persigue dos objetivos: mirar y verse, y sobre el que recae un sentimiento igualmente doble: el de ser visto y mirado. La luz, en fin, se describe en su fuente, oculta por la oscuridad, y en su movimiento, atravesando la oscuridad. La fuerza de esa luz es tal que, si no la velara el rostro de la noche, «abrasaría todos los seres y su vida». Y por los ojos de la noche se entrega, benéficamente, a los vivos y ciegos que «se mueven y buscan la visión». Dualidades siempre, pues: binomios que consolidan un razonar líquido, o tal vez fractal.

La adversación del tercer párrafo ratifica la personificación fundamental del epígrafe: la noche, por cuyos ojos asoma la luz que esconde, es un pájaro. Las aliteraciones se encrespan ahora: «bajan las alas», leemos al principio, «alas» se repite al poco, y luego encontramos «anclado a la tierra»; el recurso continúa más allá del punto y seguido: «Y la sombra de esas alas planeará...», a lo que sigue poco después «anhela la visión que le ve, y que vela...». No solo se multiplica el fonema /a/, sino también la cantinela del grupo /la/: «bajan las alas [...] alas [...] anclado a la tierra. Y la sombra de esas alas planeará [...] anhela la visión [...] y que vela...». La *a*, vocal abierta, sugiere claridad, amplitud: un paisaje iluminado, como iluminado quiere al hombre Zambrano. Con esta aliteración se imbrican otras: la del grupo /e-a/, presente en «ciegas», «pesan» y «tierra», en la primera mitad del párrafo, y en «cabeza», «anhela» y «vela», en la segunda, y cuya /e/ tónica se prolonga en «siempre», «ser» y «ve», subrayada en estos dos últimos casos por la oxitonía, y en los monosílabos de la oración, hasta configurar monocordias casi totales: «que le ve, y que vela...»; y la del fonema oclusivo sonoro /b/, que advertimos en «la visión que le ve, y que vela sus ojos cuando, movido...», y que encuentra un eco retroactivo en el «vive» de la primera frase. El rapto musical se acentúa, pues, empujando al pensamiento a una dimensión sensible, donde las causalidades lógicas se reblandecen e imperan las analogías sonoras, el encantamiento de los ecos. Los bucles y antítesis que Zambrano ya ha practicado, y a los que me he referido al analizar los párrafos anteriores, prosiguen aquí: el hombre anhela una visión que le vea, pero esa visión vela su mirada. Ver y mirar se contraponen, como en la tragedia griega y en las mitologías antiguas, donde los ciegos, como Tiresias, eran los sabios: los clarividentes. Y la visión no se proyecta fuera del ser, sino dentro del ser: ver es, ante todo, verse; reconocer el mundo es, sobre todo, reconocerse en el mundo, y saber que el mundo vive en nuestro interior. Videncia y ceguera, luz y oscuridad, están trabadas en un combate perpetuo: se necesitan, pero se repelen; solo haciéndose una, siendo una, lograrán que el que mire, vea.

El cuarto párrafo, el más breve del epígrafe, acredita aún con más intensidad lo poético. Su concisión, precisamente, y el apóstrofe que lo remata promueven una respuesta no discursiva, sino emocional, en el lector. La repetición de «las alas de la noche», que ha introducido en el párrafo anterior, suscita un nuevo paralelismo: «las alas del nacer del día» y «las de su ocaso». El tiempo se dibuja metafóricamente, a través de sus momentos capitales, momentos de tránsito y resurgimiento: el amanecer, el crepúsculo y la noche. No ha de sorprendernos el binomio «llamas, fuego», cuya redundancia es, en realidad, abundancia, y cuyo sentido es confirmativo: consolida lo afirmado, refuerza sus trazos significativos. Como tampoco ha de sorprendernos una nueva aliteración de /a/, que encontramos en «alas», «no habrá contrapartida», «llamas» y «amenaza», y que no solo unifica melódicamente el párrafo, sino que lo anexa al anterior, que ha desplegado la misma repetición.

El quinto y último párrafo da respuesta a la pregunta formulada en el párrafo precedente. La contrapartida diurna o apolínea de esa ansia de visión nocturna o dionisíaca, que pretende acceder al conocimiento por los intersticios astrales de la oscuridad, esto es, por las grietas de lo incomprensible, hasta el centro mismo de la conciencia, es el Querubín, la única alusión mitológica del fragmento, y que remite a la angelología cristiana, para la que los querubes eran los ángeles del segundo coro celestial, guardianes de la gloria de Dios y, a su vez, carruaje del Señor: la iconografía los representa como niños, o solo como cabezas de niños, con alas. Esas alas solares –Ezequiel (1, 14) afirma que van y vienen «como si fueran relámpagos»– se oponen a las alas de la noche: mientras estas auguran el final de la ceguera, aquellas se despliegan como una amenaza; así lo ha sugerido Zambrano al término del cuarto párrafo, y así lo confirma en este: las alas del Querubín «imponen santo temor», porque su claridad es excesiva, porque la luz abrasadora impide la mirada. Importa subrayar que solo quienes se han elevado a una dimensión superior pueden ver a los querubines; solo aquellos para los que se ha abierto el cielo pueden contemplar a estos «próximos a Dios» (Ezequiel, 10, 14, y Reyes 6, 23-28). Por eso son, en el fragmento de Zambrano, «un ser de las alturas, de la interioridad de los cielos de luz». Esta elevación, sin embargo, no conduce a la visión, esto es, a la intelección del ser, sino a un anhelo frustrado y a una sumisión empavorecida. Al conocimiento se llega por extrañamiento y por entrañamiento: mirando adentro de uno, adentro de las cosas; mirando a los propios ojos que miran. El conocimiento es un salto a lo interior, un escalar lo profundo; también, un *descensus ad inferos*. Los ojos de la noche son solo dos, pero los que se abren en las alas del Querubín son «innumerables», quizá porque todos los ángeles del coro unían sus alas para formar un solo vehículo de la gloria divina. La pluralidad tampoco garantiza la visión; la pluralidad, a veces, solo significa indiferencia o crueldad. Zambrano mantiene una dicción iterativa («ojos» y «luz» se repiten, de nuevo, más el políptoton configurado por «centelleantes» y «centellean», cuyo primer término ya ha aparecido en el segundo párrafo) y cadenciosa, otra vez gracias a las aliteraciones: de /a/, «aparecen las alas [...] sembradas», «alzadas las alas, inclinada la cabeza»; de /a-e/, «innumerables, centelleantes»; de /e-a/, «cabeza [...] plena en la [...] centellea»; y de /e-o/, «imponiendo [...] anhelo». Cabe señalar, también, la recurrencia aguda que enhebra el fragmento, y que le otorga una resonancia más retumbante, de ecos casi militares, acorde con el temor que inspiran esas alas enfebrecidas de altura, y cuya claridad es opresión: «Querubín», «ser», «interioridad», «luz» «aquí», «da», «temor», «visión» y otra vez «luz».

Vemos, pues, que María Zambrano despliega en este pasaje, como, de hecho, en todo *Claros del bosque*, y nos atreveríamos a decir que en toda su obra, un discurso atravesado por recurrencia fónicas, emparejamientos estructurales y múltiples tropos, que desaconsejan, y hasta prohíben, una lectura lineal, y exigen, en cambio, una interpretación respetuosa con la deliberada ambigüedad del texto. «Los ojos de la noche» puede considerarse un poema en prosa con tanta o más razón que un capítulo de un tratado filosófico. Zambrano derrama la polisemia en sus ensayos. Sus encadenamientos no son causales, sino poéticos, esto es, abiertos a la incitación musical, al vagabundear de los ecos, a la promiscuidad y al insólito maridaje de las imágenes. La poesía no es en ella un mero objeto de reflexión, o un recurso ocasional de la dicción, sino la sustancia misma de su escritura y, a mi juicio, también la aspiración última de su labor intelectual. María Zambrano quiere pensar y hacer pensar, pero, como Unamuno, quiere, en ese mismo acto, sentir y hacer sentir. Como ella misma ha señalado, pensar es solo entender lo que se siente. Por eso infunde vuelo a sus palabras, que abandonan el espacio de las ideas, para adentrarse en el ámbito de la sensación, la fantasía y el sueño, o, mejor dicho, que recorren el espacio de las ideas con las alas de la sensación, la fantasía y el sueño.

[Publicado en *Cuadernos Hispanoamericanos*, n° 783, septiembre 2015, pp. 82-90]

II. En inglés

LA COMPLEJIDAD DEL AMOR

[John DONNE, *Sonetos y canciones. Poesía erótica*, traducción de José Luis Rivas, Madrid-México: Vaso Roto, 2015, 181 pp.]

El amor fue uno de los asuntos fundamentales de John Donne (Londres, 1572-1631), el más conocido –y, probablemente, el mejor– de los poetas metafísicos ingleses, y este *Sonetos y canciones. Poesía erótica* –exhaustiva antología preparada y traducida por el poeta mexicano José Luis Rivas– así lo demuestra. Castizamente, puede decirse que Donne toca todos los palos del amor: el deseo, la ausencia, el desengaño, la consumación, el olvido. Los poemas que integran esta recolección configuran, de hecho, un complejo tratado amoroso en cuya decantación probablemente tuvieron que ver las propias circunstancias de la vida del poeta: se enamoró y casó con Anne More, nieta de un destacado miembro de la corte de Isabel I, pero lo hizo contra la voluntad del padre de la novia; al fin y al cabo, Donne solo era un escritor, magro partido, entonces y ahora, para una hija. Aquella unión no sancionada le procuró a Donne muchos hijos –doce, lo que demuestra sobradamente su fogosidad–, pero también la inquina del suegro, que, no contento con hacer que perdiera su trabajo, intrigó también para que lo encarcelaran. Aunque luego se reconciliaría con su suegro, las penurias y estrecheces no abandonaron a Donne y su mujer, hasta el punto de que, con reticencias, hubo de ordenarse sacerdote anglicano para poder subvenir a las necesidades de su familia.

El amor es, para Donne, en primer lugar, un adhesivo existencial: propicia la unión de los cuerpos, pero, sobre todo, la de las almas, lo que conduce a la alianza salvífica de los seres. El acto de la unión nos redime de la bajeza y la soledad, y culmina nuestro destino espiritual. Conforme al platonismo dualista que subyace en la metafísica cristiana, Donne cree en el divorcio de la materia y el espíritu: el alma se libera de la cárcel corporal y regresa a su origen etéreo, primigenio, en el que se reconcilia con la divinidad. El amor, sin embargo, se inmiscuye en esa escisión redentora y se convierte en la argamasa que devuelve al alma a su principio. El espíritu del amante no regresa, pues, a un espacio deífico, sino que se adentra en otra alma, con la que se funde y en la que renace: «Son, pues, nuestras dos almas una sola/ y, aunque deba marcharme, no conocen fractura». Como alegoría de esta unión casi mística, Donne recurre a motivos chirriantes, como la pulga que pica a ambos amantes y vuelve una la sangre de los dos: «Me picó a mí primero y ahora a ti te chupa/ y ya en ella se mezclan nuestras sangres./ [...] ¡Y tal excede, ay, cuanto haríamos nosotros!»; y, llevando la identificación al extremo, remacha: «esa pulga es tú y yo». El tema de la pulga, no obstante, estaba presente en la poesía amorosa desde Ovidio, y cabe recordar el soneto «La pulga falsamente atribuida a Lope [de Vega]», donde «picó atrevido un átomo viviente/ los blancos pechos de Leonor hermosa», tras lo cual el amante, envidioso de la suerte del sifonáptero, a pesar de que, aplastado, agoniza, le insta a detener el alma y advertir a Leonor de «que me deje picar donde estuviste,/ y trocaré mi vida con tu muerte».

El tratamiento del erotismo en los poemas eróticos de Donne, como sugiere la metáfora de la pulga, es asimismo singular. Se mezclan en este terreno, en el que culminan naturalmente las efusiones del amor, una castidad eclesiástica («no más que nuestro ángel de la guarda/ el sexo conocimos», dice en «La reliquia») y la constancia del placer carnal, como en la albada contenida en «El amanecer» o en pasajes de una plebeya explicitud, como cuando afirma que ha arado las entrañas de la amada, o en este exótico alejandrino de «La canonización»: «nuestros sexos, fundidos, lo neutro machihembran». Donne poetiza hasta el viejo axioma *post coitum omne animal triste est* y, en «Adiós al amor», llega a sugerir un remedio brutal para atemperar las urgencias del rijo: «untarse hormiguera en el rabo».

Pero el amor, en Donne, está siempre atravesado por el dolor: «traigo conmigo/ la araña del amor, que todo transustancia,/ y puede hacer del maná amarga hiel». El que ama, está triste; y se es necio por amar. Por eso escribe poemas de amor, porque, diciendo su aflicción, mengua su duelo: «pensé/ que podía sacar a luz mis penas/ si les ponía la rima por rienda./ Puesto en verso, el dolor no es tan violento», aclara. El resultado de la pasión es, a menudo, el corazón roto, una imagen empleada desde Safo, pero que Donne actualiza con ingenio: «¿qué pudo/ pasarle al corazón mío con solo verte?/ Cuando a la habitación entré, llevaba uno,/ pero al salir no iba ya conmigo», pregunta en «El corazón partido». En este poema califica Donne al amor de «lucio tiránico». Es meritoria su originalidad: muchos, millares, han denigrado al amor, pero pocas metáforas han resultado tan abruptas.

La mujer es presentada, como casi todo en estos poemas, de forma contradictoria. Como el sentimiento mismo, en el que se entrecruzan el goce y el dolor, también ella aparece como una mezcla: de compasión y crueldad, de indiferencia y tiranía, de bien y mal. La misoginia abunda en *Sonetos y canciones*, prolongando una tradición que, en Occidente, encuentra sus raíces en los clásicos latinos, de los que Donne era un buen conocedor, y se expande con la Biblia y el pensamiento cristiano: la mujer es falsa, promiscua, infiel y mentirosa; unos rasgos que ya encontramos en la sátira VI de Juvenal. El antifeminismo de Donne es, a veces, feroz: «En la mujer no busques espíritu», escribe en «Alquimia del amor»: «la más/ viva y encantadora, una vez poseída, es una momia». En otras ocasiones, en cambio, le sirve para propugnar una feliz desinhibición, sin rehuir un no menos feliz cinismo: como la naturaleza hizo a las mujeres «de tal modo/ que amarlas no podemos, tampoco detestarlas,/ solo nos queda esto: tomar todos a todas». Pero el juego de antítesis que es casi siempre la poesía de Donne le lleva a adoptar en algún poema la voz femenina, aunque sea la de una que examina los diferentes tipos de varones y los descarta, por inaprovechables, a todos: «¿No existe, pues, ninguna clase de hombre/ al que pueda poner a prueba libremente?/ Desfogaré mi fantasía entonces/ en el amor que siento por mí misma».

El amor es también la contraparte de la muerte. La nada sobrevuela la existencia, y la permea. No sabemos quiénes somos, y esa ignorancia define nuestro estar en el mundo. La muerte, siempre cerca –o siempre dentro–, nos alimenta y nos destruye. En los poemas de *Sonetos y canciones* se percibe el aliento incansable de la muerte, que en algunos, como «El legado» o «La paradoja», cuaja en una explosión de políptotos: «me di muerte. Y, sintiendo que moría, dispuse/ que, una vez muerto, mi corazón te enviaran;/ [...] Me dio muerte de nuevo...», leemos en el segundo. Pero lo más certero de esta angustia es el hermanamiento del amor y la muerte: el amor, insatisfecho o insatisfactorio, mata, y, por deslizamiento semántico, es muerte: «Yo, obra del alambique del amor, soy la tumba/ de todo cuanto es nada». Este perecimiento le sirve al poeta para recurrir, en varias ocasiones, al motivo del legado o la herencia, esto es, a la perduración del sentimiento. Un poema, «El testamento», recrea irónicamente, con ecos villonianos, esta afirmación de la voluntad frente al fin inevitable.

Donne, metafísico y barroco, es un maestro del *conceit*, «el concepto», el equivalente inglés de nuestro conceptismo. Sus versos progresan en una radiante espesura de tropos y metáforas, que avienta perturbadoras asociaciones e imágenes audaces. El enrevesamiento sintáctico, que entrelaza los elementos más dispares del lenguaje, se asienta en paralelismos, políptotos y quiasmos. Las hipérboles abundan, a menudo referidas al Sol: la luz de los ojos de la amada alumbran más que él; o, si está con el amado, el Sol no es la mitad de feliz que ellos. También las paradojas, tan propias de la poesía barroca y la inclinación existencial por su zarpazo de sorpresa y su carácter unitivo: «Enigmas del amor: aunque tu corazón parta,/ en su casa se queda y, al perderlo, lo salvas». Sin embargo, como ha escrito Jordi Doce con acierto en la presentación del volumen, el aparente desorden de Donne «esconde un equilibrio secreto, un núcleo candente que irradia sentido a través de la pantalla seductora de sus contrastes y paradojas violentas. [...] Hay, sobre decirlo, mucho método en su locura».

La traducción de José Luis Rivas es admirable: rica, flexible, precisa y, sobre todo, literaria: los poemas de Donne no son versiones de unos textos precedentes, sino verdaderos poemas. Rivas traslada con rigor el metro del inglés al correspondiente en castellano, por lo general endecasílabo y alejandrino, y solo es de lamentar algún pequeño descuido: *If thou hate men, take heed of hating me* [si odias a los hombres, cuidado con odiarme] se transforma en «si tú me odias, cuidado con amarme».

[Publicado en *Letras Libres*, n° 175, abril 2016, pp. 55-57]

POETA DE TODO

[Robert PINSKY, *Ginza samba*. *Poemas escogidos*, traducción de Luis Alberto Ambroggio y Andrés Catalán, Madrid-México: Vaso Roto, 2014, 208 pp.]

La publicación de *Ginza samba. Poemas escogidos*, de Robert Pinsky (Nueva Jersey, 1940), supone el lanzamiento de un autor desconocido en España, aunque entre sus méritos se cuente el de haber sido el primer, y hasta el momento único, poeta estadounidense laureado tres veces consecutivas, de 1997 a 2000. Claro que ser coronado de laurel no hace grande a un poeta —en España lo fue Manuel José Quintana, a mediados del siglo XIX, y don Virgilio Olano Bustos, vate colombiano, lo ha sido nada menos que de la Asociación Mundial de Poetas—, pero sí informa sobre la posición descollante, en un periodo determinado, de su opción estética, esto es, de su forma de acercarse al mundo: de su forma mirar. Y la opción estética de Pinsky tenía, y sigue teniendo, muchas posibilidades de ser aclamada por sus compatriotas, porque es hija de su inclinación pragmática, de su apetencia por la realidad. La característica principal de la poesía de Robert Pinsky, desde *Sadness and Happiness* («Tristeza y Felicidad»), de 1975, hasta *Selected Poems*, de 2011, y de la que este *Ginza simba* es una amplia antología, es su proyección omnicomprensiva en la realidad. Los versos de Pinsky se expanden por todos los rincones de lo existente, y lo abrazan, lo manipulan o lo desmienten. No temen a nada; no descuidan nada: cualquier cosa puede ser objeto de un poema; todo, aun lo más nimio o feo, es digno de ser cantado. La impronta de Whitman –y de otros tras él: Sandburg, Hart Crane– se advierte en esta perspectiva multifacetada, democrática, que integra lo heterogéneo y disperso en una sola ofrenda, fieramente individualista y, a la vez, orgánicamente coral: «En Granada, Nicaragua, el logo *Fud*/ desplegado en un camión, palabra de marca registrada/ como *Häagen Dazs* en ningún lenguaje [...]./ Un niño mendigo apunta a su boca./ Sustancia de comunión, sustancia de necesidad./ Cuando yo era niño, mi familia peleaba por ella/ casi tanto como por el dinero», escribe Pinsky en «Comida». La transmutación poética de la realidad –que no deja de serlo, con toda su cochambre, por ello– obedece a un sentido de responsabilidad social: Pinsky ha sido considerado el último poeta «cívico» o «público» de su generación. La literatura ha de servir a la edificación de la conciencia colectiva mediante la transformación de la conciencia individual: mediante su exposición a los rigores de una realidad siempre incomprensible, siempre lacerante, pero no carente de grandeza. Pinsky se asoma, así, a lo más próximo, a lo abrasadoramente cotidiano –la televisión, los libros, la comida–, pero también a la historia, desde sus lejanías bíblicas hasta la tragedia de las Torres Gemelas. En este arco temporal sin fisuras ni excepciones, el presente se entrelaza con el pasado, como Stalin con Eurídice, Apolo con el nazismo o Lenny Bruce con Píndaro, pero también se afirma en epifanías absurdas, como el tenis, al que Pinsky dedica un largo poema de *Sadness and Happiness*, que no cabe sino entender como una alegoría existencial, como una flemática reflexión sobre la victoria y la derrota, sobre la comprensión a la que nos aboca de lo que alcanzamos y de lo que dejamos de lado para alcanzarlo. También nos habla de sexo, pero del sexo impuro, del sexo agreste, limítrofe con la pornografía, en el divertido, aunque también turbador, «Criterios de Alcibíades», donde se menciona a «una dama a cuatro patas,/ [con] un gran danés a la espalda» y a «Alcibíades, que se tira a Fortuna/ hasta que se queda seco». El vocabulario de Pinsky sigue el principio panteísta de su poesía: abarca todo el diccionario. Su dicción, siempre chisporroteante, incorpora cultismos y coloquialismos, exquiseces y execraciones, giros cristalinos y puñetazos oscuros. Pinsky no se abstiene de recurrir a lo soez, una de las piedras de toque de los poetas totales, es decir, de los poetas épicos, aunque su épica sea la epopeya fragmentada, escéptica, de la contemporaneidad: si un autor es capaz de decir «mierda» en su poema sin que el poema se resienta, es más, engrandeciéndolo, purificándolo, es un escritor de mérito. Y Pinsky lo hace con una naturalidad pasmosa: «¿qué chinga'os están haciendo aquí estos pinches chamacos,/ chingada madre, hijo de puta, chupavergas?», escupe en «El burro es un animal» (aunque la traducción, acertadamente aliterativa, inspire alguna extrañeza en un lector español). En este lenguaje pluricelular y sinfónico, no falta el humor, más aún, el humor es uno de sus fundamentos esenciales. Pinsky recurre a menudo al chiste, que transcribe literalmente en los poemas: en «Las cosas más a mano» (un título que resume bien el meollo de su escritura) especifica «las cinco/ palabras que dicen los americanos// después de hacer el amor: *¿Dónde/ está el control remoto?*». Muchas de estas chanzas tienen que ver con el hecho de que Robert Pinsky sea judío. En Norteamérica, es casi un mandato que los judíos se burlen de sí mismos, y Pinsky atiende sobradamente esa obligación. En el espléndido poema «Imposible de contar» –uno de cuyos versos recita él mismo en un capítulo de *Los Simpson*: «Bashô// se llamó a sí mismo "Platanero"», lo que acaso nos permita entender por qué fue poeta laureado tres veces–, Pinsky nos relata cómo en el ejército belga, desgarrado por las tensiones entre flamencos y valones, un oficial separa a unos y otros a ambos lados de una sala. Solo un soldado se queda en el centro. «¿Qué es usted, soldado?», le pregunta el oficial. «Saludando, el hombre dice, "señor, soy belga"./ "¡Vaya! Eso es asombroso, cabo, ¿cómo se llama?"./ Saludando otra vez, contesta, "Rabinowitz"». Lo judío está muy presente en la literatura de Pinsky, como en la cultura de la que forma parte, y se manifiesta en retazos autobiográficos, en promiscuos ejercicios de memoria. También lo está la música, a la que no solo dedica poemas –Pinsky ha sido saxofonista, y el saxo es uno de sus temas favoritos: de él hablan «Ginza samba», la composición que da título al libro, y «Saxofón»–, sino que impregna su poesía: el ritmo percutiente, sincopado, del jazz contribuye al flujo discursivo pero imprevisible de los versos, a sus constantes espasmos ilativos, aunque la crepitación del original se pierda, en buena parte, en la traducción, por muchos que hayan sido los esfuerzos de los traductores por preservarla. El afán globalizador de Pinsky, ese que le lleva a verter la poesía en todos los aspectos de la realidad, o todos los aspectos de la realidad en la poesía, alcanza también a los más ominosos: la muerte asoma en «Amor por la muerte», «Morir» y «Luto», entre otras piezas del conjunto. Sin embargo, no es una muerte pensada, una angustia abstracta, sino un terror arraigado en las cosas, esas que, dice Pinsky, «cada día se apagan», como «el golden retriever de al lado, Gussie» o «Sandy, el cocker spaniel tres puertas más abajo/ que murió cuando yo era pequeño». La objetivización de los sentimientos se manifiesta en esta encarnadura luctuosa, pero también en otras más amables, como en «El hueso del querer», que da título a otro libro, de 1990, donde se advierten chispazos vanguardistas: «mi comida mi padre mi niño te quiero para mí mismo/ mi flor mi aleta mi vida mi luminosidad mi O».

La traducción corre a cuenta de dos traductores: el argentino Luis Alberto Ambroggio, que firma el prólogo, y el español Andrés Catalán, responsable del epílogo. Su trabajo ha sido certero, sobre todo si consideramos las dificultades musicales que plantea el original y sus abundantes referencias culturales, a menudo difíciles de discernir. Solo cabe hacer un matiz a su labor: la frecuencia con que se utilizan los pronombres posesivos, por impregnación del inglés, cuando bastarían los artículos determinados: «Él la saludó y con *su* brazo bueno levantado// abrió la palma de *su* mano...». En castellano, ya sabemos que, si él la saluda con el brazo o abre la palma de la mano, el brazo y la palma son suyos.

[Publicado en *Letras Libres*, n° 158, noviembre 2014, pp. 58-59]

HACER REÍR A TUS CARCELEROS

[Charles SIMIC, *El monstruo ama su laberinto. Cuadernos*, traducción de Jordi Doce, epílogo de Seamus Heany, Madrid-México: Vaso Roto, 2015, 168 pp.]

Charles Simic (Belgrado, 1938) es uno de los poetas estadounidenses más reputados. Entre los muchos premios que ha ganado destaca el Pulitzer, en 1990, por *El mundo no se acaba* —que publicó en España la fenecida DVD ediciones en 1999—, y en 2007 fue nombrado Poeta Laureado. *El monstruo ama su laberinto*, con la ejemplar traducción de Jordi Doce, ilumina, desde la trastienda, su quehacer literario. Los cinco cuadernos que lo integran reflejan, en prosa —a veces, a modo de diario; otras, en brevísimos ensayos; otras, por medio de aforismos—, un pensamiento incisivo, atento no solo al fenómeno de la poesía —a su gestación y sus cimientos teóricos—, sino también a los conflictos del mundo que lo rodea y a sus propias vicisitudes personales.

El ajetreo de su biografía es un motivo recurrente de estas notas. Simic, nacido en la capital de la antigua Yugoslavia, sufrió, con su familia, los horrores de la Segunda Guerra Mundial: los bombardeos, la ocupación nazi, el hambre, la muerte y la destrucción. En 1954 emigró a los Estados Unidos, donde ha permanecido desde entonces. Los recuerdos de aquella terrible conflagración salpican su poesía y, en *El monstruo ama su laberinto*, también sus reflexiones. Sin embargo –y este es un rasgo esencial–, en Simic el horror se mezcla siempre con el humor. Negro, muchas veces, como cuando su abuelo, que agonizaba de diabetes, se tumbó en la cama, con una vela a la cabecera y otra a los pies, y se cubrió con una sábana. Cuando el amigo que había ido a visitarlo, creyéndolo muerto, se echó a llorar a su lado, el abuelo se limitó a decir desde debajo de su improvisado sudario: «Cállate, Savo. ¿No ves que estoy practicando?». La socarronería no cesa, es decir, la amargura no cesa; la ironía es descarnada. La necesidad del humor se reivindica de continuo: «Lo que comparten todos los reformadores y los constructores de utopías es el miedo hacia lo cómico. Tienen razón. La risa socava la disciplina y conduce a la anarquía. El humor es antiutópico. Había más verdad en los chistes que contaban los soviéticos que en todos los libros que se han escrito sobre la URSS». Como señala Seamus Heany en «Abreviando, que es Simic», el sustancioso artículo incluido en el volumen como epílogo, el *ars poetica* del serbo-estadounidense se resume en «hacer reír a tus carceleros». No es casual que uno de los escritores a los que cita Simic sea Felisberto Hernández, aquel rarísimo uruguayo capaz de decir de una chica que estaba a punto de recitar uno de sus poemas «que tenía una actitud entre el infinito y el estornudo». Las frecuentes hipérboles subrayan esta dimensión humorística: el recepcionista de un hotel, por ejemplo, «es sordo como un cepillo para el calzado». Esto es lo que, de nuevo según Heany, ha hecho siempre el poeta: exagerar. Y lo ha hecho, como es de ver en la macabra broma del abuelo, aunque el asunto fuera luctuoso, es más, lo ha hecho sobre todo cuando el asunto era luctuoso. Las páginas de *El monstruo ama su laberinto* están llenas de muertos, ataúdes y cadáveres, y es significativo que, en muchos casos, los protagonistas de estas tétricas escenas sean niños, como lo era él cuando padeció la experiencia pavorosa de la guerra, de sus asesinatos y catástrofes. Así, una entrada describe a la mujer del propietario de una funeraria dando de mamar a un niño; y otra habla de una juguetería «cuyo dueño era un empresario de pompas fúnebres».

El estilo de Simic es directo, conciso, narrativo, como su poesía. Quizá tenga algo que ver con ello que el idioma en que escribe no sea su idioma primero. Su coloquialismo, que no excluye lo abrupto y lo soez, mantiene una gran plasticidad, a la que contribuye un cultivo asiduo de la metáfora. Con esta herramienta precisa, pero bien untada de colores, Simic narra sucesos de su pasado proletario, como inmigrante y trabajador manual, y de sus difíciles inicios como poeta. Recuerda aquí a Bukowski, aunque este sea un poeta más chato que él, menos pluridimensional. Pero a estas escenas de una cotidianidad oscura, siempre un poco sórdidas, y hasta guarras, siguen otras dadaístas o surreales. Los sueños aportan muchas de las imágenes o meditaciones de *El monstruo ama su laberinto*, y Simic no oculta su interés por Breton y los clásicos del movimiento («surrealista, y por tanto cómico», apostilla Heany): «Carreras de perros en sueños: de vez en cuando veía a un hombre a gatas tratando de seguir el ritmo», escribe en el cuarto cuaderno. La reunión de objetos o realidades enfrentadas —otra práctica de filiación surreal, desde aquel paraguas en una mesa de operaciones, de Lautréamont— contribuye a los apotegmas regocijados, chirriantes y reveladores de *El monstruo ama su laberinto*: «No ronques tan fuerte, amor mío», se limita a decir una entrada; y la siguiente: «Bebiendo Château Margot Gran Reserva de un bote de mayonesa Hellmann's en la cocina de Rosa».

El espíritu crítico subyace en todos estos mecanismos. Simic consigna en sus cuadernos una mirada ácida, casi siempre reprobatoria, a los poderes y costumbres de la sociedad humana, en general, y estadounidense, en particular: «Chabola de tela asfáltica con plásticos cubriendo las ventanas y un cartel electoral de Bush/Cheney en la fachada». Su censura se hace especialmente virulenta contra las iglesias y las religiones, y también contra el nacionalismo. En uno de los últimos aforismos del libro, escribe: «El culo desnudo de esa mujer me resulta más atractivo que el paraíso». Lo que recuerda a aquel versículo prodigioso del *Canto de mí mismo*, de Walt Whitman: «El aroma de estas axilas es más exquisito que todas las plegarias»; o al no menos fantástico dictado de otro excelente poeta, Woody Allen: «Entre Dios y el aire acondicionado, me quedo con el aire acondicionado».

El monstruo ama su laberinto es también un compendio metapoético: Simic reflexiona sobre el arte literario y, en particular, sobre los fundamentos y finalidades de la poesía. Pero lo hace, como en el resto de aspectos de la obra, con humor. Su burla consiste aquí es desacralizar, es decir, humanizar la literatura. A menudo lo consigue por medio de la escatología: «No olvidemos que también Romeo y Julieta solían tirarse pedos y rascarse el culo de vez en cuando», nos asesta en el cuaderno primero. En el cuarto retoma la idea: «Era el primer día de la primavera. Los pájaros cantaban. A Romeo le encantaba el olor de su propia mierda, pero cuando olió los pedos perfumados a rosa de Julieta corrió hasta el balcón gritando: "¡Aire! ¡Quiero aire!"». Y no es amable con los críticos literarios, a los que, en varias entradas del libro, acusa de haber leído mucho menos que los poetas a los que critican. Puede decirse que con la poesía Simic anda siempre en procura de lo nuevo, de lo disímil, de la extrañeza de lo cotidiano: un viejo propósito, en realidad, de la literatura, salvo para aquellos que se refugian en la tradición y croan en ella como ranas en una poza. La poesía es, para el autor de *Juguetes que asustan*, una busca constante del otro, esto es, un camino hacia la vida, hacia más vida, representado por todos cuantos podríamos ser, por todos los cuerpos —y las almas— que desearíamos abrazar: «Uno escribe porque ha sido tocado por el anhelo de, y la desesperación de no poder, tocar al Otro».

[Publicado en *Letras Libres*, n° 164, mayo 2015, pp. 52-53]

MUJERES BEAT

[VV. AA., *Beat attitude. Antología de mujeres poetas de la generación beat*, traducción, selección y prólogo de Annalisa Marí Pegrum, Madrid: Bartleby Editores, 2015, 207 pp.]

Beat attitude. Antología de poetas de la generación beat pretende algo muy sencillo: demostrar que en la generación *beat*, una de las más influyentes de la literatura contemporánea, representada hasta hace muy poco solo por hombres –Jack Kerouac, William Burroughs, Allen Ginsberg, Neal Cassady, Lawrence Ferlinghetti, Gary Snyder, Gregory Corso–, había mujeres. No aspira, pues, a articular un sesudo estudio filológico, sino, simplemente, a acreditar que ese movimiento es más amplio de lo que siempre se ha creído, o ha interesado creer; y esa mayor amplitud la otorgan las mujeres. Annalisa Marí Pegrum, la antóloga y traductora, se suma, así, a una corriente cada vez más firme de reivindicación de la literatura escrita por mujeres, tradicionalmente oculta al escrutinio público, incluso en tiempos muy actuales, o, en el mejor de los casos, subordinada al protagonismo de los hombres, por más que muchos –y, entre ellos, algunos conspicuos pero chuscos editores– sigan considerándola, por razones que no detallan, un producto de tercera clase. «Sobra decir», señala la responsable de la edición, «que en la década de los cincuenta las mujeres no disfrutaban todavía de las mismas libertades que los hombres. Muchas de las artistas de la generación beat fueron mujeres atribuladas que se vieron obligadas a luchar contra las restricciones de la cultura, de la familia y de la educación, a la vez que intentaban desarrollar su talento artístico a la sombra de algunos de los escritores más emblemáticos del grupo. Algunas de ellas padecieron graves problemas psicológicos que, en el caso de Elise Cowen, acabaron trágicamente en suicidio».

Diez son las autoras recogidas en *Beat attitude*: Denise Levertov, Lenore Kandel, Elise Cowen, Diane di Prima, Hettie Jones, Joanne Kyger, ruth weiss, Janine Pommy Vega, Mary Norbert Körte y Anne Waldman. Todas son coetáneas: Levertov, la mayor —y la más conocida en España—, nació en 1923; weiss, en 1928; Kandel, en 1932; Cowen, en 1933; Di Prima, Jones, Kyger y Körte, en 1934; Vega, en 1942; y Waldman, en 1945. Esta cercanía cronológica acaso las acerque también literariamente. Algunas inquietudes —que son las de la generación a la que pertenecen, matizadas por la personalidad y el estilo de cada una— se reiteran en todas: la experiencia del sexo, expresada, como es obvio, desde una perspectiva femenina (que la antóloga subraya: «he intentado seleccionar poemas que añadieran un punto de vista femenino...»); el orientalismo, tan fuertemente arraigado entre los beat, ansiosos por quebrantar las normas culturales y morales que se tenían por opresivas en la América posterior a la Segunda Guerra Mundial; la alteración de la conciencia por medio del alcohol y las drogas; la oralidad y el jazz; los viajes; la escritura automática. Es revelador también el sesgo doméstico que algunas de estas poetas imprimen a sus versos: hablan de hijos y hogares, temas que difícilmente aparecen en la poesía de sus pares masculinos, y lo hacen con sosegado desgarro: proyectan sus oscuridades y sus esperanzas en el ámbito inmediato de la familia. El denominador común de estos rasgos y preocupaciones es la voluntad de apartarse de un mundo que se juzga inane, y de descubrir nuevos caminos para el ser, nuevas formas de percepción y conocimiento, y nuevas maneras también de reflejar esa transformación existencial: la vieja llama vanguardista, en suma.

El sexo está muy presente en Kandel, provocadora y explícita («te amo/ tu polla en mi mano/ se agita como un pájaro/ entre mis dedos/ mientras te hinchas y endureces en mi mano/ desflorando mis dedos»); Cowen, que amalgama los placeres lésbicos y estupefacientes («Quise un coño de placer dorado/ más puro que la heroína»); Di Prima, que subraya la feminidad de Eros aludiendo al parto («soy mujer y mis poemas/ son de mujer [...] el coño se ensancha/ y [...]/ pare hombres niños») y la menstruación («¿Cómo perdonarte esta sangre/ que no había de fluir de nuevo, sino fijarse feliz en mi vientre/ para crecer, y hacerse hijo?»); y Waldman, que dedica un vibrante canto al sexo de la mujer, «La grieta del mundo». En cambio, Vega —cuyo marido, el pintor peruano Fernando Vega, murió de sobredosis en Ibiza, en 1965— canta al amor con acentos clásicos: «no sé/ dónde estás ni qué sucede, pero/ es seguro que las estrellas del alba abandonarán su luz/ en lugares desolados, y esto solo porque pienso en ti/ a primera hora de la mañana, amor».

Las inquietudes espirituales se plasman en la influencia de las religiones asiáticas —el budismo y el hinduismo— y, en particular, en la persecución de una iluminación transformadora. Levertov compone una «Canción para Ishtar»; Kalden invoca a la diosa Kali en «Pequeño rezo por los ángeles caídos»; Di Prima habla de «cantar los sutras» en el emblemático «No pasa nada»; y Waldman hace que la protagonista del poema «A la manera de Mirabai» repita, al sonido del tambor, «Buda, Buda».

La alteración del estado de conciencia se persigue por distintos medios. Entre los excitantes que disparan la percepción y la inteligencia a una dimensión superior, el alcohol y las drogas son los más comunes. El mencionado «Pequeño rezo por los ángeles caídos», de Lenore Kandel, empieza así: «Demasiados de mis amigos son yonquis». En «Diez Diez», ruth weiss —una judía austriaca que escapó de Hitler y que nunca utiliza las mayúsculas, para alejarse de su lengua materna, el alemán, en la que todos los sustantivos se escriben en ellas; contradictoriamente, en varios poemas escribe en mayúsculas todos los nombres propios, para subrayar, quizá, la dislocación visual se refiere a los «cigarrillos de hachís». Waldman aporta una pieza dedicada a William Burroughs, cuyo elocuente título es «Peyote Billy». También Di Prima, en «No pasa nada», alude «al peyote y al ron de Joanne Kyger», y a la cerveza, el vino y la hierba. La licuefacción de la conciencia encuentra su trasunto formal en una imaginería trepidante, muy compleja en el caso de Körte, y en poemas desarticulados, irracionales, próximos a la mera transcripción del impulso verbal. Cowen, Kandel y weiss son singularmente rupturistas, aunque el hervor de las imágenes y el estallido sintáctico se tiñen de sombras psicopatológicas en el caso de Cowen, que sufrió trastornos mentales y acabó suicidándose. Sus padres, avergonzados por sus referencias a las drogas y al amor homosexual, destruyeron casi toda su obra. Solo sobrevivieron algunos poemas sueltos, que vieron la luz en revistas literarias de los 60 y 70, y un único cuaderno, recuperado y publicado en 2014: *Elise Cowen: Poems and Fragments*. El deseo de muerte de Cowen, que finalmente satisfaría saltando por la ventana de la casa familiar, se revela con sobrecogedora claridad en algunos de sus versos: «Muerte, ya llego/ espérame».

Esta explosión formal y visionaria se equilibra con algunas recurrencias, como las repeticiones y las enumeraciones. Di Prima, Jones y Waldman reiteran sintagmas o versos, y encadenan elementos en poemas melopeicos, fieramente acumulativos. Jones es también una de las poetas que más atiende al mundo familiar y doméstico, a lo más íntimo y, a la vez, social de la condición femenina. En «Sin título» escribe: «Amor mío/ sacarás por favor/ la basura, las espinas/ que los gatos/ rechazaron// los niños duermen/ no los oigo respirar». Joanne Kyler la acompaña en esta intrahistoria atormentada: «se entierran los fantasmas de la casa./ Esta es mi casa./ Haciendo crujir la casa atropelladamente los otros enloquecen./ Tengo que fregar el suelo de nuevo».

La selección de Annalisa Marí Pegrum es correcta, pero podría haber abarcado a otras autoras, como Barbara Moraff y Margaret Randall. Por otra parte, a la traducción se le pueden hacer algunos reproches. El automatismo con el que se trasladan los gerundios de los poemas originales a los traducidos afea el resultado en español, aunque no más que el de los pronombres posesivos, que inundan, lamentablemente, las versiones en castellano. Y el manejo de las preposiciones tampoco ha sido afortunado. Su predilección por una de ellas, «sobre» —con la que traduce un amplio muestrario de preposiciones locativas en inglés: *on, at, in, over*— genera versos confusos o indebidos: los niños no salen a jugar «sobre un barco» (salvo que lo hagan volando), sino «en un barco» (p. 73), y tampoco se duermen «sobre su rodilla» (salvo que leviten), sino «en sus rodillas» (o mejor: «en las rodillas») (p. 93).

[Publicado en *Letras Libres*, n° 168, septiembre 2015, pp. 60-62]

III. En otras lenguas

HIJO ILEGÍTIMO Y PADRE DE LA VANGUARDIA

[Guillaume APOLLINAIRE, *Zona y otros poemas de la ciudad y el corazón*, selección, traducción y notas de Xoán Abeleira, Madrid: Bartleby, 2011, 240 pp.; y *Hay*, prólogo de Rosa Lentini, traducción de Ricardo Cano Gaviria, Eugenio Castro y Pep Verger, Montblanc, Tarragona: Igitur, 2012, 111 pp.]

Guglielmo Alberto Wladimiro Alessandro Apollinaris de Kostrowitzky, sintéticamente conocido como Guillaume Apollinaire (Roma, 1880-París, 1918), hizo del sobresalto un asunto existencial: era hijo de una noble polaca y de padre desconocido, que algunos identifican con un aristócrata italosuizo, y otros, con el entonces obispo de Mónaco; nació en Roma, se educó en Mónaco y Niza, vivió en Alemania y Bélgica, y finalmente se estableció en París; y desempeñó los más variados oficios, como secretario en una oficina bursátil, *negro* de un folletinista, empleado de banca, preceptor de la hija de la vizcondesa de Milhau —en cuyo palacio se enamoró, no de la pupila, sino de la gobernanta inglesa—, escritor de opúsculos sicalípticos y crítico de arte en numerosas revistas. Hasta conoció fugazmente la cárcel, acusado del encubrimiento del robo de unas estatuillas íberas y de nada menos que *La Mona Lisa* del Museo del Louvre, y en el que también se vio implicado Pablo Picasso. Las llamadas de Apollinaire a destruir todos los museos del mundo, porque paralizaban la imaginación, no ayudaron a despejar las sospechas de los gendarmes, que no advirtieron en ellas una manifestación de su genuino espíritu vanguardista, sino una oscura intención anarco-delictiva. En 1914, se alistó como voluntario para combatir al káiser y, en 1916, fue herido gravemente por metralla en la cabeza. Ese año se le concedió la nacionalidad francesa y se le practicó una trepanación. En 1918, aún convaleciente de sus heridas, contrajo la *gripe española*; falleció el 13 de noviembre, el mismo día en el que se dio a conocer el armisticio con Alemania y la gente grita en las calles: «¡Abajo Guillermo!», refiriendose a Guillermo de Prusia.

La agitación de su vida se proyectó en la agitación de su pensamiento y de su actividad artística, hasta el punto de que Apollinaire puede ser calificado, en esencia, como un agitador. Aunque empezó a escribir poemas a los doce años —y seguiría haciéndolo en la adolescencia con el inquietante seudónimo de Guillaume Macabre—, su obra lírica es breve: en vida solo publicó cuatro poemarios: *El bestiario o El cortejo de Orfeo*, en 1911 (un libro de artista, del que solo se tiraron 150 ejemplares); *Alcoholes*, en 1913; *Vitam impendere amori*, en 1917 (otro conjunto rarísimo, cuya edición príncipe consta de 215 ejemplares); y *Caligramas*, en 1918, poco antes de morir. Todos los demás —*Hay, Poemas a Lou, Poemas encontrados...*— aparecieron póstumamente, fruto del trabajo de exhumación y recopilación de amantes o estudiosos de su literatura. Sí publicó, en cambio, numerosas obras en prosa y piezas de teatro, con las que ganó tanta fama como execración. Con *Las tetas de Tiresias*, estrenada en 1917 y subtitulada *drama surrealista*, alumbra el término que designaría la última gran revolución estética —y espiritual— de la literatura occidental, capitaneada por André Breton y su cohorte de visionarios. Con el texto de ficción *Las once mil vergas*, publicado anónimamente en 1907 (y prohibido en Francia hasta 1970), revela su interés por la literatura erótica, que le llevaría a recuperar las obras del Marqués de Sade del *infierno* de la Biblioteca Nacional. Y el ensayo crítico *Los pintores cubistas*, aparecido en 1913, constituye una apología, acaso un manifiesto, del cubismo, que ejercían en aquellos años varios amigos suyos, como Georges Braque o Pablo Picasso, al que dedica varios poemas y uno de sus más célebres caligramas. En toda esta frenética actividad, Apollinaire demuestra una férrea voluntad de superación de los corsés estéticos derivados del realismo exhausto y del agónico simbolismo francés, para instaurar un nuevo espíritu, lúdico y transgresor, encaramado a las revoluciones tecnológicas e industriales del siglo XX, del que beberían muchos de los ismos protoseculares, como el creacionismo —el cubismo literario— o el surrealismo, y que impregnaría perdurablemente, con su fe en la ruptura, con su introspección órfica, con su afán por el mestizaje y el simultaneísmo, la literatura contemporánea. Apollinaire es uno de los padres de la vanguardia, esto es, uno de los creadores de la mitología de la modernidad.

Se publican ahora dos volúmenes que acreditan la vigencia de su obra: *Zona y otros poemas de la ciudad y el corazón*, una antología poética de cuya selección, traducción y notas es responsable Xoán Abeleira; y *Hay*, la primera traducción al castellano de los poemas que integraban el volumen, de poemas y prosas, compilado en 1925 por Jean Royère. *Zona y otros poemas...*, a cargo de uno de los poetas y traductores españoles más atento a su figura —que ya ha firmado excelentes versiones de otros libros suyos, como *Alcoholes*—, es la reedición, bilingüe, ampliada y anotada, del título homónimo aparecido en 2000, e incluye muestras de todos los poemarios de Apollinaire, con algunas de las piezas fundamentales de su producción, como «Zona», «Onirocrítica» –aunque pertenezca, formalmente, a una novela, *El encantador en putrefacción*– o «Sucede», junto con algunos caligramas, esos ejercicios de poesía visual con los que el francés actualiza una tradición que se remonta a la poesía alejandrina. Destacan en este volumen, además de las composiciones mencionadas, las que escribió durante la Gran Guerra, a menudo a pie de trinchera, en las que se funden la inmediatez y el desgarro de las impresiones bélicas –en una de ellas dice: «mientras escribo esta carta apoyando el papel en una placa de fibrocemento...»– con la constante evocación erótica, formando un sobrecogedor, aunque milenario, tándem de amor y muerte. Aquí, las imágenes, aceleradas como los proyectiles o el deseo, tabletean, se fragmentan, se encrespan en fogonazos violentos, en impactos perceptivos, pero su temblor épico nunca se disocia enteramente de lo individual. El resultado son escenas siempre rotas –aunque, atemperadas por la anáfora y la enumeración, conserven un sentido panóptico–, que prefiguran la identidad elusiva del yo actual, la disgregación a la que condena al yo anhelante la fuerza irracional del mundo.

Por su parte, *Hay*, con traducción de Ricardo Cano Gaviria, Eugenio Castro y Pep Verger, se presenta como «una imagen caleidoscópica» de su poesía, como señala la prologuista, Rosa Lentini. El volumen recoge, en efecto, muestras de la estética simbolista en la que se inició, de sus pertinaces ensueños amatorios –alimentados toda su vida, con mujeres reales o irreales–, de la fusión de mitología y maquinismo, de exquisitez y vulgaridad, y de los experimentos expresivos con los que suscribe –y modela– el nuevo espíritu de los tiempos, como los ya mencionados caligramas o esas piezas, fluyentes y desaforadas, con las que preludia la escritura automática de los surrealistas: «Onirocrítica», justamente, pertenece a *Hay*. No obstante, algunas composiciones del volumen –sobre todo, las iniciales– se resienten de cierta languidez romántica y no poco acartonamiento formal. La canción «El tesoro», por ejemplo, o el trovadoresco «Tercera rima para vuestra alma» resultan empachosos, si no impenetrables, para la sensibilidad moderna. El evidente carácter acumulativo del libro, que no fue concebido ni ordenado como tal por su autor, induce a pensar que los poemas que recoge no figuran en él necesariamente por su calidad, sino por el hecho de que fueran escritos por un autor célebre, muerto prematuramente. Por último, la edición presenta algunas erratas, que tampoco contribuyen al esplendor de los textos: *halagueño, avengonzado, ahito, en aquél tiempo, rehuye, arrancáos*. Pese a todo, *Hay* constituye una interesante aproximación a la obra, breve pero inabarcable, de este francotirador de lo nuevo.

[Publicado en *Nayagua*, II época, n° 17, julio 2010, pp. 167-169]

BRETON, EN EL CENTRO, AL MARGEN

[André BRETON, *Pleamargen. Poesía 1940-1948*, edición bilingüe de Xoán Abeleira, Barcelona: Galaxia Gutenberg, 2016, 476 pp.]

El surrealismo ha sido la última gran revolución espiritual de Occidente, no tanto una doctrina estética o una escuela literaria –aunque lo sea, y muy importante– como un proyecto de transformación personal y social, que engloba la creación poética, la experiencia amorosa y la revolución política. Frente al empuje de sus postulados y la influencia y perduración de sus ideas, las actuales reformas del pensamiento, si es que las hay, parecen algaradas sin sustancia, blanduras tan mucilaginosas como los cerebros de quienes las despachan. Y quizá por el impulso que supo imprimir a su causa –brotado de la pasión: Duchamp escribió que Breton «amaba igual que late un corazón»–, que ha desbordado todos los límites de la taxonomía literaria y repercutido incluso en quienes discrepan o abominan de ella, la propia obra de su creador, el francés André Breton (Francia, 1896-1966), ha quedado desdibujada, si no diluida, en el océano de su ideario. Este es, pues, el primer –y loable– propósito del responsable y traductor de este magnífico *Pleamargen. Poesía 1940-1948*, Xoán Abeleira: recuperar la obra de Breton y exponerla como lo que es: una poesía dionisíaca y hechizante. Abeleira suscribe el *dictum* de Yves Bonnefoy, que en 1949 afirmó: «Breton es el gran poeta del siglo XX por redescubrir». Abeleira analiza en el extenso prólogo y las igualmente escrupulosas notas el estilo del autor de *Nadja*, obsesionado por la exactitud, el ritmo y la eufonía de la expresión. Su análisis de los recursos retóricos de Breton es tan minucioso que se detiene, incluso, en el examen del uso que hace el poeta de las preposiciones *à* y *de*. Aunque, como es lógico, va mucho más allá y se extiende sobre la analogía, un procedimiento esencial en cualquier forma de irracionalismo, y su detonante maridaje de cosas disímiles: como el propio Breton y su discípulo Octavio Paz observaron, cuanto más desemejantes sean, cuanto más disten entre sí, más fértil resultará su asociación. Abeleira presta asimismo mucha atención a la escritura automática, el procedimiento axial de la actividad surreal (o superreal, como prefiere llamarla), y se preocupa por distinguir el verdadero automatismo del que no lo es, y por subrayar sus aportaciones al arte contemporáneo y al conocimiento del espíritu humano: «Una obra», escribe Breton y cita Abeleira, «solo puede considerarse superrealista en la medida en que el artista se ha esforzado en alcanzar el campo psicofísico total (del cual el campo de conciencia no es sino una breve parte)», esa «profundidad "abismal" [donde] reinan la ausencia de contradicción, la movilidad de las cargas emotivas debidas a la represión, la intemporalidad y la sustitución de la realidad exterior por la realidad psíquica», y a la que «el automatismo conduce directamente». En general, Abeleira se muestra preocupado por «erradicar los tópicos» que, por utilizar sus propias palabras, empañan el conocimiento y la valoración actuales del surrealismo: la propia fuerza del movimiento ha suscitado interpretaciones de equivalente contundencia paródica. Así, nos recuerda, siguiendo una vez más a Breton, que la escritura automática, lejos de sumirnos en la irracionalidad absoluta, nos ayuda a adentrarnos en los vastos dominios de la lógica, aunque se trate de una lógica singular, no contaminada todavía de la acción perniciosa de la conciencia, y cita a Blanchot, para quien el lenguaje surreal no era sino otra expresión del *cogito* cartesiano. También aporta el análisis que Antoni Pascual ha hecho del poema «Retrato», de alguien aparentemente tan alejado de la estética surrealista como Antonio Machado, que revela su afinidad con la sensibilidad de Breton y cuyas «palabras podrían aplicarse perfectamente al inicio de "Los Estados generales"». En esta reivindicación del auténtico espíritu del surrealismo resuenan los ecos de algunas controversias recientes en España, como la poesía entendida como aventura interior y vía de conocimiento, frente a la poesía como género literario, canal de comunicación o mera treta de fingidor, y de polémicas eternas, como la que opone a los incapaces de apreciar otro valor en la poesía que la inteligibilidad y aquellos para quienes la belleza es anterior e independiente de la lógica.

Pleamargen incluye toda la poesía publicada por Breton entre los años 1940 y 1948, esto es, «Pleamargen», «Fata Morgana», «Oda a Charles Fourier», «Los Estados generales» y «Por la senda de San Romano», más, en prosa, «Arcano 17», seguido de «Calados». En «Los Estados generales» leemos algo que justifica toda su poesía y aun toda su episteme lírica: «La poesía debe resurgir de las ruinas de una vez por todas». Eso hizo él con sus versos y su enseñanza: arrancarla de los escombros decimonónicos y lanzarla a la renovación del espíritu contemporáneo. Luego, en «Arcano 17», abundará en esa necesidad palingenésica, que identifica con huir de lo ya hecho, de lo ya conocido: hay que poner cuidado «en vagar evitando todos los caminos trillados o incluso los recién abiertos —la regla que ha de seguir el arte», aunque ese vagabundaje regenerador se alimente necesariamente de errancias anteriores: el surrealismo es un neorromanticismo decantado por las transformaciones económicas y sociales del s. XX, y cristalizado por la electricidad zarandeadora de las vanguardias.

La clarividente inmersión de Breton en las honduras del ser atribula al lector desde el principio: las imágenes son feroces: «anonadarse en una sola castaña de culos de mandriles» o «el puente de armiño de una vaina de haba», leemos en el primer fragmento de «Los Estados generales». Todo el vocabulario está a disposición del inconsciente, y los términos arcaicos, cultos o jergales salpican un delirio siempre inquisitivo, siempre candente. La adjetivación, en la que fracasan los peores poetas, adquiere en Breton una precisión escultórica: «murciélagos de vuelo silogístico», escribe en «Arcano 17». En los poemas recogidos en *Pleamargen* no hay ni un signo de puntuación, otro de los rasgos habituales de las vanguardias: en el alma tampoco los hay, y el surrealismo pretende captar la fluencia viva de la subjetividad, sin reproducir las constricciones que la amarran a la utilidad y, por lo tanto, a la tergiversación. Es interesante observar que en el torrente de asociaciones irracionales, encadenadas en estrofas azarosas y enumeraciones sin gobierno discernible, que constituyen la poesía de Breton abundan las referencias geográficas y las alusiones a personajes históricos. Al final de «Pleamargen», por ejemplo, encontramos a Pelagio, Joaquín de Fiore, Giotto, el maestro Eckhardt, Hegel, Novalis, Jansenio, los hermanos Bonjour, un viejo campesino de Fareins-en-Dôle, Marat y la Madre Angélica. Fogonazos de inteligibilidad recorren el discurso azabachado de Breton, como «fanales en la noche del sentido»: «El peón/ No es menos grande que el sabio a los ojos del poeta/ Basta con restituirle a la energía su estado de pureza/ para acrisolar todo». Las repeticiones contribuyen asimismo al andamiaje de lo que carece de otra estructura que su propio derramamiento, y hasta citas ajenas y titulares de prensa acceden a este fluir ensimismado, siguiendo los hábitos inaugurados por el dadaísmo y el cubismo: «"Nadie ha visto jamás una molécula, ni un átomo, ni una unión atómica, y sin duda jamás llegará a verla" (Filósofo) [...] Un sabio pese a llevar gafas protectoras pierde la vista tras asistir a muchas millas de distancia a los primeros ensayos de la bomba atómica (Los periódicos)», leemos en la «Oda a Charles Fourier», en la que los versos se coagulan en fragmentos en prosa.

Como nos recuerda Abeleira y comprobamos a cada verso, la poesía de Breton —y del surrealismo— brota de lo maravilloso, esto es, de todo aquello que no está reglado por las convenciones psíquicas y sociales, y nos permite alcanzar lo absoluto del ser. En «Calados» leemos: «Lo maravilloso. Atención, reflexión, lógica, de nada me sirven. Ya no soy dueño de mí mismo. Soy, plenamente». Tres motores —o «hélices de cristal», como prefiere llamarlos Breton— la impulsan: el amor, el arte y la libertad, de los cuales quizá el primero, «tal y como se da entre dos seres, elevándose hasta lo invulnerable», sea el fundamental; un amor que le hace reivindicar a la mujer, es más, cantarla gloriosamente, mucho antes del triunfo del feminismo. El mito, la magia y el psicoanálisis, entre muchos otros fenómenos y saberes, le permiten eludir los límites de la razón y la ley, y con ellos se adentra en los espacios desconocidos de la conciencia y en la realidad superior del hombre, hecha de imaginación y sueño, de quimera y barro. Breton aspira a llegar al «otro lado», algo en lo que le han precedido todos los artistas del mundo, al menos aquellos que no concebían su labor como un triste y aburrido oficio; pero ese otro lado está dentro, en él, en nosotros.

[Publicado en *El Cuaderno*, n° 77 (tercera época), n° 2, segundo trimestre 2016, pp. 60-62]

LA LIBERACIÓN DE RUMANÍA

[Mircea CĂRTĂRESCU, *El Levante*, traducción de Marian Ochoa de Eribe, prólogo de Carlos Pardo, Madrid: Impedimenta, 2015, 233 pp.]

El Levante, de Mircea Cărtărescu (Bucarest, 1956), es un fastuoso pastiche. Alrededor de la aventura que constituye el eje del libro –el viaje que emprenden el protagonista, Manoil, y su inverosímil caterva de acólitos (un espía francés, un bucanero feroz, un Antropófago con el mono llamado Hércules, un sabio sufí, entre otros) para liberar su patria, Valaquia, del vaivoda que la tiraniza– se disponen otros libros, otras lecturas, otros significados, por los que el lector se desplaza dichosamente, entre ebrio e hipnotizado. En primer lugar, *El Levante* es un poema novelado, cuya condición poética se desprende con frecuencia del ropaje de la prosa y cristaliza en versos: en todos los capítulos –llamados «cantos»– se intercalan poemas, que, en algunos casos, como en la literatura del Renacimiento, constituyen historias independientes: así sucede en el extenso romance «Dadme más vino y sonreídme...», del canto IV. Cărtărescu llama su libro «poema» o «gran poema» a menudo, y hacia el final aclara: «¿Es que no te das cuenta de que todo en mi poema es únicamente artificio? No te eleves por encima del molde. En gramática puedes ser un Apolo de las declinaciones y los morfemas, pero esto, *mon cher*, es poesía...». No obstante, el espíritu lírico de *El Levante* se expresa, fundamentalmente, en un lenguaje enjoyado y una imaginería suntuosa, cuya persuasión debe mucho a la luminosa traducción de Marian Ochoa de Eribe: «¡Zante! [...] Farallón verde rodeado de olas encendidas, como rodea una filigrana de oro el zafiro que un pachá regala a una hurí. Lira de oro arrojada por Orfeo en un bosque que, en lugar de pájaros, alberga pulpos y medusas, y, en lugar de fieras, delfines y morenas crueles». La minucia de las descripciones impregna al libro de una poética morosidad. Abundan los símiles, algunos de los cuales, hiperbólicos, sobresaltan: en un mismo fragmento encontramos «la vida es dulce como las delicias de pistacho» y «una noche tan oscura como el hierro colado». Carlos Pardo, el prologuista del volumen, señala que *El Levante* contiene la comparación más larga de la historia de la literatura: la que «comienza con "Manoil terminó de leer y sus ojos..." y termina, tras Anatolia, China y Ararat, con "reflejando las estrellas y los siglos como los ojos de un joven llamado Manoil"», aunque no estoy seguro de que Proust no haya escrito alguna más extensa. Los juegos tipográficos, a veces caligramáticos, y cierto deliberado aire de melodrama —«todos somos melodramáticos si escarbamos profundamente bajo la sonrisa burlona de la inteligencia», afirma Cărtărescu— refuerzan, en fin, el perfil lírico del libro.

El Levante es también una obra épica. «Epopeya» la llama asimismo con frecuencia Cărtărescu. No hay muchos ejemplos de épica en la literatura contemporánea, y no deja de ser revelador de su propósito subversivo que un poema-relato radicalmente posmoderno, como veremos luego —y, por lo tanto, esencialmente descreído—, abrace este impulso heroico, esta proeza colectiva y casi galáctica. *El Levante* es la crónica de una hazaña liberadora y también el canto de un pasado glorioso y feliz, cuyo tono recuerda a menudo el de las grandes gestas de la antigüedad, aunque en su desarrollo se inmiscuyan elementos de la mitología y la literatura fantástica —Cărtărescu no deja de narrar mundos maravillosos, a veces exultantes, a veces sombríos, como ese «zafiro, tan grande como un huevo de pava, del que había nacido el pueblo turco: estaba en un nido de serpiente, envuelto en seda de oro»— y aun de la elucubración metafísica, como «el fantástico ángel [que] vuela con alas de fuego hacia sí mismo y hacia afuera, al ser y al no ser, a través de una realidad vaga y [...] un sueño suprarreal», y que acaso participe en la extraordinaria batalla entre ángeles turcos y cristianos del canto octavo. Pero el sentido épico de *El Levante* no puede entenderse del todo sin comprender también otra de sus dimensiones: la de manifiesto contra la tiranía; la de canto por la libertad de Rumanía. Cărtărescu compuso el libro a finales de los 80, muy poco antes de que cayera el Telón de Acero y se pusiera fin al siniestro régimen de Nicolae Ceacescu y su vampírica esposa, Elena, por el expeditivo procedimiento de fusilarlos tras un proceso tan sumarísimo que apenas le quedaba nada de juicio. La reivindicación de un país libre se camufla tras el nombre de Valaquia, el principado rumano más importante desde la Baja Edad media hasta mediados del s. XX, cuando se desarrolla la acción de *El Levante*, y la opresión de los turcos, que, efectivamente, la sometieron durante más de cuatro siglos y la convirtieron «en una especie de Bangladesh»: «¿Por qué no tendré miles de ojos, como Argos —escribe Cărtărescu en el canto séptimo—, para poder llorar con miles de lágrimas el terrible estado de mi pueblo, prisionero de los lobos y de las alimañas que desgarran el seno de Valaquia con sus garras afiladas?».

Pero, pese a sus muchos méritos, lo anterior solo habría sido un anacrónico ejercicio literario, un artilugio entre nostálgico y funambulesco, si Cărtărescu no lo hubiera insertado en la más radical modernidad, que no es sino la modernidad rebasada por sí misma: la posmodernidad. En el penúltimo canto, pregunta al lector si ha visto la película *Y la nave va*. Y explica: «Hacia el final te muestran el plató del rodaje, el andamiaje gigante que sostiene el barco inmenso para hacerte creer que el cabeceo mecánico es de verdad. El procedimiento es posmoderno, así que lo utilizaré también yo». Y, en efecto, eso es lo que hace a lo largo de todo el libro: mostrar las tripas del invento. Cărtărescu canta las peripecias de sus personajes, pero en ningún momento permite que nos olvidemos de que son eso, criaturas fabuladas, caracteres ficticios, y que es él quien los ha alumbrado. Ese reconocimiento es, por otra parte, un requisito esencial para que nos creamos unas andanzas que, de otro modo, nos parecerían inverosímiles. El autor no deja de interpelar al lector, obligándolo a participar del artificio que es el libro. Y también se aparta de su obra: se disocia, pirandelianamente, de sus personajes y hasta de su propia escritura: «Ay, poeta, soñador, Señor, por qué me habré puesto a escribir esta historia, en qué estaría yo pensando, cuando todos están locos por la actualidad, cuando se escribe poesía de la realidad, la poesía que baja a la calle, cuando –¡uf, me ahogas! – todo el mundo se ha cansado de metáforas, de imágenes, del estilo recargado, de adornos, filigranas, arañas, diablos, solo me hacía falta una epopeya oriental que me tenga paralizado dos años...». La reflexión metapoética introducida en este ejercicio de relativización autoral

—y en algunos poemas del libro, como «*Todo es escritura,/ Todo es holón...*», una oda cósmica sobre el arte de la palabra, con escenas apocalípticas– es coherente con ese espíritu posmoderno: Cărtărescu se pronuncia, por medio de la exuberancia orientalista de *El Levante*, contra el realismo social imperante en la literatura de su país. También lo son los elementos paródicos —de los libros de caballerías, de los relatos de viajes, de la literatura contemporánea, de la propia filosofía posmoderna—, la incesante intertextualidad —en el libro se menciona a Georges Steiner, a Borges y Bioy Casares, a Baudelaire y Byron, pero también a Mafalda, Gramsci y el Che Guevara— y ese bucle final, en el que Manoil saca *El Levante* de la librería y lee sus palabras últimas, que le remiten otra vez a sus palabras últimas, y estas, de nuevo, a sus últimas palabras, en un círculo inacabable, al que solo cabe poner término si recordamos que *El Levante* es solamente un libro y pasamos con desapego la página.

[Publicado en *Letras Libres*, n° 169, octubre 2015, pp. 58-59]

LA SOLEDAD DEL SUICIDA

Paul Celan se arrojó al Sena la noche del 19 o la madrugada del 20 de abril de 1970. No se sabe exactamente cuándo, porque nadie lo vio saltar. Los relatos de su muerte coinciden en señalar que el poeta se suicidó desde el puente Mirabeau de París. La falta de testigos hace difícil, si no imposible, asegurarlo. ¿Se sostiene que se mató desde ese puente porque es el viaducto del Sena más cercano a donde vivía el poeta en aquel entonces, un pequeño apartamento en el número 6 de la avenida Émile Zola –que, de hecho, desemboca en el propio puente–, o contribuye a esa deducción la atracción que Celan parecía sentir por ese puente? Guillaume Apollinaire, uno de los padres de la vanguardia, y también uno de los muchos poetas traducidos por Celan, escribió el poema titulado «Le pont Mirabeau»: «Sous le pont Mirabeau coule la Seine/ Et nos amours/ Faut-il qu'il m'en souvienne/ La joie venait toujours après la peine/ Vienne la nuit sonne l'heure/ Les jours s'en vont je demeure...».[1] Celan, por

---

[1] «Bajo el puente pasa el Sena/ también pasan mis amores/ ¿hace falta que me acuerde?/ tras el goce va la pena// La noche llega y da la hora/ Se va la hora y me abandona...» (PAZ, 2000: 33).

su parte, escribió en «Y con el libro de Tarusa», perteneciente a *La rosa de nadie*, este fragmento acaso premonitorio: «Del sillar/ del puente, del que él rebotó/ hacia la vida, en vuelo/ de heridas —del/ puente Mirabeau./ Donde el Oká no fluye. Et quels/ amours!» (CELAN, 1999: 202).[2] Tarusa es la ciudad en la que había pasado la infancia la poeta rusa Marina Tsvetáyeva, a la que Celan tanto admiraba, que había vivido en París, como él, y que, también como él, acabaría suicidándose. En «Para Nina», Tsvetáyeva escribe: «Aquí, en París, donde corre el Sena,/ Yo estoy contigo, igual como en el río Oká».[3]

Algo más sorprende en el suicidio de Celan: que se tirara a un río alguien que había sido un excelente nadador. Sus poemas abundan en imágenes natatorias, que comunican a menudo una sensación de felicidad, como veremos más adelante. ¿Cómo hizo alguien que nadaba tan bien para dejarse arrastrar por el agua? ¿Se había llenado los bolsillos de piedras? ¿O fue capaz de mantenerse quieto, impasible, hasta la muerte? Si fue así, qué terrible estoicismo, cuánto férreo abandono para impedir la reacción natural del cuerpo ante la progresiva invasión del agua, ante el encharcamiento fatal de los pulmones, ante el oscurecimiento paulatino de la respiración y la negrura definitiva.

Encontraron su cuerpo once días después de su muerte, el primero de mayo. Un pescador anónimo lo descubrió en un remanso del río Sena, cerca del suburbio

---

[2] Esta es la edición que he seguido para este trabajo y, por lo tanto, todas las citas se remiten a ella. Indico entre paréntesis el número de página correspondiente.

[3] TSVETÁYEVA (2013), http://lyricstranslate.com/es/marina-tsvetaeva-нине-nine-lyrics.html.

parisino de Courbevoie, a once kilómetros de distancia del puente Mirabeau. En su mesa de trabajo, en el piso donde vivía, había una biografía de Hölderlin abierta por un pasaje subrayado: «A veces el genio se oscurece y se hunde en lo más amargo de su corazón». Otra poeta suicida, Alejandra Pizarnik, también había vaticinado su fin, escribiendo estos versos en el pizarrón del cuarto donde la hallaron muerta: «No quiero ir/ nada más/ que hasta el fondo» (PIZARNIK, 2000: 453). En los tres casos —Celan, Hölderlin, Pizarnik—, el acto, ya sea corporal o poético, reclama la oscuridad y el hundimiento, el acceso a una profundidad irrevocable.

En la entrada correspondiente al 7 de mayo de sus *Cuadernos*, Emil Cioran, rumano y residente en París, como Celan, amigo de Celan y traducido por Celan, acariciador vitalicio de la idea del suicidio, escribe sobre la muerte de su compatriota:

> Paul Celan se ha tirado al Sena. El lunes pasado encontraron su cadáver. Ese hombre encantador e insoportable, feroz y con accesos de dulzura, al que yo estimaba y rehuía, por miedo a herirlo, pues todo lo hería. Siempre que me lo encontraba, me ponía en guardia y me controlaba, hasta el punto de que, al cabo de media hora, estaba extenuado. (CIORAN, 2000: 211).

Y en la del 11 de mayo, añade:

> Noche atroz. He soñado con la *sabia* resolución de Celan.
>
> (Celan fue hasta el final, agotó sus posibilidades de resistirse a la destrucción. En cierto sentido, su vida nada

tiene de fragmentaria ni de fracasada: está plenamente realizada.

Como poeta, no podía ir más lejos; en sus últimos poemas rozaba el *Wortspielerei*.[4] No conozco una muerte más patética ni menos triste). (CIORAN, 2000: 212).

«Agotó sus posibilidades de resistirse a la destrucción», dice Cioran, con su sombría lucidez. Desde adolescente, Celan, judío, convive con el antisemitismo y, a partir de los veintiún años, con la destrucción. En 1941, los rusos, que han ocupado la Bucovina, donde se encuentra Cernauti, su ciudad natal, deportan a miles de judíos a Siberia. Poco después son los nazis y sus aliados rumanos los que se hacen con el territorio y se aplican a borrar su legado judío: pegan fuego a la gran sinagoga de la ciudad, asesinan a varios miles de judíos de Cernauti y encierran a los demás en un gueto –donde, por una parte, Celan acopia los libros rusos que le ordenan los nazis, para ser quemados, pero, por otra, traduce los sonetos de Shakespeare, mal vertidos hasta entonces al alemán, y sigue escribiendo poesía. Cuando se inician las deportaciones de los judíos que sobreviven en el gueto, en 1942, consigue refugiarse en la fábrica de un amigo, creyendo que sus padres lo seguirán hasta aquel refugio. Pero no lo hacen. Son apresados y enviados a un campo de concentración en Transnitria, donde cumplen trabajos forzados en una cantera. En las espantosas condiciones de vida, o más bien de muerte, de aquel lugar, su padre perece, probablemente de tifus, y a su madre, vieja y agotada por el trabajo, la matan de un tiro en la nuca. Paul pasa luego un año y medio en un campo de trabajo del ejército rumano, donde se cree más seguro que en su ciudad. A principios de

---

[4] 'Juego de palabras', en alemán.

1944, cuando los rusos liberan el campo, vuelve fugazmente a Cernauti, donde trabaja como enfermero de un hospital psiquiátrico, y pasa luego dos años en Bucarest, pero en 1947, cuando se extiende a Rumanía el régimen soviético, se marcha a Viena. Es un viaje terrible: en un otoño helado, apátrida e indocumentado, cruza las fronteras clandestinamente, duerme en estaciones de tren abandonadas y sobrevive gracias a la caridad de los campesinos húngaros. En Viena conocerá y mantendrá un tortuoso idilio con la poeta austriaca Ingeborg Bachmann, asimismo suicida. En 1948 se instala definitivamente en París, donde conoce a la que será su mujer durante catorce años, la artista gráfica Gisèle Lestrange. Su primer hijo, François, fallece con días de edad; dos años después nace Eric. A las turbulencias matrimoniales –motivadas, en buena parte, por las infidelidades de Celan: con Ingeborg Bachmann, por ejemplo, con la que ha restablecido la relación– se suma un sentimiento ardiente de soledad y falta de reconocimiento literario. Cuando, a principios de los 60, ese sentimiento parece remitir, Celan es golpeado por la acusación pública de la viuda de Yvan Goll, un poeta judío surrealista al que Celan había tratado y traducido. Claire Goll propala que Celan ha plagiado la obra de su marido, entre otros infundios, como que era «una leyenda» que los padres del poeta rumano hubieran sido asesinados por los nazis, y que sus traducciones de Goll eran torpes y malintencionadas. Aquella infamia perturba por completo al poeta y lo sume en una depresión en 1962, de la que nunca se recuperaría enteramente: en 1965 es ingresado en dos ocasiones en una clínica psiquiátrica –su segunda estancia, en la que sufre electrochoques, durará siete meses– y en 1967, otra vez. Este periodo terminal está plagado de desequilibrios y agresiones, contra sí mismo –anticipa su suicidio intentando apuñalarse en el corazón– y contra quienes lo rodean: ataca con un cuchillo de cocina a Gisèle, su mujer, que decide separarse de él. Celan vivirá, pues, solo sus últimos años. Los viajes que hace y las lecturas que da en este tiempo parecen mitigar su sufrimiento, pero es solo un espejismo: su convivencia con la destrucción culmina en su propia destrucción en abril de 1970.

Lo tortuoso de la vida de Paul Celan, en la que se acumulan la persecución, el desarraigo y la muerte, acaso explique ese «éxito», esa «plena realización» de la que hablaba Cioran. El suicidio no solo es coherente con una existencia atormentada, sino que la culmina como una coronación fatal, como un remate inevitable. Como se ha señalado en muchas ocasiones, Celan sufre el desgarro de ser un judío que escribe poesía en la lengua de sus perseguidores y asesinos de sus padres, así como la culpa de haber abandonado a estos y, peor aún, de haberlos sobrevivido. Se sabe también solo, exiliado y pobre. Las malignas acusaciones de Claire Goll golpean en lo más frágil e íntimo: la relación de Celan con lo más puro, quizá lo único puro que posee: su experiencia de la poesía, su ser-para-la-poesía, entendiendo por poesía aquella escritura que transgrede la significación de la palabra común atrapada por su formulación conceptual, que desatiende el tiempo vivido y el carácter absoluto de las circunstancias azarosas que el poeta –y cada persona– han vivido. Así lo ha visto Yves Bonnefoy, para quien la poesía de Paul Celan «acoge anotaciones que vienen de las profundidades de la persona: esto equivale a vivir la escritura como un impulso interior, tan continuo como irresistible, a la vez que garantiza a la forma que adopta en el poema algo irreductiblemente singular, aunque, siendo así, todavía será más rica de universalidad» (BONNEFOY, 2014: 22).

Quizá por esta suma de culpas irredimibles y de obsesiones destructivas, que conocía bien, Primo Levi –otro superviviente del Holocausto, hasta que el Holocausto también lo alcanzó a él, en 1987, y lo llevó al suicidio, como a Celan–, ha escrito:

> No es casual que los dos poetas alemanes menos descifrables, Trakl y Celan, acabaran suicidándose, a dos generaciones de distancia. Su destino común nos hace pensar en la oscuridad de su poética como en un pre-suicidio, en un no-querer-ser, en una fuga del mundo, cuyo coronamiento es la muerte autoinfligida. [...] Se percibe que su canto es trágico y noble, pero confusamente: penetrar en él es una hazaña desesperada, no tan solo para el lector de a pie, sino incluso para el crítico. La oscuridad de Celan no es desprecio hacia el lector, ni insuficiencia expresiva, ni perezoso abandono al flujo del inconsciente: es un reflejo auténtico de la oscuridad de su propio destino y del de su generación, que se va espesando cada vez más alrededor del lector, atrapándolo en una especie de círculo de hierro y hielo, a partir de la cruda lucidez de *Fuga de la muerte* (1945) hasta el torvo caos sin esperanza de sus últimas composiciones. Estas tinieblas que crecen de página en página, hasta el último desarticulado balbuceo, son sobrecogedoras como los estertores de un moribundo, pues, al fin y al cabo, es lo que son. Nos fascinan del mismo modo que fascinan las vorágines... (LEVI, 2011: 59-60).[5]

---

[5] Levi, no obstante, defiende en este trabajo la literatura clara, de la que Celan se aparta, aunque –concede– «su "gruñido animal" estaba terriblemente justificado [...] por el desarraigo y la angustia sin remedio ante la muerte triunfante» (LEVI, 2011: 59). La oscuridad de la poesía de Celan ha merecido una interesante glosa por parte de José Ángel Valente, traductor de Celan al castellano: «La materia de la poesía es materia oscura.

El hermetismo contemporáneo poco o nada tiene que ver con el hermetismo barroco. Celan con Góngora. La palabra oscura del poeta contemporáneo no hace concesiones a lo formal; por el contrario, entra más adentro en la espesura, en la propia obscuridad de la experiencia, acaso vivida, pero no conocida. [...] Negarse a esa palabra obscura es cerrar los oídos –y los ojos– a la voz que canta, a la palabra poética» (VALENTE, 1995: 21). El propio Celan, a quien, como a todos los poetas oscuros, le irritaba la acusación de oscuridad, abordó el espinoso expediente del hermetismo de este modo: «Hoy es cosa habitual reprocharle a la poesía su "oscuridad". Permítanme que sin más les cite aquí –¿acaso no se ha abierto aquí algo de repente?– una frase de Pascal, una frase que leí hace algún tiempo en Leo Chestov: "Ne nous reprochez pas la manque de clarté puisque nous en faisons profession!". Esta es, me parece, si no la oscuridad congénita, sí la oscuridad adherida a la poesía en función de que se produzca un encuentro, una oscuridad desde una lejanía o extrañeza, tal vez proyectada por ella misma» (CELAN, 1999: 505). Su biógrafo Israel Chalfen refiere asimismo lo que Celan le contestó una vez a alguien que le había pedido que le explicara un poema: «Siga leyendo. Basta con leer y releer, y el sentido aparecerá por sí solo» (CELAN, 1999: 32). Claro que también hay para quien la oscuridad de Celan no es la manifestación exacta –y pertinente– de un mundo caótico y una subjetividad doliente, sino algo simplemente ininteligible. Almudena Grandes, en una nota periodística, habla de Celan, «poeta rumano de lengua alemana cuya obra es un paradigma de la poesía críptica de la segunda mitad del siglo XX», y recuerda el juicio patriarcal de Ángel González, que, ante los gritos de incomprensión de Joaquín Sabina, pregunta, entre ingenuo y sarcástico: «¿Qué pasa? ¿Ya está leyendo otra vez a Paul Celan?» (GRANDES, 2011). Para algunos lectores, no hay más intelección que la racional. Su opción dice muy poco del poeta al que descalifican, pero revela mucho sobre sus propias limitaciones.

No es fácil, ni carente de riesgos, establecer una correspondencia, o siquiera una afinidad, entre el contenido de una obra y la resolución de una vida. Pero, en el caso de Celan, las coincidencias –o, digamos más bien, los ecos premonitorios– son, a mi juicio, numerosos y sustanciales. Ello no autoriza a sostener que, cuando Celan escribía sus poemas, con alusiones constantes a elementos que cabe reconocer, años después, en el hecho trágico de su suicidio, estaba urdiéndolo o siquiera prefigurándolo: su actividad era exclusivamente poética, y a esa condición lírica hay que atenerse. Sin embargo, esa malla de confluencias sí nos permite creer que las mismas pulsiones anímicas que lo condujeron a la autodestrucción alimentaban su creación y que, de una forma inconsciente, disponían trazos que se manifestarían en su muerte futura. La presencia de la muerte, como una gran sombra que ilumina cada palabra, es constante en la obra de Celan, y no parece raro que lo sea, si se conoce su biografía. En «Cargado de destellos», de *Compulsión de luz*, escribe Celan estos versos que podrían pasar por una muestra más del existencialismo contemporáneo, pero que, dichos por el poeta de Cernauti, adquieren un perfil premonitorio y sobrecogedor: «La muerte/ que me quedaste debiendo/ la llevo/ a término» (317). En su segundo libro, *Amapola y memoria*, figura su monumental «Fuga de muerte», una de las más brillantes y oscuras elegías de la poesía contemporánea, un canto contra la perversión inconcebible del nazismo y los horrores de Auschwitz, y uno de los poemas más estudiados de la lengua alemana:

>   Grita que suene más dulce la muerte la muerte es
>   [un Maestro Alemán
>   [...]
>   Negra leche del alba te bebemos de noche

> te bebemos al mediodía la muerte es un Maestro
> [Alemán
> te bebemos de tarde y mañana bebemos y bebemos
> la muerte es un Maestro Alemán su ojo es azul
> él te alcanza con bala de plomo su blanco eres tú
> vive un hombre en la casa tu pelo de oro Margarete
> azuza sus mastines a nosotros nos regala una fosa
> [en el aire
> juega con las serpientes y sueña la muerte es un
> [Maestro Alemán... (64)

Muerte y noche se asocian regularmente en la obra de Celan, siguiendo un vínculo milenario en la tradición literaria occidental: su negrura las hermana. Así reza «En Praga», de *Cambio de aliento*: «La media muerte,/ amamantada con nuestra vida,/ yacía verdadera como imagen de ceniza a nuestro alrededor–// [...] [nosotros] cosidos a piedras del cielo, nacidos de sangre de palabra/ en el lecho de la noche» (230), donde muerte y vida se alimentan mutuamente, lo que está abajo se une a lo que está arriba (un movimiento muy común, como se expondrá después, en la poesía celaniana) y lo líquido –la sangre, símbolo de la vida, pero también, si se escapa, de la muerte– impregna lo inmaterial y lo cósmico.

La presencia ominosa de la muerte se proyecta, pues, en toda su vida y en toda su obra. Pero debemos situarnos ante el Paul Celan que se dispone a morir aquella noche infausta del 19 al 20 de abril de 1970, que, para más inri, es el aniversario de Adolf Hitler, nacido el 20 de abril de 1889 en el pueblecito austriaco de Braunau am Inn. ¿A qué se enfrenta, qué ve ese Celan resuelto a acabar con sus días? Ve la oscuridad –la de la noche y la del agua– y sabe de la caída que lo llevará a las profundidades, pero, a la vez, lo elevará hasta la redención. La muerte se plasma en ese eje de negrura y hundimiento, un eje que recorre estructuralmente su poesía, y que se acentúa, se engrosa, en su último tramo, cuando sus problemas psicológicos se agravan, y, especialmente, en los últimos años de esa década, desde *La rosa de nadie*, de 1963, hasta el póstumo *Parte de nieve*, publicado en 1971.

La identificación de agua y muerte es muy temprana: «Cuando la concha de los muertos llegue flotando», escribe en *Reja de lenguaje* (117); y también: «Vosotros/ que os hundís, oídnos/ también» (118). En *Cambio de aliento* menciona «la ola que me lleva, negra maldición» (223). En *Compulsión de luz* dice que «la muerte tenía afluencia» (319). Y en *Parte de nieve*, que «un muerto cualquiera, todo consciente,/ vira a sotavento por barlovento» (385). El muerto está consciente, es decir, la muerte está viva: la muerte habita en la conciencia, en el latido diario, en el yo que surca el mar del mundo. Las imágenes fluviales y marinas enmarcan con frecuencia esa identificación. En «Barcaza de escombros», de *Reja de lenguaje*, leemos: «Hora de agua, la barcaza de escombros/ nos lleva por la tarde [...] un porqué/ muerto se tiene en la popa.// [...] El pulmón, la medusa/ se hincha en campana, un pardo/ apéndice del alma alcanza/ el claramente respirado No» (131). «Marea baja» dibuja una escena de playa, con lapas, cangrejos y arena, pero también con las paredes del corazón y «lo desprendido de las paredes, junto/ a otros restos duros, en los/ derrubios»; y en las corrientes que la ciñen, dos ojos cerrados siguen «la corriente hasta su sombra» (142). El agua y cuanto la rodea se inmiscuye en el cuerpo —en el ser—, o estos en ella, en un diálogo que aboga por la mixtura y la oscuridad. Más estremecedor resulta aún el poema «A la derecha...», de *Soles filamentos*, que dice así: «A la derecha, ¿quién? La Señora Muerte./ ¿Y tú a la izquierda, tú?// [...] allí me sumerjo/ y vierto toda una urna/ en ti, hacia abajo,/ hacia dentro» (286), cuya descripción coincide con la que podría hacerse del suicidio del poeta: la muerte, sumergirse, hacia abajo, hacia dentro. «Yo, hombre de mar, me voy», dice, en fin, Celan en «En alta mar...» (308), de *Compulsión de luz*.

Un poema de *Cambio de aliento*, «Puerto», abunda en esta imaginería ácuea y nocturna, vinculada a la caída y la inmersión: «trepa hasta arriba para el salto mortal la/ carreta de grúa Vida,/ a ése/ lo dragan las frases ávidas/ de sentido pasada la medianoche» (224). También habla Celan en esta composición de «la garrucha del pozo». El pozo es, como veremos más adelante, uno de los tópicos que objetivizan su obsesión por sumirse en lo profundo, por abrazar lo invisible y diluirse en él. En otro poema de este mismo libro, «Detrás del sueño marcado con carbón...», «agua vino, agua,/ [...] se ahondaron barcas [...]/ [y] avanzaban los animales con los hocicos de fango» (230). En «Entra/ de soslayo...», de *Parte de nieve*, el tú al que interpela el poeta ocupa unas profundidades, subrayadas por el políptoton, a las que este se siente llamado, aunque no deje de surcar la superficie: «baladrado/ a bordo/ está tu grito,/ estabas allí, estás abajo,// debajo estás tú,// me voy, me voy de mí/ [...] con la quilla-espada/ te ensarto» (362-363).

Las imágenes natatorias, como se ha dicho al principio, multiplican y complementan estas alegorías líquidas. En algunos casos, presentan connotaciones favorables. En estos versos de *Reja de lenguaje*, por ejemplo, la luz, que viaja como si fluyera, aparece rodeada por elementos benignos: la exención del tiempo, la unión melar representada por las nupcias y las abejas, el vuelo. «¿Vienes, nadadora luz?/ Vacíos de tiempo los panales del reloj,/ nupcial el enjambre millar,/ dispuesto a volar.// Ven, nadadora luz» (119). En otros supuestos, los ecos son contradictorios.

En «Árbol ciliar», de *La rosa de nadie*, escribe Celan: «[la palabra nunca] era una libertad./ Nadábamos.// [...] Nadábamos.// ¿Recuerdas aún que nadabas?/ Abierta estabas delante de mí,/ [...] Yo nadaba por nosotros dos. No nadaba./ El árbol ciliar nadaba.// ¿Nadaba? Había/ un charco alrededor. Era el infinito estanque./ Negro e infinito, así en vilo, así en vilo mundo abajo» (167). El dinamismo de la acción, su sentido liberador e incluso ciertas connotaciones eróticas —«abierta estabas delante de mí...»— sufren la inflexión de la duda y se enfrentan a una repentina connotación mortuoria. Como ha señalado Gaston Bachelard, el agua estancada —ese «estanque negro e infinito», que corresponde a los mundos inferiores— es una imagen universal de la muerte. En todas las culturas, el agua es un símbolo multívoco o ambivalente. Juan-Eduardo Cirlot nos recuerda su carácter protomatérico y maternal, pero también su condición de metáfora de la muerte: las aguas son el principio y el fin de todas las cosas terrenales. «La inmersión en las aguas significa el retorno a lo preformal, con su doble sentido de muerte y disolución, pero también de renacimiento y nueva circulación, pues la inmersión multiplica el potencial de la vida», escribe CIRLOT (1992: 54-55). En la tradición cristiana, el simbolismo del bautismo ha recogido esa doble naturaleza, naciente y mortal, de las aguas (San Juan Crisóstomo ha escrito: «[el agua] representa la muerte y la sepultura, la vida y la resurrección... Cuando hundimos nuestra cabeza en el agua, como en un sepulcro, el hombre viejo resulta inmerso y enterrado enteramente. Cuando salimos del agua, el hombre nuevo aparece súbitamente») (CIRLOT, 1992: 55). En la mitología griega, el agua constituía la frontera del Hades, la morada de los muertos. El agua se ha percibido siempre como una representación de la existencia humana, transitoria e inaprehensible. En el Barroco, se acentuó el sentido de fugacidad que transmitían las aguas, siempre pasajeras, siempre escapando: como el tiempo, no pueden volver atrás, corriente arriba. La potencia del símbolo se acentúa con su materialización en agua sin curso, en agua estancada: representa entonces una muerte visible, reconocible. Los rasgos semánticos que vinculan a esas aguas y la muerte son la quietud –y la tristeza que se desprende de ella–, la oscuridad que emerge de sus profundidades –o que las rodea– y la putrefacción a que suelen asociarse. El agua quieta también se identifica con el agua durmiente, igual que la muerte se identifica con el sueño. Siguiendo de nuevo a Bachelard, «el agua es el verdadero soporte material de la muerte [...], la hidra universal» (BACHELARD, 2003: 103).

La noción de caída es fundamental en la obra de Celan. Desde las mitologías antiguas, con los fracasos de Ícaro y Faetonte, que penan con su abismamiento el anhelo insensato de remontar alturas prohibidas, y el ángel caído del Cristianismo, hasta el existencialismo moderno, pasando por el Barroco, para el cual la caída es una alegoría del curso natural de la vida, una inmersión en el tiempo, que acaba en la muerte –«el despeñarse es un trance, una agonía que dura lo mismo que la tragedia de estar vivo» (ANDRÉS, 1994: 93)–, hundirse, ser derribado, abandonar las alturas y precipitarse en los estratos inferiores del mundo –y de la conciencia– es sinónimo de perecer. El enraizamiento del dolor en nuestra conciencia, por el solo hecho de haber nacido, es típico del existencialismo moderno, y por eso ha podido escribir Gaston Bachelard que la caída es siempre «una caída en el interior de nuestro ser, una caída ontológica» (BACHELARD, 1958: 122). Celan escribe en «Lecho de nieve», de *Reja de lenguaje*: «en el tiempo profundamente reticulados, caemos,/ caemos y yacemos y caemos» (129), con paradójica epanadiplosis, que insiste en la caída y, a la vez, la hermana con la quietud: morir y caer son formas disímiles de la inmovilidad: nada hacen los muertos, salvo yacer, y nada hace quien cae, salvo caer. En «A una y otra mano...», de *La rosa de nadie*, encontramos estos versos: «Oh ese centro errante, vacío, hospitalario. Separados,/ te caigo en suerte,/ me caes en suerte, uno del otro/ caído, vemos/ a través» (158). Celan recurre otra vez a la expresión de «caer en suerte» en «En los ruidos», de *Soles filamentos*, donde escribe: «En los ruidos, como nuestro principio,/ en el abismo,/ donde me caíste en suerte» (268). El centro de «A una y otra mano», inmóvil por ser centro, pero también errante, reitera el oxímoron del movimiento y la inacción; simultáneamente, vacío y hospitalidad aúnan los contrarios de un estado en el que convergen la energía, el deseo de la vida, y la nada de que esa vida –y la muerte– están hechas. Coherentemente con ello, en la estrofa anterior de este mismo poema hallamos otro juego habitual en Celan, que trasluce la contradicción de quien aspira a alzarse del dolor, pero siente el peso de ese mismo dolor lastrándolo hasta el fondo: «Tú estás/ donde tu ojo está, estás/ arriba, estás/ abajo...» (158): arriba y abajo, los polos de la senda vertical, de la pugna existencial, que nos lleva del suelo al cielo, o del cielo al infierno, o del suelo al agua, o de la superficie al fondo. Más aún: en «La palabra dolor», de *La rosa de nadie*, continentes y corazones «flotaban,/ se hundían y flotaban» (195), una nueva dualidad y una nueva antítesis, que, en realidad, transmite una cohesión subyacente: la de quien experimenta la supervivencia y, al mismo tiempo, la derrota; la de quien, simultáneamente, respira y se ahoga. La caída deliberada, arrojarse al vacío, aparece en «En el vacío...», de *Compulsión de luz*: en él, «donde las entrañas se enredan/ con la flor/ de los sesos,/ me arrojé a piedras/ que me acogieron/ y coronaron un redondel con el que llegué a ser» (328). Más allá de este precipitarse metafórico, vuelve a identificarse el vacío con el ser. La redención llega con lo inorgánico, esas piedras que dibujan la forma perfecta de un círculo y regalan una nueva existencia, desprovista de carne y, por lo tanto, de muerte y sufrimiento.

La caída, en Celan, no lleva a otro sol, ni a una nueva superficie, sino a las profundidades. De hecho, la experiencia del mundo supone siempre un entrañamiento, una disolución de la realidad en los estratos profundos del yo. El tiempo es ser, es carne, y, con acentos estoicos, los relojes están «en lo hondo de nosotros» (133). En otro poema, «lo escrito se espelunca» (237). En «Lyon, les archers», perteneciente a Soles filamentos, precedido por otro políptoton intensificador, «enajenado de ti,/ te enajenas, más a fondo» (269), el desprendimiento de uno, la transformación —o disolución— del yo, se produce en las honduras. En «¿Dónde?...», de *Cambio de aliento*, «la sombra/ estallada — hacia/ lo más profundo/ logra ser libre» (240). La idea de la caída como liberación se repite en «Pensamiento de calavera...», del mismo libro, en el que Celan consigna la «libertad de la crujiente/ bendición de los acantilados» (242).

En algún caso, elevación e inmersión se funden en un solo pasaje, como en el ya mencionado poema «Puerto» donde «la línea de flotación/ [...] se hunde con nosotros, fiel a nuestra carga,/ espejea bufoneando todo esto/ hacia abajo, hacia arriba...» (225). Algo muy parecido sucede en «Aureola de cenizas...», asimismo de *Cambio de aliento*, en el cual «(En la cuerda/ vertical del aliento, entonces,/ más alto que arriba,/ entre dos nudos de dolor, mientras/ la blanca/ luna de los Tártaros ascendía hasta nosotros,/ me ahondé en ti y en ti)» (235). El dinamismo que refleja el ascenso y descenso constantes transmite, a su vez, la viveza del combate existencial, la lucha entre la elevación, dirigida a lo abierto y sin daño, y el anonadamiento en lo inferior. En «Exaudido...», «los in-/ sepultos, incontados, allí arriba,/ los niños,/ están listos para saltar» (244): quienes han de saltar están muertos; quienes caerán, ya han caído; la altura da la muerte: lo que está abajo solo la acoge. En «Tarde...», de *Soles filamentos*, una nube encarna la paradoja de lo alto y lo profundo, y aparece la mención explícita de ese «otro lado» al que siempre han querido acceder los poetas y, sobre todo, los poetas lacerados: «una nube cabizcaída,/ amante de lo profundo,/ nos transporta también hacia/ el otro lado» (291). La profundidad significa, así, un nuevo mundo, una nueva visión, un nuevo ser. A veces, el poeta solo consigna su deseo de ascensión. Subir es, en estos poemas, una afirmación del deseo de vida, una sublimación del ser. En «De materia de ángel...», la elevación, emparejada con la fluencia, se identifica con la unión con la amada, con el otro, pero también con uno mismo: «el día/ de la unión de las almas, fálicamente/ unidos en el Uno –él, el Justo-Vivificador, te me dio al lecho,/ hermana–, hacia arriba/ fluyendo con fuerza por los canales, hasta lo alto/ de la corona de raíces: hendidos ella/ nos impulsa hacia arriba, coeternos,/ con el cerebro pronto, un rayo/ nos sutura buenamente los cráneos...» (298). Igualmente, en un poema de *Parte de nieve*, el poeta aboga por «desde el fondo pantanoso subir/ a lo sin-imagen» (379). Y en otro del mismo libro, «Ilegibilidad de este mundo...», el tú al que se dirige el yo poemático y que, con una clásica técnica de desdoblamiento, puede ser el propio poeta, está «enclavado en lo más profundo de ti», pero «te resurges/ para siempre» (355).

Algunos tópicos materializan singularmente este adentramiento en lo profundo –o en lo otro, o en lo interior– y la consecuente desaparición en la negrura de lo desconocido y lo incomprensible: el pozo y el abismo. Otro *leit-motiv*, la fosa, obedece al mismo impulso metafórico, pero alude, más derechamente acaso, a las muertes en masa y los enterramientos nazis, como en «Fuga de muerte» y, por lo tanto, escapa al esquema analógico que interesa a este trabajo, aunque a veces se funda con alguno de los dos primeros, como en un poema de *Parte de nieve*, cuyos protagonistas son «cavadores de pozos-fosas en el viento», y que concluye apelando a un «joven pozo de fosas» (354-355). Los pozos aparecen a menudo en la obra de Paul Celan. En «Arriba, silentes...», de *Reja de lenguaje*, se repite el término, subrayado, en la traducción, por aliteraciones oclusivas e interdentales: «Cuenta de los pozos, cuenta/ de la corona de los pozos, de la garrucha de los pozos,/ los cenotes de los pozos – cuenta» (139). Un forastero aparece después: se ha bañado, acaso, en uno, y le chorrean el traje y el ojo: «Su traje-y-ojo se tiene/ como nosotros, lleno de noche...» (139). También encontramos pozos de desagüe en «Verdegrís...», de *Soles filamentos*: «la profundidad/ entrega su vegetación, inaudible,/ sin resistencia» (274). Más en «Todtnauberg», de *Compulsión de luz*, donde se articula, de nuevo, el binomio alto-bajo: «el trago del pozo con el/ dado de estrellas encima» (321). Y también en «Como/ un pozo...», del mismo libro, en el que sirve para subrayar el concepto de profundidad: «Como/ un pozo/ en lo hondo del hechizo» (337).

El abismo es otra constante de la poesía celaniana: como dice el propio poeta, «los abismos merodean» (375). Se caracteriza, como toda forma abisal, y siguiendo de nuevo a Juan-Eduardo Cirlot, por una dualidad de sentido: es símbolo de la profundidad en general y también de lo inferior, y su atracción «es el resultado de la confusión inextricable de esos dos poderes». Y añade Cirlot: «Las regiones abisales suelen identificarse con "el país de los muertos" y, por consiguiente, con los cultos de la Gran Madre y lo ctónico [...]. La asimilación del país de los muertos y el fondo del mar o de los lagos explican muchos aspectos de las leyendas en las cuales surgen palacios o seres de los abismos de las aguas» (CIRLOT, 1992: 50). «Di a tus dedos,/ que te acompañan hasta dentro/ de los abismos», escribe Celan en «La blanca filacteria...», de *Cambio de aliento*, «cuán lejos/ te empujé a lo profundo, donde/ mi más amargo sueño/ desde el corazón durmió contigo...» (220). La mina también es un abismo en el poema así titulado, «En el eterno abismo de la mina...», de *Soles filamentos*, donde encontramos este nuevo ejemplo de esa angustiosa verticalidad por la que se desplazan sin pausa la percepción y el ánimo del poeta, complementada, ahora, por una imagen hórrida, heredera, quizá, de la experiencia de Celan en los campos de trabajo nazis: «sobre la escalera de urgencia,/ mantienen Haciarriba y Haciabajo/ la crátera llena de seso/ vesiculoso» (263). Muros y abismos, a veces, se humanizan: arraigan en la persona; se convierten en persona: «las paredes sensibles hondas en el tú-abismo/ se regocijan...» (265). Si la muerte vive en la gente, es lógico que también el abismo lo haga.

    Una última metáfora anticipa, en la poesía de Celan, la visión de las aguas del Sena aquella noche fatal de su suicidio: el muro. Como la superficie negra de las aguas —un muro traspasable, pero que anuncia, como sus homólogos sólidos, la existencia de otro lado, la realidad oscura de un mundo desconocido en el que perderse y acaso liberarse, los muros que abundan en sus versos son los muros de los fusilamientos, de los guetos y también, acaso, de las lamentaciones, pero no olvidan su significado profundo de frontera infranqueable, de imposibilidad de escapar a una realidad o un mundo signado, en el caso del poeta rumano, por el sufrimiento. Como recuerda Cirlot, el muro «expresa la idea de impotencia, retención, resistencia, situación, límite» (CIRLOT, 1992: 316). Un muro que es también, en el mundo frecuentemente marítimo de Celan, un dique, sin olvidar nunca la fatalidad de la hondura: «traes contigo la imagen de un muro de muelle,/ allí, cuando nuestras llaves,/ hundidas en lo vedado,/ se cruzaron en figura de blasón» (232).

Sin embargo, el muro es también el puente: un puente con ojos, sí, por el que pasan las aguas, pero que se despliega como una linde, como una pared desde la que acceder al otro lado, desde la que penetrar en el recinto de las tinieblas. Ya hemos visto la mención al puente Mirabeau desde el que saltó al Sena. Pero los puentes siguen apareciendo en la obra de Celan: en «¿Dónde estoy yo...?», la corriente los inunda de júbilo. En «Las diabólicas», de *Soles filamentos*, encontramos muchos de los elementos que hemos revisado en este trabajo, o variaciones de ellos. Dice Celan: «hacia-atrás/ salta hacia delante,// los pontajes/ malgastados, arpegiados,/ van cincelando el abismo calcáreo ante nosotros,// la marisma de luz/ nos ladra a lo alto» (277). El desplazamiento vertical se ha sustituido por otro horizontal –saltar hacia atrás y hacia delante, aunque siempre saltar–, y los puentes, por el metonímico pontaje, pero el abismo sigue extendiéndose ante nuestros ojos y las realidades, mezclándose en una constante discordia perceptiva y cósmica, que revela la voluntad unitiva, el deseo de reconciliar lo alejado y distinto en una sola realidad absoluta: el abismo no es de aire, sino de tierra; la luz es agua; y esa agua es un perro.

BIBLIOGRAFÍA

ANDRÉS, Ramón (1994), «Introducción», en VV. AA., *Tiempo y caída. Temas de la poesía barroca española*, dos volúmenes, Barcelona: Quaderns Crema.
BACHELARD, Gaston (2003), *El agua y los sueños. Ensayo sobre la imaginación de la materia*, México: Fondo de Cultura Económica.
---------------- (1958), *El aire y los sueños. Ensayo sobre la imaginación del movimiento*, México: Fondo de Cultura Económica.
BONNEFOY, Yves (2014), *Allò que va alarmar Paul Celan*, sin lugar de edición: LaBreu Ediciones.
CELAN, Paul (1999), *Obras completas*, Madrid: Trotta.
CIORAN, E. M. (2000), *Cuadernos 1957-1972*, Barcelona: Tusquets.
CIRLOT, Juan-Eduardo (1992), *Diccionario de símbolos*, Barcelona: Labor.
GRANDES, Almudena (2011), «Celan», *El País*, 17 de enero, p. 64.
LEVI, Primo (2011), *El oficio ajeno*, Barcelona: El Aleph Editores.
ORTEGA, Carlos (1999), «Que nadie testifique por el testigo» (CELAN, 1999: 9-35).
PAZ, Octavio (2000), *Versiones y diversiones*, Barcelona: Galaxia Gutenberg/Círculo de Lectores.
PIZARNIK, Alejandra (2000), *Poesía completa*, Barcelona: Lumen.
TSVETÁYEVA, Marina (2013), http://lyricstranslate.com/es/marina-tsvetaeva-нине-nine-lyrics.html.
VALENTE, José Ángel (1995), *Lectura de Paul Celan: fragmentos*, Barcelona: Ediciones de la Rosa Cúbica.

[Publicado en VV.AA., *Lecturas de Paul Celan*, Mario Martín Gijón y Rosa Benéitez Andrés (eds.), Madrid, Abada, 2017, pp. 175-194]

LA FALTA DE RIMA

[Michel HOUELLEBECQ, *Poesía*, traducción de Altair Díez y Abel H. Pozuelo, Barcelona: Anagrama, 2012, 368 pp.]

Michel Houellebecq (Isla de la Reunión, 1958), reputado novelista, entrega en *Poesía* su poesía completa, compuesta por cuatro libros: *Sobrevivir* (1991), *El sentido de la lucha* (1996), *La búsqueda de la felicidad* (1997) y *Renacimiento* (1999). La sequedad del título condice con la sequedad de la obra: Houellebecq consigna en sus poemas el mismo sufrimiento, la misma sensación de vacío, el mismo convencimiento de que todo es absurdo, que en sus novelas, pero lo hace con un espíritu distante y con una astringencia expresiva que puede confundirse con desinterés o, lo que es peor, con fingimiento. En sus descripciones de la derrota, en sus visiones autodespectivas, de reminiscencias brueghelianas —«por lo general, me detesto», escribe en un poema; y lo peor es ese estadístico «por lo general»—, prevalece cierta indiferencia abstracta, y cuesta advertir alguna implicación emocional: su actitud conjuga la náusea y la ataraxia. En este frío aquelarre de quejidos, *Sobrevivir* es el volumen que se nos hace más simpático: en pocos y apretados poemas en prosa —o más bien párrafos imbuidos de un cierto temblor lírico; en cualquier caso, siempre más sugerentes, más naturales, que sus poemas en verso—, construye una suerte de breviario del buen poeta, pero no para escribir mejor, sino para sobrevivir a un mundo caótico, en el que cada individuo es una isla y todas las islas están condenadas al hundimiento. Su visión práctica y, a la vez, enloquecida de la vida del escritor, no carente de un ingenio brutal, rinde consejos como este: «Si no frecuentáis a ninguna mujer (por timidez, fealdad o cualquier otra razón), leed revistas femeninas. Sentiréis un sufrimiento casi equivalente». En sus restantes poemarios, su noción de una existencia condenada a la soledad y al fracaso se plasma en relatos breves, en semblanzas fugaces de la contemporaneidad —con, a menudo, un aire objetivista, a lo Robbe-Grillet—, en escenas entre delirantes y absurdas, que se desarrollan en ciudades hostiles o paisajes incomprensibles, y en las que algunas metáforas alcanzan la condición de obsesivas: el tren, con el que acaso comunica la necesidad de alejarse del lugar presente, impregnado de terror y desconsuelo, y la noche, símbolo milenario de la muerte, que Houellebecq dice desear: «por la noche me entreno para morir», escribe en un poema de, paradójicamente, *La búsqueda de la felicidad*. En esta visión hormigueante de la ciudad, tan rimbaldiana como posmoderna, no faltan el aire canallesco, la deambulación etílica, el suplicio del insomnio y la amenaza de la enfermedad —«El sida vigila», escribe en *El sentido de la lucha*—, expuestos con una crudeza expresiva que a veces se coagula en procacidad: «Un poco de vida que resiste y se apaga en la polla». Y, aunque el yo lírico afirma que el amor, la felicidad y la armonía no existen, de vez en cuando aparece un personaje femenino al que interpela o apostrofa, o que es el protagonista de sus recuerdos; y lo es con alguna dulzura, con algún afecto perceptible: no dicho, sino sentido. Conforme avanza la obra poética de Houellebecq y se agudiza la percepción del paso del tiempo, su pesimismo, rayano en el nihilismo –no es casual que alabe a Schopenhauer: «Yo te amo y veo en el reflejo de los cristales...»–, se vuelca en el cuerpo declinante, que engorda y se agrieta, pero se resiste a morir. La decrepitud se convierte en otro símbolo de su apagamiento existencial, en una nueva premonición de la muerte.

Poesía desarrolla esta visión fúnebre del individuo y del mundo contemporáneo con algunos aciertos –la concisión, la coherencia ideológica, un humor saludablemente negro, un sentido no desdeñable de la imagen–, pero también con notables errores. Houellebecq presenta la asombrosa característica de ser, a la vez, descriptivo y desaliñado. En muchos poemas se apoya demasiado en la descripción, hasta hacerse explicativo, y en otros –o en los mismos– descuida el fraseo, se aburre de lo que está diciendo: «Con todos esos detalles tan profundamente inútiles (árboles, etc.)/ que emergen, precisamente como los grumos en la sopa./ Todo da ganas de vomitar», leemos en *Renacimiento*. Y la vaguedad de los versos iniciales, subrayada por la desidia cacofónica de los dos adverbios de modo y el paréntesis supernumerario, que no aporta enriquecimiento discursivo alguno, se remata con esa afirmación final, tan tópica como imprecisa. En lugar de dar vida a los versos, de forma que nos trasmitan el deseo emético que el poeta dice sentir, Houellebecq ha preferido abreviar su pálpito y telegrafiar su conclusión. En otras piezas, las impresiones resultan tan insustanciales, tan volanderas, que la escena se queda solo en germen inconexo o esbozo ridículo. De muchos poemas solo puede decirse que son malos. El número II de «Reparto-consumación», en el que el protagonista visita un hipermercado, es un buen ejemplo de estos artefactos fallidos, tan llenos de pretensión como de humo, sin vigor rítmico ni entidad lingüística, cuyo espíritu presuntamente burlesco, también fracasado, arrastra al conjunto al fango de lo idiota: «En mi agenda para mañana/ Había apuntado: "Líquido lavavajillas";/ No obstante, soy un ser humano:/ ¡Están de oferta las bolsas de basura!// En todo instante mi vida bascula/ En el hipermercado Continente/ Me abalanzo y luego retrocedo,/ Seducido por los condicionamientos.// El carnicero tenía unos bigotes/ Y una sonrisa de carnicero,/ Su rostro se cubría de salpicaduras.../ ¡Me tiré a sus pies!». Parece un poema de José Luis García Martín.

Para ser justos, no obstante, hay que precisar que la traducción tiene mucho que ver con esta sensación de ridiculez, y no porque sea mala; por el contrario, la versión de Altair Díez y Abel H. Pozuelo es apta y diligente, a pesar de la desdichada costumbre de sustituir los artículos determinados por pronombres posesivos («me pongo mi chaqueta blanca», en lugar del pulcro y natural «me pongo la chaqueta blanca») y de algunas opciones excesivas o erróneas («quietos instantes» por «moments immobiles», que, además, omite la aliteración del original; «sucio animal» por «bête impure»; «reposarme» por «me reposer», en lugar del genuino «descansar»). Los traductores, como explican en una nota final, han preferido no respetar la escansión ni la rima que Houellebecq emplea en casi todos sus poemas, por ser «una tarea no ya titánica sino prácticamente imposible si queríamos reproducir con exactitud el sentido y no destrozar la capacidad de transmisión de la forma». La explicación responde al ancestral debate sobre la conveniencia —o incluso la posibilidad— de trasladar los moldes formales del original al idioma al que se traduce. Abundar en esta discusión sería tan redundante como inútil, pero, aunque es cierto que reproducir la estrofa y el metro nos puede conducir a algo como los sonetos de Shakespeare traducidos por Agustín García Calvo —extraordinarios ejercicios de virtuosismo, pero que no tienen nada que ver con los sonetos de Shakespeare, salvo que son sonetos–, también lo es que, en algunos casos, no hacerlo puede subvertir, no solo el propósito, sino el propio ser de las composiciones. Díez y Pozuelo creen, y así lo sostienen en su nota, que han mantenido «tanto el sentido rítmico como cierto afán burlesco, cómico y de autoparodia que estaban implícitos en el manejo de tales recursos por parte del autor». Es una creencia indulgente, de la que cabe discrepar. El empeño humorístico existe, sin duda, en la poesía de Houellebecq: no puede entenderse de otro modo su pertinacia en el uso de algo tan obsoleto como la rima consonante, que aspira, por una parte, a diluir la grandilocuencia y el ensoberbecimiento emocional, pero sospecho que también, por otra, a disimular, con ese cascabeleo evidente –y hasta estridente–, la falta de auténtica sustancia lírica. Si se le quita el chiste de la rima –que a veces se transparenta: «Voy a reencontrar mis pulmones,/ El enlosado estará glacial/ De niño, adoraba los bombones/ Y ahora todo me da igual»–, los versos se quedan huérfanos: pierden su envoltura musical y, en consecuencia, su intención irónica, y se convierten en frases desgalichadas, un poco bobas: en versos que no hacen reír, sino que se hacen risibles.

[Publicado en *Letras Libres*, n° 140, mayo 2013, pp. 56-57]

UNA POESÍA QUE HIERVE

[VV. AA., *Punto de ebullición*.
*Antología de la poesía
contemporánea en gallego*, selección, traducción y prólogo de
Miriam Reyes, Madrid, Fondo de Cultura Económica, 2015,
294 pp.]

No abundan las antologías de las poesías escritas en otras lenguas españolas: catalán, gallego y vasco. No han sido nunca demasiado frecuentes, y en estos tiempos de autismos políticos, radicalizaciones partidistas y penurias culturales aún lo son menos. Me atrevo a suponer que muy pocos lectores españoles de poesía –por definición, lectores cultos– sabrán quién es, pongamos por caso, Xosé Luís Méndez Ferrín, o qué autores catalanes se incluyen en la polémica antología *Imparables*, o qué poesía escriben Harkaitz Cano, Miren Agur Meabe o Rikardo Arregi, y mucho menos todavía habrán leído a ninguno de estos. Por eso es de celebrar este *Punto de ebullición. Antología de la poesía contemporánea en gallego*, a cargo de la también poeta Miriam Reyes, que ofrece una muestra significativa de la obra de quince escritores: Xosé María Álvarez Cáccamo, Chus Pato, Pilar Pallarés, Manuel Rivas, Lois Pereiro, Antón Lopo, Xela Arias, Ana Romaní, Manuel Outeiriño, Xabier Cordal, Olga Novo, María do Cebreiro, Yolanda Castaño, Olalla Cociña y Daniel Salgado. La frontera cronológica de la antología se sitúa en 1950 –en ese año nació Álvarez Cáccamo, el sénior de la antología– y la introducción de Reyes atiende a lo sucedido en la poesía gallega desde 1976, inmediatamente después de la muerte del dictador. Su mirada es siempre global: recae, con singular minucia, en los grupos, antologías y, en general, iniciativas colectivas que han articulado el desarrollo –el aumento de la «temperatura poética», como dice la antóloga– de la poesía gallega hasta alcanzar el punto de ebullición actual, en el que encontramos a los quince autores seleccionados. La recolección es también meritoriamente paritaria: siete hombres y ocho mujeres se reparten la representación de la poesía gallega actual.

El sesgo estilístico que presenta *Punto de ebullición* es notoriamente vanguardista. Excepto Rivas y Lopo, más narrativos, aunque no exentos de vuelo imaginativo, los autores de la antología abrazan formas y motivos surreales –con apelaciones al sueño, al laberinto de la psique e incluso, como hace Cordal, al sol negro de Nerval– y, en un sentido amplio, irracionalistas. Casi todos practican la experimentación lingüística y la intertextualidad, con poemas, a menudo, fracturados, hirsutos, visualmente trepidantes. La potencia imaginativa se advierte con claridad en Pato, Arias, Pallarés, el ya mencionado Cordal, Novo y los primeros libros de Castaño. Pero también Outeiriño, cuyos versos se nutren de asociaciones imprevistas, de parodias, juegos del lenguaje y poliglosias poundianas, y Daniel Salgado, que vuelca en los suyos una percutiente crítica sociopolítica, el testimonio de la oposición más punzante a la realidad actual, participan de una dicción turbulenta, de una literatura, como dice el propio Salgado, «que renuncia a lo bello», pero no a la metáfora vigorosa, a la impugnación de los tópicos ni al quebrantamiento emocional. La reflexión sobre la naturaleza y el yo adquiere tintes visionarios y, en Álvarez Cáccamo y Do Cebreiro, hasta cósmicos: «Algunos agujeros negros aprenden a hablar.// [...] El azul solo tiene lugar fuera del tiempo», escribe esta en «Poema de Amor» (siendo «Amor» un pequeño conjunto de asteroides que viajan cerca del Sol).

Cabe apreciar algunos otros rasgos comunes a muchos de los poetas seleccionados. Cultivan la memoria, vinculada a –o constructora de– una identidad convulsa, Álvarez Cáccamo, Pallarés, Rivas, Novo y Cociña: la figura de la madre y, por extensión, de las mujeres –rurales, duras como piedras– que han labrado el mundo en el que el yo germina y se desarrolla, justifica una prolongada elegía. La casa y el paisaje –las aldeas, el mar– envuelven o acompañan este lamento jubiloso, este recuerdo atormentado y agradecido. El erotismo, oscilando de la proclama amorosa a la experiencia rezumante del sexo, imbuye a Pallarés, Arias, Lopo –que poetiza el sadomasoquismo en «Azul», cuyo título es también el del libro fundador del Modernismo–, Romaní y Novo, que se lanza en «La idea de la belleza» a la paradoja de un platonismo soez, en el que habla de «la punta infinitesimal de mi meada», el «señor de mi coño», la «vulva perforadísima», «los intestinos/ llenos de amor/ y mierda», «tocar nuestra soledad con tu prepucio» y joder «de rodillas/ en la noche estrellada de la mente de Platón». (También Do Cebreiro cultiva la paradoja: «toda casa sostiene lo que le falta», escribe en «Comienzo tropezando con las estrellas...»). En un círculo concéntrico mayor, la corporalidad, la conciencia de la carne –de su plenitud y su decadencia–, impregna asimismo los versos de los poetas de *Punto de ebullición*. Pato, Do Cebreiro, Romaní y Castaño investigan en la materia de la feminidad: el cuerpo que da cobijo al yo, a sus enfermedades y alegrías, a la sangre que es metáfora de la vida. En directa pero antagónica relación con esta percepción del cuerpo como arquitecto de la individualidad, encontramos a un cantor del dolor y la muerte, Lois Pereiro. No es extraño que escriba, por ejemplo, «ya puedo regresar a mi cadáver», o que invoque «la cortina helada del odio», porque Pereiro murió, tras atravesar un reguero de enfermedades, a los 38 años. También Xela Arias, fallecida, como Pereiro, en plena juventud, habla del sida y sus burbujeantes estragos: «Me desnuda el idioma y me sabe sudando en sida.// Mi querido sida,/ veneno que me inoculo cada día».

La crítica recorre, casi por entero, la obra de estos poetas. Una crítica que concierne al mundo, pero que también recae en el lenguaje con el que se construye ese mundo. Las opciones metaliterarias y metalingüísticas revelan una aguda conciencia de la arbitrariedad —y de las falacias— de los mecanismos de expresión y, en última instancia, del discurso social y la elaboración del pensamiento. Y la violencia de la dicción de no pocos de estos poetas trasluce asimismo un conflicto raigal, una pugna con las formas de decir, que no es sino reflejo de una lucha existencial, de una fructífera incomodidad con el ser. Arias, Outeiriño, Do Cebreiro, Castaño y Salgado ilustran bien este bucle metapoético, del que, en realidad, participan casi todos.

Toda antología suscita melancolía por los ausentes, pero hay que recordar que lo que vale la pena en ellas, lo que nos dan a descubrir y apreciar, son los presentes. Y en *Punto de ebullición* no hay malos poetas. La selección de Reyes, aunque perceptiblemente alejada del figurativismo, recoge a escritores de altura, más cuajados unos, más prometedores otros, cuya proyección en la cultura española la ensancha y enriquece. Confieso que echo de menos a la delicada Luísa Villalta, que murió también joven, como Pereiro y Arias, pero es de aplaudir que este ramillete de excelentes poetas se ofrezca ahora, con la luminosa traducción de la antóloga, al público en castellano.

[Publicado en *Letras Libres*, n° 171, diciembre 2015, pp. 57-58]

EXISTENCIALISMO RADICAL

[Joan VINYOLI, *Todo es ahora y nada*. *Tot és ara i res*, traducción, preliminar y notas de Marta Agudo, Gijón, Trea, 2014, 128 pp.]

La vida de la persona que fue Joan Vinyoli (Barcelona, 1914-1984) presenta algunos hitos dramáticos: perdió a su padre —médico— a los cuatro años, empezó a trabajar a los dieciséis —en la editorial Labor, donde seguiría hasta su jubilación— y asistió, a los dieciocho, al estallido de la Guerra Civil, en la que su casa fue bombardeada. Luego sobrellevó una sórdida y pertinaz dictadura, en la cual no solo sufrió por su condición trabajadora, sino también por su militancia catalanista. No es descabellado pensar que esta sucesión de desventuras —las más dolorosas, experimentadas en el primer y más sensible tramo de la vida— condicionara su visión del mundo y, en consecuencia, el tenor de su poesía; y también podría explicar su adicción a la bebida, que fue creciendo con los años y que lo condujo a una muerte que puede considerarse prematura. Porque si algo caracteriza su literatura es su intensa crepitación existencial, que en *Todo es ahora y nada*, publicado en 1970, y que ahora se reedita con la excelente traducción y aparato crítico de Marta Agudo, resulta especialmente visible.

Esta dimensión existencial —es decir, esta angustia por haber nacido y por tener que morir, este desconcierto que inspira la realidad, esta sensación de que el mundo es incomprensible, esta abrumadora poquedad del yo— se manifiesta muy pronto, en los primeros poemas del libro. En «Queralbs» leemos: «Toda la noche, en la pizarra,/ bate la lluvia.// Hablo conmigo en susurros,/ ante el rostro aturdido/ que devuelve el espejo. ¿Qué soy?/ ¿Por culpa de quién,/ herida que no cierra?/ ¿Por qué como único alimento un mal cuajado de miedo?». Encontramos en estos versos muchos de los motivos que se repiten en el libro: tras el símbolo que objetiva la angustia —la oscuridad de la noche, la pizarra y la lluvia—, el estupor, el conflicto de la identidad, la ignorancia, la culpa, la herida, el mal y el miedo. También está aquí —en los versos siguientes de este mismo poema— la rememoración de un pasado limpio y sanador, contrapuesto a un hoy ominoso: «Lo que daría por la madreselva,/ por los girasoles de la vieja calle del Camp./ Lo que daría por un trozo de pan/ comido junto a ti,/ solos ante una lumbre,/ mientras el viento silba/ y la lechuza silba». Frente a las negruras del pasaje anterior, y a su sombría panoplia de asechanzas, se reúnen ahora motivos luminosos, vegetales, metáfora de una claridad arrumbada: la madreselva, el girasol, el pan, la lumbre. Hasta el viento y la lechuza, elementos amenazadores y nocturnos, hermanados por la reiteración del verbo, cobran un relieve benévolo.

Lo existencial grana, en *Todo es ahora y nada*, en un amplio abanico de motivos. El insomnio atenaza al yo en «Noche negra», y lo sume, de nuevo, en un «vaso de oscuridad», donde desaparece de la visión —y, por lo tanto, del reconocimiento– de los hombres, incluido él mismo. Las tinieblas reaparecen en «A oscuras», donde los versos se transforman en afirmación seca, desnuda, del marasmo íntimo en el que pena el poeta: «Cajón de vida/ podrida por deseos/ no cumplidos,/ por el cansancio/ de haber esperado tantas veces/ sin encontrar jamás./ Todo se ha vuelto aburrimiento, desdén y náusea,/ por cobardía, sentido común o quizá impotencia». En «De madrugada, a tientas», la noche extiende sus tentáculos quemantes. En «Basta» –un imperativo revelador del hartazgo que causa el sufrimiento–, el yo se define como una grieta en la que no hay nada: «Del frío llega/ un viento amoratado, grumosa sangre/ vespertina, y atraviesa la grieta/ que soy, solo una grieta/ que vibra y suena/ a hueco./ Estoy cansado». En «*Sunt lacrimae rerum*», lloran las cosas, el tiempo y la vida, y el yo vuelve a definirse con desprecio –para lo que el poeta recurre otra vez a la oposición luz-oscuridad– como «una rata miedosa que surge de lo oscuro» y «un girasol que crece entre el estiércol». La ignorancia contribuye al desasosiego vital: no saber, como haber de morir, caracteriza al yo. «¿De dónde veníamos?// ¿A dónde vamos», se pregunta Vinyoli en «Postal para Salvador Clotas»; y otra vez en «Vínculos»: «¿a dónde vamos?» (en «Madrugada lechosa con alambres» se responderá, parcialmente: «Venimos del frío, porque todo es frío y oscuro»). Más preguntas retóricas, que incumben al centro de nuestra experiencia en el mundo –nosotros mismos–, nos zarandean en *Todo es ahora y nada*: «La vida, ¿quién la vive?», se pregunta Vinyoli en «Desde el talud», y su interrogación recuerda a aquella otra, igualmente esencial, de Rafael Cadenas: «La vida, ¿dónde es?». Pasan las horas y los años, los amigos se pierden, y las cosas se desmoronan o se disipan. Un halo de destrucción recorre el mundo tangible, y también el cosmos interior: las barcas se hunden, las jarras se rompen, se deshacen los andamios de los sueños, y, en suma, «se derrumba con sordo/ estruendo, deshecha en cenizas,/ la pira de nosotros», como leemos en «Nessos». La caída y la muerte, en fin, culminan este *descensus ad inferos*, este desplome diario, en que consiste vivir. En el ya citado «Desde el talud», la certeza del derrumbamiento se plasma en el símbolo de la cometa, al igual que, unos poemas antes, lo ha hecho en los gusanos de seda. Vinyoli creía que la poesía, traslación de una experiencia profunda, siempre sería simbólica, emplease el registro que emplease, como recuerda Marta Agudo en la clarificadora introducción. Por eso, el hombre se identifica, en un caso, con ese artilugio cuyas cañas se rompen y cuya tela se rasga, y que caerá en la arena de la playa, «y se [le] humedecerán/ los huesos y la muerte no [le] será extraña»; y, en el otro, con «las hojas de morera que seremos,/ cada día más secas y marchitas», que roerá el gusano pavoroso de la muerte, mientras zumban los moscardones de la vida.

Pero la desesperación raramente es absoluta. Los existencialistas más contumaces encuentran —necesitan encontrar— alguna claraboya, algún lenitivo, en la sentina en la que viven. Ya hemos señalado las elegías redentoras de Vinyoli, sus recuerdos de un pasado inmaculado, que a veces se mantienen en el plano de la abstracción, como en «La historia del soldado» —donde se dice dueño de una «oscura trastienda», repleta «de las cortinas de patios de los veranos de la infancia,/ de collares deshechos, de ramos de flores marchitas,/ ahogadas con ira, de manos de amor, calientes, bruscamente amputada»—, pero en otras ocasiones ahondan en lo biográfico, como en «Retrato de familia», donde el poeta recuerda, en la casa natal de Sant Joan Despí, a su madre, a su padre, muerto hace seis meses, y los juegos con su hermana. Este poema concluye, precisamente, con una orden que refleja sus ansias de volar, esto es, su deseo de libertad: «cierra los ojos,/ y vuela». En otros lugares, como en «*Sunt lacrimae rerum*» –donde evoca asimismo sus días en distintos lugares de la Costa Brava: Tamariu, Pals, Begur–, adopta una posición estoica y un tono horaciano: «Ayudémonos los unos a los otros/ con paciencia, buen vino, moderación,/ para no incurrir en el desastre». Este espíritu de aceptación, este afán de superación de la soledad del individuo gracias a la confluencia con otras soledades, se proyecta igualmente en diversas composiciones: Vinyoli tiende hacia el otro, y lo revela dirigiéndose a un tú, que, como también ha señalado Marta Agudo, acaba convirtiéndose en un nosotros. Ese tú y ese nosotros se radicalizan en los poemas amorosos, que menudean en la segunda parte del libro. Siempre manejando el motivo de la ingestión, la insinuación en algunos se vuelve explicitud en otros, y el apóstrofe de «Una tarde» –«respira en mí, bebámonos el cuerpo/ hasta caer»– se convierte en sensual descripción en «Imagen fija» –«la blanda boca medio/ abierta dejas/ que sea largo rato boca/ para mis labios»– o en escena desgarrada y gozosa en «Por transparencia»: «nos devoramos/ con hambre, el uno al otro». Estas eclosiones eróticas suelen incluirse en poemas fracturados, oblicuos, cuya fractura y cuya oblicuidad son dos características esenciales de *Todo es ahora y nada* y, en general, de toda la poesía de Joan Vinyoli. El ritmo se ladea en estos textos, y su estructura visual, la tramoya de sus acontecimientos, se trompica por la elipsis y el claroscuro, aunque se reequilibra mediante el encabalgamiento. La dificultad de la poesía de Vinyoli no radica en su vocabulario, siempre accesible –el poeta propugnaba, en los propios poemas, una dicción clara y concreta–, sino en la sintaxis huidiza, en la ilación brincadora, en los nexos arenosos; y, sobre todo, en la mirada al bies, elusiva de lo sólido, de cuanto no sea ambiguo, levemente cubista. Esto dice, por ejemplo, el poema «En medio del camino»: «Dijeron los demonios: *lust in action*.// A tientas, a pleno sol,/ pienso en la oscuridad abrupta,/ arrebatado./ Yo me lo guiso y me lo como todo un poco./ ¿Buen cocinero? ¿Malo?/ Hojas exuberantes./ "La primavera es como un niño/ que sabe poesía" (Rilke)./ Un hombre solo en medio del camino». Shakespeare y Rilke aparecen aquí. En otros poemas lo hacen T. S. Eliot y San Juan de la Cruz. En «Alguien que viene de lejos», esa composición intertextual que es, a su vez, una poética, Hölderlin, Hoffmansthal, Carles Riba –el gran maestro de Vinyoli, junto con Rilke, al que tradujo–, Li Tai-Po y otra vez Eliot, Shakespeare y Juan de Yepes.

Todo es ahora y nada es también, pues, una búsqueda de consuelo literario, un juego de ecos, de experiencias estéticas, que pretenden mitigar el dolor de vivir. Aunque no todo es tan inocuo como estos homenajes a los poetas que contribuyeron a formar la sensibilidad del poeta. En todo el libro, pero especialmente en su trecho último, la bebida se revela como otro bálsamo, más eficaz acaso, más inmediato, pero también más destructivo: en «Última carta», un borracho yace debajo de una farola, a ras de agua; y en «Pyramid» y los textos que lo siguen, encontramos alusiones a licores violáceos y aturdidores, al ron y al ron quemado –tan catalán–, al coñac, a la absenta y al vino. En algunos casos, esta libación perturbadora se enmarca en un deambular por los barrios de Barcelona: por el Borne, por Montjuïc, por los espacios, en los que se reconocen banderas y alcantarillas, de la que en el franquismo se llamaba, y aún hoy se llama, la Ciudad Ferial. El poeta, embarcado en la exploración de su realidad interior, no descuida el retrato de la realidad intersubjetiva, alegoría o correlato de aquella, a veces rural –como «Bempflingen, madrugada»–, a veces urbano –como, precisamente, «Ciudad Ferial».

Vinyoli, actualizando una vieja metáfora, identifica en ocasiones al hombre con el marinero que surca el océano de la vida. Para un hombre habituado a contemplar el Mediterráneo desde la playa de Barcelona o la costa catalana, esta proyección simbólica no resulta extraña. Así lo hace en «Happy few», en «El holandés errante», en «Alguien que viene de lejos» y en «Año setenta», un título que coincide con el año de publicación de *Todo es ahora y nada*, y una pieza muy reveladora, porque en ella se concentran muchos de sus miedos –a envejecer, a enloquecer–, pero también un gran hallazgo moral, que combate esos pánicos y ahuyenta las certidumbres, siempre malsanas, y que además se sustancia con humor: sabernos provisionales. «Miedo de mí: todo provisional», escribe Vinyoli; y a continuación: «Pero hagamos de lo provisional/ la casita con jardín. Estemos siempre a punto/ de incendiarla. No olvidar nunca,/ cuando esto suceda, llamar a los bomberos». El poeta acaba «Año setenta» invocando una vida «capaz de tolerar/ trescientos sesenta y cinco malos días de viaje/ sin un mal puerto». Acaso todo el dolor que ha expuesto, toda la fatiga que ha descrito, todo el alcohol que ha trasegado, se diluyan aquí, o encuentren aquí su razón de ser, y, por eso mismo, su anulación. Acaso la incomprensión y el sufrimiento solo sirvan para inspirarnos la consoladora certeza de que no hay nada cierto, ni duradero, ni sagrado, de que todo es ahora –un presente fugaz– y nada, y de que solo aceptar esa realidad devastadora y luminosa puede depararnos alguna paz, hasta que nos alcancen el ahora y la nada definitivos de la muerte, y su inapelable paz.

[Publicado en *Cuadernos Hispanoamericanos*, n° 777, marzo 2015, pp. 164-167]

Se terminó esta primera edición de

Homo legens,

de Eduardo Moga,

el 23 de diciembre de 2017,
festividad de san Dagoberto II,
rey de los francos de Austrasia,
inspirador de genealogías sagradas
y otras ficciones,
en la ciudad de Palma.

LAVS DEO

Los Papeles de Brighton

http://lospapelesdebrighton.com

Catálogo

Diciembre de 2017

COLECCIÓN MINÚSCULA

1
Carlos Juliá Braun
Siete sonetos piadosos
26 pp.
ISBN: 978-0-9927430-0-0 (agotado; próxima reedición)

2
Juan Luis Calbarro
Diez artistas mallorquines
160 pp.
ISBN: 978-0-9927430-1-7 (agotado; próxima reedición)

3
Luis Ingelmo
Aguapié
62 pp.
ISBN: 978-0-9927430-2-4 (agotado; próxima reedición)

4
Carlos Jover
Bajo las sábanas
122 pp.
ISBN: 978-84-945158-2-8 (segunda edición)

5
Eduardo Moga
Décimas de fiebre
88 pp.
ISBN: 978-84-945158-9-7 (segunda edición)

6
Teresa Domingo Catalá
Destrucciones
86 pp.
ISBN: 978-0-9927430-7-9 (agotado; próxima reedición)

7
Ángel Fernández Benéitez
Memoria del ave encanecida
78 pp.
ISBN: 978-84-945158-4-2

8
Isaac Gómez Calderón
*La parábola del arcoíris
y una canción para acunar lo antiguo*
124 pp.
ISBN: 978-84-945158-6-6

9
Fernando Navarro
Socialistas utópicos
202 pp.
ISBN: 978-84-945158-7-3

COLECCIÓN MAYOR

1 / Poesía
Julio Marinas
Poesía incompleta (1994-2013)
132 pp.
ISBN: 978-0-9927430-3-1 (agotado; próxima reedición)

2 / Ensayo
Jorge Rodríguez Padrón
Algunos ensayos de más
156 pp.
ISBN: 978-84-945158-5-9 (segunda edición)

3 / Poesía
José Luis Pernas
Acaso el tiempo. Poesía reunida
148 pp.
ISBN: 978-84-945158-0-4

4 / Homenaje
Varios autores
Palabras para Ashraf
Edición de Juan Luis Calbarro
318 pp.
ISBN: 978-84-945158-3-5

5 / Ensayo
Luis Ingelmo
El crujido de la amapola al sangrar
322 pp.
ISBN: 978-84-945158-1-1

6 / Poesía
Máximo Hernández
Entre el barro y la nieve. Poesía reunida
Edición de Juan Luis Calbarro
726 pp.
ISBN: 978-84-945158-8-0

7 / Ensayo
Eduardo Moga
Homo legens
308 pp.
ISBN: 978-84-947593-1-4

COLECCIÓN ACADEMIA

1 / Pedagogía
Juan Jiménez Castillo
Leer para vivir
168 pp.
ISBN: 978-0-9927430-8-6

EN PREPARACIÓN

Isaac Goldemberg
Libro de reclamaciones.
Antología poética personal (1981-2016)

Moisés Galindo
Naturalezas muertas

Arturo Tendero
Alma se tiene a veces

www.ingramcontent.com/pod-product-compliance
Lightning Source LLC
Chambersburg PA
CBHW020744160426
43192CB00006B/240